O Homem,
O SER DIVIDIDO

Editora Appris Ltda.
1.ª Edição - Copyright© 2023 do autor
Direitos de Edição Reservados à Editora Appris Ltda.

Nenhuma parte desta obra poderá ser utilizada indevidamente, sem estar de acordo com a Lei nº 9.610/98. Se incorreções forem encontradas, serão de exclusiva responsabilidade de seus organizadores. Foi realizado o Depósito Legal na Fundação Biblioteca Nacional, de acordo com as Leis nºs 10.994, de 14/12/2004, e 12.192, de 14/01/2010.

Catalogação na Fonte
Elaborado por: Josefina A. S. Guedes
Bibliotecária CRB 9/870

D352h
2023
	Delgado, José Luiz
	   O homem, o ser dividido / José Luiz Delgado.
	   1. ed. - Curitiba : Appris, 2023.
	   244 p. ; 23 cm.
	
	   Inclui bibliografia.
	   ISBN 978-65-250-3995-4
	
	   1. Homem. 2. Mortalidade. 3. Corpo e mente. I. Título.
	
	                                          CDD – 128.3

Appris
editora

Editora e Livraria Appris Ltda.
Av. Manoel Ribas, 2265 – Mercês
Curitiba/PR – CEP: 80810-002
Tel. (41) 3156 - 4731
www.editoraappris.com.br

Printed in Brazil
Impresso no Brasil

José Luiz Delgado

O Homem,
O SER DIVIDIDO

FICHA TÉCNICA

EDITORIAL Augusto Vidal de Andrade Coelho
Sara C. de Andrade Coelho

COMITÊ EDITORIAL Marli Caetano
Andréa Barbosa Gouveia (UFPR)
Jacques de Lima Ferreira (UP)
Marilda Aparecida Behrens (PUCPR)
Ana El Achkar (UNIVERSO/RJ)
Conrado Moreira Mendes (PUC-MG)
Eliete Correia dos Santos (UEPB)
Fabiano Santos (UERJ/IESP)
Francinete Fernandes de Sousa (UEPB)
Francisco Carlos Duarte (PUCPR)
Francisco de Assis (Fiam-Faam, SP, Brasil)
Juliana Reichert Assunção Tonelli (UEL)
Maria Aparecida Barbosa (USP)
Maria Helena Zamora (PUC-Rio)
Maria Margarida de Andrade (Umack)
Roque Ismael da Costa Güllich (UFFS)
Toni Reis (UFPR)
Valdomiro de Oliveira (UFPR)
Valério Brusamolin (IFPR)

SUPERVISOR DA PRODUÇÃO Renata Cristina Lopes Miccelli
ASSESSORIA EDITORIAL Nathalia Almeida
REVISÃO Paulo Cezar Machado Zanini Junior
PRODUÇÃO EDITORIAL William Rodrigues
DIAGRAMAÇÃO Bruno Ferreira Nascimento
CAPA Sheila Alves

SUMÁRIO

INTRODUÇÃO 11

Capítulo 1
O SER DIVIDIDO 13

AUTENTICIDADE 13
O SER DIVIDIDO 16
CORPO E ALMA 18
DIREITO À FELICIDADE 20
ITINERÁRIOS 22
A CAUSA DOS TRANSCENDENTAIS 24
OS BENS DO MAL 26
O BEM DO BEM 28
UM MILHÃO 30

Capítulo 2
A DIFERENÇA HUMANA. A SINGULARIDADE DO HOMEM 33

INSUBSTITUÍVEL E DESNECESSÁRIO 33
SUBSTITUÍVEIS E INSUBSTITUÍVEIS 35
A DIFERENÇA HUMANA 37
O HOMEM E O PEIXE 39
O CULTURAL E O NATURAL 41
O PRIMADO DO HOMEM 43
SUPERLATIVO PRIMADO 45
RECOMEÇO 47
SEM O HOMEM 49

Capítulo 3
A ÚNICA CERTEZA. O HOMEM É EFÊMERO 51

O MEDO 51
O PIOR DOS MALES 53
O NOSSO DIA 55
DIANTE DA MORTE 57
A MORTE PRÓXIMA 59
MÁRCIA E A MORTE 61
O FIM DE TUDO 63
LÁZARO 65
A EXPERIÊNCIA SUFICIENTE 68
MORTE NÃO ANUNCIADA 70

Capítulo 4
ENTRE O PASSAGEIRO E A ETERNIDADE. O HOMEM PEREGRINO 73

DAQUI A 200 ANOS 73
A VIDA NORMAL 75
HORA TALVEZ METAFÍSICA 77
TUDO É PALHA 79
A VIDA LOUCA 81
CONTRADIÇÃO 83
FRÁGIL E EFÊMERA 85

Capítulo 5
O GOSTO DO BEM. O MISTÉRIO DO BEM 87

O UNIVERSO MORAL 87
   UM POLÍTICO SINCERO 87
   LIÇÕES INFANTIS 89
A PLENITUDE DO BEM 92
   O BEM LIMITA 92
   O GOSTO DO BEM 94
GOSTO E OBRIGAÇÃO 97
A RAIZ DO MAL 99
AS PRESENÇAS DE DEUS 101

Capítulo 6
A ATRAÇÃO DA VERDADE 103

O ESPLENDOR DA VERDADE 103
A VERDADE COMO PAIXÃO................................ 105
DIREITO À VERDADE 107
AS PERGUNTAS DO FILÓSOFO............................. 108
A CRÍTICA E A DÚVIDA 110
A DEMISSÃO DA RAZÃO 112

Capítulo 7
A SABEDORIA 115

SÉCULO DO CONHECIMENTO 115
ELEMENTOS DA SABEDORIA 117
O INÍCIO DA SABEDORIA 119
O FASCÍNIO DA IGNORÂNCIA 121

Capítulo 8
O PRIMADO DA VIDA 123

VIVER PARA A VIDA.. 123
A VIDA CONTINUA... 126
A VIDA PASSA POR NÓS 128
O SOFRIMENTO.. 130
A DOR 132
VITÓRIA DA VIDA.. 134
AMOR À VIDA.. 136

Capítulo 9
O HOMEM E A HISTÓRIA 139

- OS MÓBILES DA HISTÓRIA 139
- OS MOTIVOS DO HOMEM 141
- O RUMO DA HISTÓRIA 143
- EQUÍVOCOS NA HISTÓRIA 145
- A FORÇA DO PASSADO 147
- IDADE E MEMÓRIA 149
- FIDELIDADE AO TEMPO 151
- O NOSSO TEMPO 153
- AS GERAÇÕES E SEUS DILEMAS 155
- UM DIA ATRÁS DO OUTRO 157

Capítulo 10
VALORES SOCIAIS SUPREMOS 159

- A REDESCOBERTA DO MUNDO 159
- O ENTUSIASMO DA LIBERDADE 161
- ERRO ANTROPOLÓGICO 163
- O PRIMADO DA LIBERDADE 165
- VALORES SOCIAIS SUPREMOS 167

Capítulo 11
O HOMEM E OS OUTROS 169

- OS INDIVÍDUOS E OS MOVIMENTOS 169
- AS PESSOAS E OS SISTEMAS 172
- IDEALISMOS SEM CONSISTÊNCIA 174
- AS COINCIDÊNCIAS EXTERIORES 176
- AS FAMAS OCULTAS 178
- CERTAS OBRIGAÇÕES 180

Capítulo 12
OS VÍNCULOS DO HOMEM 183

    A ABSOLUTA LIBERDADE 183
    EM TORNO DAS CONSEQUÊNCIAS 186
    RESPONSABILIDADES 188
    MUITA CIÊNCIA 190
    ECOLOGIA E ÉTICA 192

Capítulo 13
O PRIMEIRO VÍNCULO: A FAMÍLIA 195

    CÉLULA FERIDA 195
    CONTRA A FAMÍLIA 197
    OS VÍNCULOS IMPOSTERGÁVEIS 199
    A PROMESSA 202
    METADE DA HISTÓRIA 204
    PAIS E FILHOS 206
    O INOCENTE E O PAI 208
    EFEITOS E CAUSAS 210
    CASAMENTOS FELIZES 212
    DEFESA DA FAMÍLIA 214
    COMO O AMOR DEVERIA SER 216

Capítulo 14
O DEPOIS 219

    UMA INVEJA 219
    NOTÍCIA DO PARAÍSO 221
    SONHO DE VIDA 223
    ENTRE O CÉU E A TERRA 225
    DEPOIS DA MORTE 227
    CARNAVAL E CÉU 229
    VISÃO DO CÉU 231

Capítulo 15
A CHAVE DO SEGREDO DO HOMEM 233

    O SAGRADO E O HUMANO 233

INTRODUÇÃO

Todo ser é uma unidade. Menos o homem.

Sob certo aspecto, é claro que o homem é uma unidade (porque, senão, seriam dois seres, não um só). (E unidade, aliás, especialmente complexa: porque, embora sendo um único ser, compõe-se visivelmente de duas partes — o corpo e alguma coisa que ao corpo não se reduz; matéria e alguma coisa além da matéria). Mas não é um ser unitário, como qualquer outro animal: qualquer animal é uma unidade bruta, faz uma coisa só, sem nenhuma divisão interior, sem nenhum tormento íntimo. O homem é um ser essencialmente dividido.

Mais: o homem não é apenas **um** ser dividido. É **o** ser dividido. O único ser dividido. Nenhum outro ser aparece na natureza com divisões interiores. Somente o homem. Todos os demais seres são inteiriços, são completos — mesmo na sua inferioridade ontológica. A planta é um ser completo, realiza integramente a sua função sem nada que a perturbe intimamente. Do mesmo modo o cão, o gato, qualquer animal. Qualquer um segue para o seu destino sem hesitação, sem trauma e sem drama. O homem, não. A todo o momento forças opostas o solicitam. A todo momento se vê ele puxado por diferentes direções. Será, essa, marca específica de sua natureza: o homem é o ser dividido. Intestinamente dividido. Ontologicamente dividido.

E ai de quem, e ai de qualquer teoria, que não levar em máxima e primeira consideração essa divisão suprema que aniquila o homem.

Ao mesmo tempo, porém, o homem é misteriosa unidade. A junção, nele, entre a carne e o espírito, a matéria e a alma, não é uma mera superposição, não é o dualismo de duas realidades apenas justapostas, uma ao lado da outra. Há uma complexa, complicada e inexplicável unidade, interpenetração inextricável de uma realidade na outra. Já diziam os velhos escolásticos na boa esteira de Aristóteles: nada há no intelecto que não tenha vindo dos sentidos. Complexa e misteriosa mistura, portanto, entre sentidos e intelecto, entre matéria e razão. De que modo, como essa mistura se processa, em que profunda medida uma realidade condiciona a outra, são aspectos do imenso mistério de que fomos feitos.

Sem dúvida há no homem alguma coisa absolutamente irredutível à matéria, alguma coisa que a pura matéria não explica jamais. Mas esse elemento propriamente imaterial não é nunca, no homem, como a realidade imaterial dos anjos. Estes serão puros espíritos, mas o homem é espírito e é carne ao mesmo tempo. O homem não é um anjo. No homem, dizia o grande Pascal, quem quer fazer o anjo termina fazendo a besta. Outro grande, Maritain, deu a um dos seus extraordinários estudos o título altamente expressivo de "Quatro ensaios sobre o espírito em sua condição carnal".

Trata-se exatamente disto: o espírito do homem está mergulhado numa "condição carnal". Daí a complicada e misteriosa dependência do espírito do homem relativamente às condições físicas do cérebro.

Daí também a complicação entre, no homem, o que é "natural" e o que é "cultural". Haverá certas realidades, certos costumes, certos comportamentos gerais, que alguns pretenderão ser "culturais", devendo, portanto, poder variar de cultura para cultura. Em que medida, porém, muitas dessas realidades "culturais" não serão, em primeiro lugar, a tradução de poderosas realidades eminentemente biológicas, e, portanto, "naturais"?

Reúno aqui, a partir dessa dupla evidência — a da divisão interior do homem e a de sua misteriosa unidade —, um conjunto de meditações (todas publicadas nos jornais do Recife, o Jornal do Commercio e o Diário de Pernambuco) sobre a substância humana: sobre aquilo que nos diferencia de todo o resto do universo e, também, aquilo que nos angustia. Nossa estupenda excelência e nosso inquietante destino.

Sobre, portanto, o que singulariza o homem. Sobre o único verdadeiro problema do homem: a sua ontológica efemeridade, o fato de ser passageiro e ter a trágica consciência de o saber. Nossa maravilha: o gosto do bem, a atração da verdade, a sabedoria, a beleza da vida. O homem e os outros; o homem e a história; os valores sociais supremos. Os vínculos do homem, em especial o primeiro vínculo, a família. E nosso destino final. São, praticamente, os capítulos do livro.

Capítulo 1
O SER DIVIDIDO

AUTENTICIDADE

O que eu fazia quando me via abatido e confuso, faço ainda hoje: se não tenho a presença física, restam os escritos e vou a eles como ia ontem a ele, para escutar tranquilas lições de saber e de vida, compassadas lições, ele tão superior aos descaminhos deste mundo... Eis que encontro agora, numa antiga "Nota Avulsa", publicada quando nem me chamara à vida ainda, uma reflexão que explicita com toda clareza algo de que eu vinha suspeitando obscuramente há algum tempo sem conseguir traduzir em palavras: *"os Evangelhos ensinaram-nos uma lei moral que os pagãos não haviam conhecido; por isso os pagãos podiam ser sinceros, ser 'verdadeiros' no seu ódio ou na sua luxúria; mas o cristianismo disse tais coisas que, desde então, não nos podemos engrandecer senão na caridade e no amor"*[1].

Eis aí: os pagãos podiam ser sinceros... Podiam ser "autênticos". Podia haver autenticidade no mal.

É possível que, não digo a procura mas o mito da "autenticidade", louvada como uma ou "a" grande virtude, seja uma das marcas do amoralismo deste mundo contemporâneo, no qual cada um, na medida em que se afasta do verdadeiro Centro das coisas, parece querer fazer tudo girar em torno do centro de si mesmo. Exalta-se, então, o pseudomérito de se ser o que já se é (e não o de procurar sempre ser melhor), a mera importância de ser sincero, verdadeiro, "autêntico". Numa esplêndida farsa, Ariano Suassuna já ridicularizara essa mania pueril, acrescentando aos modismos da "intelectual" sofisticada este, de inquirir da "autentici-

---
[1] DELGADO, Luiz. Notas avulsas. i **Jornal do Commercio**, Recife, mar. 1945.

dade" alheia. O que o sensato poeta popular lhe respondeu foi que não era autêntico, era asmático... Mas o modismo tanto se espalhou que se converteu em mito de uma cultura ególatra e desavergonhada.

No entanto, só se pode ser autêntico se se é uno.

E, desde o cristianismo, ou melhor, desde os primórdios, à medida que o homem avançava no conhecimento de si mesmo e da lei da natureza, avanço que iria ter no cristianismo o momento culminante e definitivo de uma explicitação total, ia avançando também na certeza de não ser unitário nem homogêneo, nem sólido nem igual nem inteiriço. Reconheceu-se, sempre, ente internamente dividido, palco de tendências conflitantes, lugar de uma disputa, objeto de dois apetites, anjo e besta, alguém dotado do poder terrível da liberdade que lhe permite fazer tudo quanto queira, só não lhe permite ignorar e esmagar a lei interior que, contra sua liberdade, lhe grita a existência do certo e do errado, do correto e do falso, do bom e do mau.

Pascal apontou o que ocorreria com quem se quisesse fazer de anjo: nivelar-se-ia à besta. Não apontou o que ocorreria com aquele que se quisesse fazer de besta, tanto isso lhe era inqualificável. No entanto, só quem tivesse êxito nesse projeto inferior — delírio impossível — é que seria autêntico: aquele que fosse somente besta e nada suspeitasse das mais elevadas inclinações de sua índole.

O falso mito da autenticidade, na medida em que leva cada qual a enaltecer o que há de pior em si mesmo, o que degrada a espécie, deixa de lado toda uma metade (ao menos) do homem, a mais bela e a mais profunda, que não é, de resto, ilusória: é visibilíssima até em reiteradas atitudes de muitos dos que se deixam sugestionar pela magia do mito e que, independentemente desse equívoco, se mostram, noutras horas, donos de um coração reto e nobre que também aspira ao bem pura e simplesmente, à honestidade.

No mais recôndito de nossas entranhas, há o hibridismo de duas metades. Para citar de novo Ariano Suassuna, do homem se pode dizer que é bem como o burro do presépio do seu poema de Natal: um ser dividido — o burro, entre o jumento e o cavalo; e nós, homens, entre o bem e o mal, a generosidade e o egoísmo, o amor de Deus e o amor de si mesmo, a santidade e o pecado, a verdade e o embuste. O homem é um lugar de conflito — de um conflito que ele só superará quando (abandonando o mito da autenticidade e procurando melhorar a si próprio e fazer o que é certo) conseguir compatibilizar as duas coisas, a liberdade e a lei, ou seja, quando, e se, conseguir vencer o pecado, o mal e a tentação. Quem o conseguir, ao mesmo tempo, terá realizado o bem a que a sua natureza mais profunda aspira e será integralmente fiel à sua verdade. Todos os demais estarão perpetuamente divididos, estraçalhados, destroçados intimamente, mesmo que se queiram iludir com equívocos como o da autenticidade: não podem ser autênticos pois não são unos e jamais conseguirão abafar as vozes interiores que, mesmo neles, reafirmam o bem e o vero.

Um homem há, um único, que é verdadeiramente autêntico, autenticamente autêntico: o santo.

(Jornal do Commercio, de 8 de agosto de 1976)

O SER DIVIDIDO

Se o homem se move ora pelo que tem de mais baixo, ora pelo que possui de mais elevado, se o mal e o bem impulsionam a História, se nessa dupla atração o homem contorce-se permanentemente enredado, então é evidente que ele é um ser dividido, aliás é precisamente **o ser dividido**, outro não havendo, sobre a face da terra, dilacerado internamente por igual contradição. Disso falava Ariano Suassuna, num belo poema consagrado às figuras do presépio, comparando o homem ao burro, *"um ser dividido entre o jumento e o cavalo"*. Pois somos intrinsecamente divididos, divididos no núcleo, na raiz, no mais íntimo de nós mesmos: entre as duas tendências radicais, a atração do bem e a inhaca do mal, entre o céu e a terra, entre a altura e a baixeza, entre Deus e o pecado.

Daí a suprema ingenuidade de psicólogos ou psicanalistas que imaginam poder encaminhar os desassossegos que lhes batem às portas, orientando-os simploriamente para porem em prática a própria natureza, agirem segundo o próprio temperamento, seguirem as próprias inclinações, que nisso encontrariam a realização e a felicidade. Qual, porém, a natureza? Qual, porém, a inclinação? Se o homem um ser uno não é, mas intrinsecamente dividido... Se uma dupla atração contraditória acha-se inscrita no mais íntimo do seu ser... A tragédia da Psicologia moderna está em pretender construir-se à margem ou à revelia da Moral. Este, o seu dilema elementar: definir-se diante do incômodo fato da consciência, diante do fato moral — para ou bem reconhecê-lo, e trabalhar a partir dele, ou bem pretender desprezá-lo e imaginar que pode tratar do homem ignorando aquela dimensão interior, aquela essencial divisão íntima, mas, neste último caso, simplesmente não será humana e, portanto, não será verdadeira Psicologia.

A origem da tragédia de certa mentalidade, que parece dominante no mundo atual, está em considerar como a única, ou a suprema, virtude, a espontaneidade, a autenticidade, a ideia de que cada qual deve agir conforme pensa, deve traduzir em comportamentos o seu ideário íntimo, o erro ou o crime consistindo justa e exclusivamente em agir em desacordo com o próprio ser, sem precisar atender às imposições do meio, dos familiares, da sociedade em geral. É claro que tudo isso é um valor, como também é claro que não se há de exaltar o comportamento hipócrita. O erro daquela mentalidade, porém, está em conceber o homem como o homem não é, como se fosse personalidade unitária e coesa, ignorando a essencial divisão interior que aflige todo aquele que vem a este mundo. Como pretender que ele seja espontâneo e aja segundo os ditames do próprio ser, se este ser não é uno, mas são dois, é uma tensão, um conflito, e tremenda luta interior se trava a todo momento no seu íntimo? Dividido dentro de si mesmo, teatro de um embate cósmico, lugar de contradição, o homem não pode ser nem estudado nem compreendido nem curado sem a aceitação do fato moral insculpido no mais recôndito de si mesmo, aquela voz interior, irritante e poderosa, que o impele e o julga, que adverte antes de cada ação ou omissão, e aprova ou censura depois. A consciência, a dimensão moral, é parte inafastável da difícil e complicada natureza do homem.

(Jornal do Commercio, de 3 de março de 1998)

CORPO E ALMA

Não em algum desdobramento e, sim, no âmago mesmo daquilo que, sem exagero, se deve chamar **o mistério** do homem, é que está a complexa e fascinante relação entre o corpo e a alma, entre matéria e espírito, entre a carne, que é vistosa mas perecerá como pó, e esse "eu" recôndito que profere, mesmo sem falar, uma voz interior e não admite extinguir-se para sempre. Se, de um lado, formam uma mais do que entrelaçada unidade, a unidade do homem, tão íntima que a hora da separação (que é a morte) constituirá sempre uma absoluta violência — ao mesmo tempo são distintas, nitidamente diferenciadas e até contrapostas, estando precisamente na presença da segunda, a alma, a diferença específica que isola o indivíduo humano dentro do reino animal. Embora misteriosamente amalgamados na unidade do homem, no entanto a alma possui evidente ascendência, como um "eu" último e radical que pode referir-se a todo o corpo como um objeto estranho e como sua propriedade: "meu" braço, "meu" coração, "meus" olhos, até "minha" alma, ela mesma, vendo-me eu, portanto, em todas as minhas partes e, a rigor, em nenhuma delas: como por trás delas ou na raiz delas.

Nem pelo fato de se encontrar eventualmente em absoluta solidão, deixaria o homem de ter de prestar contas de seus atos, se não diante de uma autoridade social, por hipótese inexistente, mas diante de sua consciência, em relação à dupla ordem de deveres que a moral clássica identificava, antes dos deveres para com os outros: os deveres para com o Ser Supremo que o criou e os deveres para consigo mesmo — distribuídos, estes últimos, em deveres para com o próprio corpo e deveres para com a alma. Jamais se sentirá o homem integralmente liberado, nem sequer em relação a si mesmo: terá, no mínimo, a obrigação de conservar a vida do corpo e a obrigação de aprimorar a alma.

Ofender o corpo do homem, o próprio ou o alheio, é grave, é sumamente grave. Ofender-lhe a alma, porém, a própria ou a alheia, é tão grave ou até mais grave do que. Pode ser que o mundo moderno tenha esquecido ou ande desprezando essa justa escala de valores e pareça geralmente priorizar o corpo em detrimento da alma. No entanto, se o ideal está na bela fórmula do *"mens sana in corpore sano"*, sempre uma hierarquia se instala (a maneira como dois valores se compõem) e o primado deve ser da alma. Se fosse preciso optar, haveria que preferir a alma limpa e reta, num corpo infelizmente destroçado, do que um corpo harmonioso numa alma podre. Hoje, o que se exalta é a beleza exterior, como se a interior, habitualmente ignorada ou desprezada, não devesse ter a prevalência e àquela não coubesse, tão somente, ser fruto ou reflexo desta. Ainda merece toda reverência a alma forte e impávida, num corpo liquidado, ao passo que é mera aparência, vã, vazia, oca, formal, a beleza do corpo desacompanhado de vitalidade da alma. De que serve a casca sem o conteúdo, a forma sem a substância, aparência sem realidade, exterioridade sem interioridade?

Isso que vale para os homens, as chamadas "pessoas físicas", vale também para as "pessoas jurídicas" — instituições, associações, entidades, empresas. Não adianta aparência sem conteúdo, a formosura exterior, até a pompa, a magnificência, a exuberância, o impacto visual, se, por dentro, a instituição está morta ou está morrendo, está definhando, está ressecando, trai sua história, perde sua seriedade, compromete seu espírito, adultera seus fins. A ter de optar, pode-se dizer que, sem fausto exterior, mas com vigor íntimo, a instituição sobrevive forte, pujante, empolgante. Ao invés, só com beleza exterior, sem vitalidade interna, sem dedicação e sem seriedade institucional, ela atrofia e perece, não passa de sepulcro caiado. Imaginemos, por exemplo, um grêmio literário: se ele não tem sede alguma, nem simples nem grandiosa, seja própria seja alheia, mas é integrado por valores autênticos, competentes e interessados, é ele vibrante e atua e fecunda. Se, porém, se reduzisse a um belíssimo prédio, imponente e majestoso, mas fosse habitado por membros desestimulados, relaxados, desagregados, sem cabeça e sem flama, estaria no caminho da perdição. É a alma que anima e sustenta o corpo. Não é o corpo que mantém e revigora a alma.

Soerguer o corpo? Sim, sem dúvida, sempre. Mas não quando lhe destroem a alma, quando lhe corroem o espírito, quando lhe debilitam, lhe deterioram, lhe atraiçoam a vitalidade interior. Simplesmente não adianta, não vale a pena, é tempo perdido, é só jogo de cena. É fazer com as mãos o que está desfazendo com os pés. Nenhuma tragédia do corpo prejudica mais do que a desgraça da alma.

(Diário de Pernambuco, de 3 de junho de 1994)

DIREITO À FELICIDADE

A felicidade é tão essencial ao homem que se pode dizer, sem medo de errar, que o homem foi feito para ela. Os antigos escolásticos diziam que o fim último subjetivo do homem é a felicidade. Bem supremo do homem, não consiste ela senão, em última análise, na realização da própria personalidade, do próprio ser. É a isso que todo homem aspira, isso que todo homem persegue: ser feliz, viver feliz, realizar-se, alcançar a plenitude pessoal. A busca da felicidade é, portanto, o primeiro direito, raiz e fonte de todos os outros. Todos os demais direitos fundamentais vão derivar daí, vão consistir essencialmente, para cada um, no direito de ser respeitado na busca de sua felicidade pessoal. A construção, por parte de cada um, de sua própria história, de seu itinerário na existência, portanto de sua felicidade, é aquilo que a comunidade em torno tem, em primeiro lugar, de respeitar. Não pode o Estado, nem qualquer outro cidadão, atrapalhar ou prejudicar esse direito elementar, de cada um, o de construir a sua aventura humana, a sua felicidade.

Não se segue daí, porém, que a felicidade seja direito absoluto, a ser oposto a qualquer outro, em qualquer situação. Nem que o argumento — "tenho o direito de ser feliz" — possa ser esgrimido contra tudo e contra todos. Não pode, cada um, procurar a felicidade em detrimento, pisando na felicidade alheia, sobretudo na daqueles com os quais livremente se comprometeu ou que livremente chamou à vida; não pode procurá-la à revelia dos deveres e dos vínculos, ou à revelia das consequências dos próprios atos (pois há isso, desgraçadamente: os nossos atos geram consequências, às vezes indesejadas): à revelia das consequências das escolhas que liberrimamente fez, e das ações que voluntariamente praticou. E não só não pode procurá-la assim: pior ainda, não haverá nunca de fato felicidade verdadeira edificada a partir da violação dos próprios deveres. Toda "felicidade" concebida desse modo é uma falsa felicidade, aparência de felicidade, simulacro de felicidade. Pela qual o indivíduo pode até pensar que está enganando os outros, e pode até, durante algum tempo, enganar-se a si mesmo — mas, no fundo, ou num repentino lampejo, bem sabe que a si mesmo não engana, e que o que está vivenciando são frustrações e conflitos, terríveis lacerações íntimas, dores de consciência pesada, tudo mui distante da genuína felicidade. Não pode haver verdadeira felicidade em contradição com a consciência, ou seja, com a ordem moral, que, dentro de nós — e até contra nós mesmos — grita suas exigências.

(Jornal do Commercio, de 23 de agosto de 2011)

ITINERÁRIOS

Se as gerações são pronunciadamente diferentes, não só nas suas conformações interiores como também nas controvérsias e nas circunstâncias com que se depararam e a que tiveram de replicar, também os itinerários dentro delas são múltiplos e variados. O caminho percorrido por qualquer dos seus integrantes pode não ser, e muitíssimas vezes não é, o caminho seguido pelos coetâneos. E não é, seja quanto ao sentido da marcha, seja mesmo quanto ao ritmo do itinerário. Ainda quando o roteiro conduz a um idêntico destino, os diferentes viandantes não se encontram nos mesmos estágios ao mesmo tempo. Um instantâneo revelaria uns já adiantados, outros mais retardados, estes ainda embaraçados em dificuldades que aqueles logo superaram, ou enredados em perplexidades de que os outros se haviam desfeito com rapidez. Embora possam todos chegar ao mesmo porto, chegam em muito diferentes datas.

Tome-se o exemplo do essencial itinerário religioso, caminho pelo qual nenhum homem deixa de passar, porque nasce da inafastável angústia diante da morte, com os desdobramentos fatais acerca do sentido da existência e a razão do seu início. Homem algum preservou-se de a si mesmo inquirir sobre o porquê e o para quê da própria presença fora do nada. Mesmo aqueles que terminarão encontrando a mesma resposta não percorrem um uniforme itinerário, não se acham, em cada momento, na mesma altura da peregrinação. De uns dir-se-ia que já identificaram as suas certezas e estão, ao menos aparentemente ou sob certo ponto de vista, pacificados; outros estarão ainda imersos em agoniadas inquietações. Não é que os primeiros não hajam passado por inquietações semelhantes; nem que os segundos não acabem também serenados, num súbito clarão ou em atormentadas deambulações. O que saliento é que as várias etapas não são percorridas simultaneamente.

Só essa simples consideração, ou essa prudência, já deveria bastar (sem nem se precisar alegar o elementar respeito devido aos modos de ser e de pensar do próximo) para levar uns e outros, os que estão em diferentes estágios da caminhada, a não desprezarem, não injuriarem, não ridicularizarem o honesto entendimento alheio. O que já chegou a um porto que tem como seguro olhe com a maior compreensão para os que ainda se debatem entre as revoltas ondas da travessia, ora atirados contra rochedos, ora atolados em bancos de areia. E vice-versa. O que se vê atribulado na noite escura, só inquietação, perdido entre infindáveis dúvidas, também não menospreze, não zombe, não deprecie o que parece serenado, o que já estaria estabilizado nalgumas certezas.

De mais a mais, haverá mesmo quem esteja, aqui e agora, completamente pacificado? O grande Agostinho observou que o nosso coração, naturalmente inquieto, assim agitado permanecerá até que venha a repousar n'Aquele que o criou. Quem poderia estar mais pacificado do que os santos, sobretudo os santos públicos, que a Igreja solenemente canonizou? No entanto, quantos deles não se confessaram desassossegados o tempo todo, não tendo olhos senão para as próprias insuficiências e as próprias negações, e não para o generoso bem que vieram espalhando incessantemente em torno? E o que são, afinal, as certezas, senão quase somente instantes de sincera busca, certezas com muito de essencialmente provisório, segundo a fecunda lição de Darcy Ribeiro, que dizia não ter compromisso algum com as próprias ideias, endossando-as enquanto se lhe afigurassem boas, mas prontíssimo para as repudiar tão logo outras lhe parecessem melhores? Importante, sempre, é a seriedade, a honestidade da busca, a reta perquirição da verdade. Mesmo o consolado é também, nalguma medida, inquieto. Inquietos, na verdade, somos todos, todos os humanos, enquanto cambalearmos, como sem destino, sobre esta terra e sob este céu. Companheiros, irmãos da mesma dor, herdeiros da mesma agonia e da mesma esperança.

Da incompreensão desses diferentes estágios, ou diferentes ritmos, mesmo dentro de itinerários que acabarão chegando a igual desfecho, derivam não pequenos mal-entendidos e preconceitos injustos. Só muita mediocridade, só uma mediocridade colossal, enciclopédica, mediocridade fartamente ilustrada, pode vilipendiar, em nome das inquietações próprias (mais honradas ou menos honradas), as certezas alheias, tão dignas e honestas quanto as mais honestas e dignas inquietações.

(Diário de Pernambuco, de 7 de abril de 1992)

JOSÉ LUIZ DELGADO

A CAUSA DOS TRANSCENDENTAIS

Infelizmente os jornais não publicaram o discurso na íntegra. Foi, no entanto, um dos melhores que ouvi ou li nos últimos anos. Completo, profundo, inteiriço, equilibrado. E equilibrado não quer dizer tímido, nem acomodado ou contemporizador. Nada disso. Apenas, continuando afirmativo e corajoso, não exacerbou um lado só, não cuidou de um só plano, só o social ou só o espiritual, o temporal ou o eterno, o natural ou o sobrenatural. Tratou de ambas as dimensões do humano (a cruz, ao mesmo tempo vertical e horizontal, creio que é uma de suas imagens preferidas), sobretudo mostrando a íntima relação entre uma coisa e outra, a mútua dependência, a recíproca implicação.

Falo do discurso que D. Hélder proferiu no último dia 15, quando a Universidade Federal de Pernambuco lhe outorgou o título de "Doutor Honoris Causa". Noutras ocasiões semelhantes, D. Hélder tem sugerido a criação, nas universidades, de uma cátedra da Justiça. Agora, ocorrera-lhe propor uma cátedra diferente: a dos Transcendentais. Pôs-se a falar, então, da sede do homem pelo Absoluto, pelo Infinito e pelo Eterno — três aspectos daquela nostalgia essencial que S. Agostinho descrevera numa fórmula inesquecível: *"meu Deus, vós fizestes nosso coração, e nosso coração estará inquieto até que repouse em vós".*

A força especial do discurso estava em que D. Hélder, não se confiando no plano desses questionamentos metafísicos próprios da espécie, mostrou, ao contrário, como tais inquietações abarcam o homem todo, interpelam cada passo de sua trajetória, integram-se e dominam toda a existência. A sede do Absoluto, por exemplo. Como ela unifica e direciona adequadamente o agir humano! Somente distinguir com clareza qual é o Absoluto, para não absolutizar nenhum relativo. Se o Absoluto é Deus, os homens, filhos de Deus, temos qualquer coisa de absoluto. O que não acontece, então, quando se converte num absoluto um relativo como a Segurança Nacional (que, todavia, tem importância e relevo na sua dimensão própria e sobretudo se bem compreendida)? Os exemplos serão, talvez, infinitos — e esses relativos, absolutizados, só fazem prejudicar e deformar a vida humana.

A sede de Infinito. (Vou dando apenas uma pálida amostra do que foi o excelente discurso, por me servir apenas da memória, não tendo à mão o texto). D. Hélder comparou a superabundância dos bens de Deus, a riqueza da criação, o excesso da prodigalidade divina que encheu o universo e, em especial, nosso planeta, de tanta maravilha — com a nossa pequenez, a mesquinharia dos homens, que vivem inventando limites e fazendo divisões, repartindo mal os bens de Deus, apropriando-se excessiva e abusivamente em detrimento dos outros, e ainda resmungando que os recursos da terra não dão para todos. Largueza e exuberância de Deus, e avareza e restrição dos homens.

Também a sede do Eterno. A experiência corporal desta vida, apesar de todas suas satisfações, não responde ao desejo, inato no homem, de continuar na existência. Embora tirado gratuitamente do nada, o ser do homem não se conforma em retornar a esse nada. Neste ponto, o orador foi breve e contido. Não falava apenas com as certezas da razão: falava com a afetividade da "pregação silenciosa" do calvário do bispo-auxiliar, hoje gravemente enfermo. E chegou a observar que uma coisa é falar da eternidade quando se está em pleno gozo da saúde e outra, de muito superior significação, é anunciá-la estando doente e à beira da morte — abismo derradeiro e inevitável que, no entanto, dá sentido a todos os nossos passos sobre a terra, em favor ou em prejuízo da construção de um mundo melhor.

A harmonia e a integralidade desse discurso são magnífica lição. Ah, se toda a nossa Igreja no Brasil soubesse escutá-la e segui-la! Preocupar-se com as duas dimensões do homem, sem reducionismos nem exclusividades. A paternidade do Pai e a fraternidade dos filhos. Não esta sem aquela, nem aquela sem esta. Como seríamos fraternos sem um Pai comum? E que paternidade seria aquela que se não desdobrasse num imenso cuidado para com todos os filhos, sobretudo os pequeninos, os vulneráveis, os mais frágeis, os feridos pela vida? Tudo isso é antiga e permanente lição da Igreja. A ela D. Hélder acrescentou o colorido e a graça que sabe colocar nas suas orações mais inspiradas.

(Diário de Pernambuco, de 26 de agosto de 1985)

OS BENS DO MAL

O mal é uma falta de ser, uma privação — a falta do ser que deveria haver. Tanto o mal físico (a doença, por exemplo, é a falta da saúde, que se precisaria ter) quanto o mal moral — o mal, voluntariamente praticado, no lugar do bem, que deveria ser feito. A existência do mal no mundo sempre foi o maior argumento contra a existência de Deus. Foi a primeira das duas únicas objeções que S. Tomás identificou, contra Deus. Menos o mal moral, que sempre se pode entender como decorrência da liberdade do homem, do que o mal físico, sobretudo o mal que acomete o inocente, o súbito acidente, a doença dos pequeninos — essas imensas dores inexplicáveis.

À dificuldade S. Tomás respondia com a certeza de que, do mal, sempre se pode tirar, Deus sobretudo tira, um bem maior. Evidência que comprovamos todos os dias. Esse admirável Lars Grael, por exemplo, mutilado em terrível acidente, mas que não dá nenhuma entrevista sem espantosa alegria de viver, espírito forte e animado, nenhuma amargura, nenhum ressentimento. Belíssima lição de superação humana.

Ainda uma outra qualidade resulta do mal. Tantos e tais são os males físicos que afligem os homens, sem causa, sem explicação, sem proporção com a vida que vínhamos levando, que sempre cada sofredor acaba tendo notícia de algum outro sofrimento ainda mais grave. Sempre pode ele encontrar quem ainda sofre mais, ou sofre de dor mais aguda, ou de dor que lhe pareceria insuportável — e essa triste descoberta pode servir de algum consolo. A evidência de que muitos outros males existem, e ainda piores do que aqueles de que alguém padece num dado instante, bem pode levar esse alguém a aceitar melhor a própria dor, a conformar-se, a conviver com ela, portanto a superá-la. E como essa valoração da gravidade dos diferentes males é muito subjetiva, sempre o mal alheio, que aquele alguém verá como pior, aqueloutro, pensando exatamente ao inverso, encarará como menor, considerando pior o mal do primeiro.

Como acontece com os criminosos, conforme o grande Rui Antunes lembrava em suas aulas: cada criminoso vê o crime do outro como mais horrendo, mais repugnante, e por isso pode conviver com o próprio delito. Para si mesmo, o homicida diz que é assassino mas não é ladrão. E o ladrão diz que é ladrão mas não é homicida...

A variedade dos males no mundo pode servir para ajudar cada um que padece a suportar a própria dor. E até se dispor a ajudar o outro... É outro bem que se pode achar no mal.

(Jornal do Commercio, de 6 de setembro de 2011)

O BEM DO BEM

Tanto surpreende a existência de entidades filantrópicas, generosas, altruísticas, que certos pretensos reformadores do Estado imaginam constituírem elas modalidade especial de "serviços públicos", porque, embora executados por particulares, são de eminente interesse público. Absoluto erro. E dupla incompreensão. Porque os serviços indiscutivelmente privados, em que o particular busca o lucro, são também, nalguma medida, serviços de interesse público, por conta da evidente utilidade pública que eles promovem — o comércio, por exemplo, oferece a imensa utilidade de colocar os bens à disposição dos consumidores (se não atendessem a óbvias necessidades públicas, é evidente que, ninguém os procurando, esses serviços privados entrariam rapidamente em falência). O outro erro: aqueles serviços generosos não diferem, na substância, dos serviços privados puros, exceto no fato de que não buscam o lucro. Juridicamente são serviços da mesma natureza, frutos da mesma liberdade do homem, da mesma liberdade de associação e de empreendimento.

O que acontece é que há, com o homem, esse mistério: ele pratica, tantas vezes, ai de nós, o mal, mas pratica também o bem. Move-se, tantas vezes, pelo egoísmo e pela ganância. Mas se move também pela generosidade, pela solidariedade, pela compaixão. Associa-se, junta-se a outros, congrega-se, também para ajudar terceiros necessitados, também para socorrer, também para melhorar o próximo. Organiza umas entidades para ganhar dinheiro, para procurar o lucro (finalidade integralmente legítima), e organiza outras para, inacreditavelmente, ter despesa, para gastar dinheiro, nisso consumindo suas energias e o tempo livre. Não para auferir vantagens nem para simples lazer, mas para fazer o bem, para ajudar os outros, desinteressadamente. Para melhorar o mundo. Enigmas da alma humana. Esta, a verdade espantosa: o homem faz também o bem.

E o bem é muito mais fundamental, muito mais inerente ao homem do que o mal que eventualmente ele comete. Não têm o mesmo peso e a mesma densidade, no interior do homem, o bem e o mal: o bem é muito mais substancial; o mal é um acidente. O bem está na origem e na essência do homem; o mal veio depois. Porque o bem e o ser se convertem, como diziam os antigos (e bons) escolásticos, ao passo que o mal é a falta de um ser que deveria haver. O bem é tão mais natural ao homem que é muito comum ele esquecer o bem que praticou, ao passo que o mal que fez — esse ele não esquece, esse o aguilhoa, o perturba, o interpela.

(Jornal do Commercio, de 4 de outubro de 2011)

UM MILHÃO

Pôs-se outro dia um bom amigo a filosofar sobre o que faria se ganhasse um milhão de reais, como acontece em terríveis programas de televisão. Descobrira, surpreendido, não ter muito o que fazer com tão fabulosa quantia. Bem entendido: bem poderia distribuí-la com uma infinidade de necessitados em torno, diretamente ou a associações a eles dedicadas; mas, para si mesmo, para seu proveito pessoal, não saberia muito o que fazer.

Confessava não ter nenhuma inveja, nenhum ressentimento, daqueles que amealharam quantia igual, ou até superior. Não se incluía entre os que olham com raiva e desconfiança qualquer riqueza, acusando-a de intrinsecamente injusta. Respeitava e até admirava aqueles que construíram tal patrimônio, se o fizeram com seu próprio suor e com honestidade, e, ainda, se faziam bom uso dele, com bom sentido social, inclusive pela multiplicação de empreendimentos, pela criação e manutenção de empresas e instituições que (além do honesto lucro que deem) prestam excelente serviço social: o serviço de criar empregos e produzir bens ou trazê-los para o alcance de toda a população, reuni-los e fazê-los acessíveis. A riqueza conseguida por meios ilícitos, pela corrupção, pela ladroagem, essa sim, e só essa, é repugnante. A conseguida pelo trabalho e com dignidade, é ao contrário totalmente respeitável.

Embora assim admirasse os possuidores de tais riquezas, não as ambicionava para si próprio. O que haveria de fazer com um milhão de reais? Comprar um carro luxuoso? Mas, para que? Interessava-lhe um carro sim, mas como o que já possuía, com o essencial, a saber, 4 rodas, freios, motor, capacidade de levá-lo para um lado e para outro, única serventia essencial de um carro. Carro para ser idolatrado, para ostentação, para exibicionismos, não era projeto que o atraísse. Comprar uma casa de praia, ou de montanha? Mas isso representava uma prisão: ter sempre de voltar a essa casa, sem opções. Melhor seria poder viajar para o lugar que quisesses, hospedar-se em variados hotéis etc. Então, viajar por todo o mundo, viajar o tempo todo? Mas não há quem aguente. O bom das viagens, por incrível que pareça, já ensinava o admirável Gustavo Corção, é... a volta. Uma viagem internacional por ano já estaria bom demais, e nisso ele gastaria só pequena parcela dos rendimentos do tal um milhão. E o resto, o que fazer com o resto? Deixar de trabalhar, viver na pura vadiação? Mas o trabalho é muitas vezes um gosto, distração, realização pessoal. No fim, não teria consumido senão irrisória fração do tal um milhão, e não teria o que fazer com o resto (bem entendido: em termos de proveito pessoal).

Aquilo que realmente lhe interessava, o dinheiro não lhe daria — nem um milhão nem muito mais. Queria mais anos de vida e mais horas em cada dia. Mas, bem entendido: só se fosse com boa forma física e mental, boa saúde, não esclerosado, não decrépito, não ausente do mundo, ou limitadíssimo fisicamente. Tais projetos, porém, maior longevidade, saúde mais duradoura, mais horas em cada dia, nenhum dinheiro consegue proporcionar. Para que, então, tanto dinheiro? Só para deixar para os filhos? Mas não é bom para os próprios filhos dispor de tanto dinheiro sem terem feito nenhum esforço para isso. A tendência seria ficarem preguiçosos, acostumados só com os prazeres, e dissiparem todo o patrimônio.

Por coincidência, justo no dia seguinte a essas confissões, meteu-se o meu amigo numa discussão em que arrogante novo-rico, para tripudiar sobre ele, para humilhá-lo, a propósito de ridículo prejuízo que poderia vir a ter, achou de dizer, que, neste caso, iria pedir dinheiro emprestado ao meu amigo. Este entendeu a prepotência e a ironia, e aceitou o deboche da superioridade do outro: replicou que o outro poderia contar com ele, que, sim, lhe emprestaria o (irrisório) dinheiro que aquele iria perder — seria a primeira vez na história em que o pobre emprestaria ao rico. Melhor foi o que sentiu por dentro: que deveria ser, na verdade, muito acanhado de espírito, muito pequenino, muito desprovido de qualquer nobreza humana, quem assim se jactava do próprio dinheiro e fazia das moedas o supremo valor do universo.

(Jornal do Commercio, de 28 de abril de 2009)

Capítulo 2
A DIFERENÇA HUMANA.
A SINGULARIDADE DO HOMEM

INSUBSTITUÍVEL E DESNECESSÁRIO

Acontece com a vida humana, com cada vida humana, esse paradoxo quase absurdo: é insubstituível e é, ao mesmo tempo, desnecessária. Nenhum ser humano é necessário, nenhum precisaria existir, nada na existência requer a presença deste ou daquele homem determinado. A rigor, essa é característica de tudo quanto vemos ao redor, de todas as existências com que deparamos: nenhuma é necessária, nenhuma é tal que sem ela o universo não poderia passar; todos os seres que contemplamos são, na linguagem técnica da filosofia, "contingentes", descoberta que particularmente impressionou a Sartre, que a descreveu num romance admirável. Mas isso, que é a regra geral de todas as coisas que conhecemos, é particularmente chocante no caso dos homens. Pois é a verdade dolorosamente verdadeira: a consciência de que não somos, nenhum de nós é necessário; muito bem poderíamos não existir, não ter existido; muito bem passaria o cosmo inteiro sem a nossa presença individual, sem a nossa centelha, a nossa identidade e a consciência que temos de todas as outras coisas. Não fazemos, nenhum de nós faz falta.

Por outro lado, porém, paradoxalmente, uma vez tirado do nada, uma vez chamado à existência, cada ser humano é absolutamente insubstituível e se torna, sob esta outra ótica, indispensável. Cada ser humano, uma vez existente, torna-se um centro em si mesmo, um todo completo, não apenas um indivíduo mas formidavelmente **uma pessoa**: consciente de si mesmo e consciente de tudo quanto o envolve, senhor de suas ações e de seu destino, absolutamente inconfundível com qualquer outra coisa, inclusive com as outras consciências, semelhantes à sua, que vivem ao redor. Singular, único, inigualável, conjunto de vivências, de memória, de afetos, de feitos e de sonhos, de sentimentos e racionalizações, radicalmente sem similar no universo, cada qual é completamente inimitável, irrepetível, irredutível.

Em vão Raskolnikof perguntará que utilidade teria a velhinha obcecada por seu pequeno tesouro e que por isso, por lhe parecer destituída de utilidade, pensa poder assassinar. Em vão também o governo FHC, nos seus meandros recônditos, questiona por que ainda sobrevivem os aposentados, que apenas lhe dão despesa. Utilidade pode até ser que não tenham — nem os idosos nem, aliás, qualquer um de nós, posto que, naquela primeira perspectiva, ninguém é necessário. (Por isso uma doutrina que considerasse apenas um aspecto do paradoxo humano haveria, coerentemente, de admitir a eutanásia, o aborto, todas as formas requintadas de supressão de vidas inocentes). É num outro nível, não no da utilidade, que cada vida humana é preciosa e precisa ser respeitada e protegida e defendida acima de tudo, e nada é mais precioso do que uma vida humana: é porque cada homem é uma realidade completa em si mesma, uma poderosíssima unidade ontológica, uma formidável consciência pessoal, mistério único de conhecimento e liberdade, que, por si só, maravilha o universo inteiro, acrescenta alguma coisa soberba a ele. Uma riqueza absoluta, maior do que a que é dada por cada espécie animal, no seu conjunto, é trazida ao cosmo por cada ser humano em particular, cada pessoa, como se (uma vez que essa pessoa individualmente existe) o universo já não pudesse passar sem ela, ficasse desfalcado com sua ausência, sofresse sua falta.

Cada homem é tão desnecessário quanto insubstituível. Cada pessoa é uma maravilha em si mesma, pelo próprio ser, pela unidade que é, pela identidade que tem, pela história que construiu, seja qual for, pelo mistério humano que carrega dentro de si — mistério que, no fundo, jamais poderá ser completamente apreendido, ou pelo menos que só poderá ser atingido menos pelas vias da razão, ou do conhecimento intelectual, que pelas vias do amor. É somente pelo coração que podemos conhecer, verdadeiramente, a outrem.

(Jornal do Commercio, de 30 de julho de 2000)

SUBSTITUÍVEIS E INSUBSTITUÍVEIS

Pode ser que não se possa viver sem certo número de pequenas mentiras, essas que até a Filosofia Moral compreende e desculpa, e não causam mal, apenas amenizam a convivência. Nesses casos, a verdade, simplesmente dita, soaria como grosseria e brutalidade. São pequenas mentiras sociais que, além de não prejudicar a ninguém, servem para suavizar as relações humanas. Não as confundir, porém, com alguns chavões batidos e rebatidos, ostensiva e irritantemente falsos. Quem se revoltava com eles, e os incluía nas suas justas indignações, era o sempre genial (embora aqui ou ali equivocado) Gustavo Corção. Por exemplo, o do orador que inicia sua fala declarando-se indigno de falar ali, não estando à altura de tamanha glória ou de tal responsabilidade. Corção não se continha e explodia de vontade de apartear para propor que, então, se o tal orador estava sendo sincero, que se calasse: por que é que o auditório teria de aguentar quem começava confessando-se incapaz de proferir aquela oração?

Outro exemplo é o daqueles que assumem funções e cargos logo anunciando que o antecessor era insubstituível e semelhante sucessão, por consequência, seria a melhor maneira de o cargo continuar vazio. Esses mui humildes recém-empossados são, no entanto, os que mais rápido e melhor se instalam nas novas funções e desfilam satisfeitos e gloriosos. Na verdade, ninguém é insubstituível. Os cemitérios — é voz de antiga sabedoria — estão cheios de insubstituíveis. O mundo marcha e, bem ou mal, cada geração vai acrescentando sua própria contribuição para a história comum. Umas substituições serão mais felizes, outras menos felizes; em decorrência delas, as empresas, as famílias, as instituições ora crescem, ora regridem, e dessas alternâncias se vai construindo a vida geral. Em toda parte haverá períodos de esplendor e períodos de decadência e nem por isso, mais fortalecidas ou mais debilitadas, as congregações em que os grupos humanos se reúnem deixam de existir — e mesmo aquelas que chegam a tal extremo e perecem dão, por sua vez, lugar a outras, ainda que diferentes ou animadas por outros propósitos — e, no fim, o mundo continua. Os "insubstituíveis" são deixados nos cemitérios e o sol de novo se levanta e se põe, indiferente, e a natureza inteira, sem sentir a falta daquele que partiu, brilha e rebrilha, exuberante, majestosa, encantadora, pronta para encher a vista e a alma de quem simplesmente se dispuser a contemplá-la.

Ninguém é insubstituível. Por melhor e por mais que um faça, o seguinte ainda poderá tentar ir mais longe. Este é o verdadeiro desafio e o exemplo que o antecessor lega. O bom discípulo é o que vai além do mestre. Mesmo que o estilo, o jeito, as prioridades sejam diversas, o que cabe ao novo é preencher integralmente o lugar, procurar fazer da melhor forma possível a sua parte. Porque a tarefa própria de cada um no mundo, essa ninguém pode fazer por outrem. O papel de cada qual, sua posição no universo, sua presença na criação, ninguém pode desempenhar no lugar de nenhum outro, por mais que esse outro seja próximo ou seja querido.

Neste sentido — neste outro sentido — ninguém substitui ninguém. Cada um é literal, integral, irreversivelmente insubstituível. O pai não substitui o filho, nem o filho ao pai, nem o amado à amada, ou o irmão ao irmão. Cada um será interpelado por sua própria existência, inconfundível com qualquer outra — pelo que fez ou deixou de fazer, ele sozinho, não pelo que outros terão feito ou deixado de fazer por ele. Neste sentido dramático e definitivo, cada homem é fundamentalmente solitário — até mesmo na fraternidade devida a todos os outros: é solitariamente que cada um deve ser solidário.

Deus conhece o nome de cada um — e a cada qual chamará pessoalmente. O lugar de cada um está reservado, a morada definitiva preparada especificamente para ele — a qual ficará vazia, não preenchida por ninguém mais, se aquele que ela aguardava não a merecer. E esse vazio, esse lugar faltante, é a maior desgraça que pode ocorrer a qualquer um. De fato, é a única desgraça. A única absoluta. A única irremediável. Como dizia Leon Bloy, não há senão uma tristeza: a de não se ser santo. Para o céu, cada um é rigorosamente indispensável e insubstituível. Na perspectiva ontológica e definitiva acontece o contrário da dimensão meramente temporal: se nessa ninguém é insubstituível, naquela, para o nosso destino e o nosso mistério, porém, ninguém substitui ninguém.

(Diário de Pernambuco, de 9 de janeiro de 1990)

A DIFERENÇA HUMANA

Recente entrevista publicada numa revista semanal dava conta dos fantásticos progressos na área da genética, em torno do chamado projeto Genoma. Para um leigo como eu, chamavam a atenção não só as notícias de como a ciência vem demolindo qualquer tipo de racismo e confirma a origem comum de todos os seres humanos; nem apenas também a observação de que a dimensão ética não está absolutamente sendo esquecida nessa área tão sensível do progresso científico. Impressionou-me, sobretudo, a informação de que os genomas são parecidíssimos entre espécies distintas: *"quase não há diferença entre nosso genoma e o do chimpanzé"*, dizia o ilustre cientista entrevistado. *"Como também o genoma do homem é muito parecido, por incrível que pareça, com o da levedura"*. Há poucos meses, outra revista publicava excepcionais fotos de seres em gestação, de espantosa semelhança, mal se conseguindo distinguir entre fetos humanos e fetos de outros animais, e não só do macaco mas até do porco.

"Quase não há diferença entre o nosso genoma e o do chimpanzé"... É notável que a ciência anuncie com toda nitidez evidência tão assombrosa. Se somos tão iguais assim, como podemos ser, ao mesmo passo, tão diferentes? Se a evidência física é dessa tão gigantesca igualdade, dessa quase impossibilidade de distinção, como explicar a diferença que consegue ser ainda mais gigantesca? Tão semelhantes e tão dessemelhantes... Não há, aí, uma demonstração indireta da velha certeza da **alma?** Desse princípio de uma outra ordem, não física, mas espiritual, uma outra realidade dentro do homem, sem a qual o homem simplesmente é inexplicável? Se o corpo do homem é tão igual ao do macaco, e se a realidade do homem é, ao final, tão impressionantemente diversa e superior, é que há no homem alguma coisa a mais além do corpo, e o homem é um dualismo, corpo e algo-além, matéria e essa razão que nenhum cientista consegue encontrar dentro do corpo, porque transcende o corpo e até o considera como sua propriedade — essa consciência de si próprio e do mundo circundante, esse olhar introspectivo que não somente se olha mas também sabe que se olha, identifica a si mesmo, dá nome e sentido a si e às coisas, de tal sorte que o homem é o único ser material que sabe quem é, e por isso mesmo, se faz as tremendas perguntas sobre de onde veio e para onde vai.

Não pode haver outra conclusão se os corpos são tão colossalmente semelhantes. Se *"quase não há diferença entre o nosso genoma e o do chimpanzé"*...

Como as atividades de um e de outro, do chimpanzé e do homem, são ainda mais abissalmente diferentes, a óbvia consequência é que há, neste, alguma coisa mais, além, do que o corpo. Animal somos, sim, mas também (ainda o velho Aristóteles) racional... Animal e também espiritual. Corpo e espírito. Matéria e alma. Carne e razão. Barro e consciência. São fascinantes os prodígios já alcançados na área da "inteligência" artificial, em que certas máquinas conseguem resultados ainda mais poderosos ou mais rápidos do que a inteligência humana. Mas o homem está sempre além, conserva o "pulo do gato", até porque, em toda a Terra, é o verdadeiro e máximo prodígio, a suprema maravilha, a única carne que conhece a si mesma e conhece tudo em volta, o único barro capaz de se interpelar e interpelar o porquê da existência. Por isso mesmo, é também o único, na hora em que aquela misteriosa unidade se desfizer, o único a ter a grave responsabilidade de se apresentar diante do Ser infinitamente maior que o criou e dizer: "Senhor, aqui estou". E nessa apresentação definitiva estará toda a sua grandeza, ou pode estar também a sua irremediável tragédia.

(Jornal do Commercio, de 2 de fevereiro de 1997)

O HOMEM E O PEIXE

Remexendo em velhos papéis, releio, na excelente série das páginas amarelas da revista Veja, duas entrevistas que se poderiam dizer metafísicas: uma, com o famoso comandante Cousteau que se vem dedicando há mais de 30 anos aos fascínios e riquezas da vida do fundo do mar; a outra[2], com um pensador americano, sociólogo e psicólogo, Ernest Becker, concedida em condições dramáticas: internado num hospital na fase final de um câncer, ele reconhece o fim iminente (sabe inclusive que não verá publicadas suas palavras): ele é o "convidado da morte". No fundo, o assunto das duas entrevistas é o mistério do homem, confrontado ora com o reino animal (os peixes), ora com a angústia suprema, a da morte. O mais curioso é que, colocados em perspectivas não religiosas, as dos saberes profanos em que são mestres indisputados, os dois entrevistados acabem chegando a conclusões muito próximas das mais sólidas doutrinas católicas.

Da observação dos peixes, Cousteau tira a primeira afirmação fundamental: *"os animais não são bons nem ruins"*; *"não existem animais ferozes"*. Mesmo o tubarão ou o tigre: eles só agem movidos por necessidades — *"comem quando têm fome, fazem amor quando sentem o instinto de cópula, atacam quando sentem necessidade de maior margem de liberdade"*. Satisfeita a necessidade, o naturalista se depara com um mundo estranho: *"entra em vigor o armistício – tanto os devoradores como aqueles que serão devorados na próxima refeição misturam-se amigavelmente num mar tranquilo"*. Não há nenhuma incompatibilidade entre as famílias de peixes, nenhum ódio de espécies. Com fome, o tubarão devora os peixinhos em torno; saciado, brinca com eles.

Diante desse quadro, as ações do homem aparecerão como radicalmente diversas. Em relação à necessidade de alimentação, por exemplo: ele é o único animal que pode deixar de comer mesmo tendo fome e havendo iguarias à frente ou, já sem fome, prosseguir comendo por gula e intemperança, como nos banquetes romanos. É o único *"mamífero capaz de agir sem sentir uma necessidade"* — e aqui Cousteau atinge o âmago do segredo desses animais diferentes: *"eles, os homens, fazem atos gratuitos"*. Quer dizer: desnecessários, não necessitados, movidos não por necessidades físicas ou biológicas — atos livres.

---

[2] Essa outra foi comentada noutro artigo, "A raiz do mal", incluído adiante no cap. 5º - "O gosto do bem".

Que atos gratuitos serão estes? O entrevistador indaga se a crueldade é um deles. Cousteau responde: *"a crueldade e a bondade"*. Portanto, a escolha do bem ou do mal, a opção voluntária entre esses dois universos morais, a plenitude ou o abismo. *"Tanto uma coisa como outra,* acrescenta, *estão fora da biologia. A própria ética está fora das regras do jogo biológico"*. O homem do mar tateia aqui outra ordem de leis — as não menos reais, embora sutilíssimas, leis morais pelas quais o bem é perfeitamente delineado, sem que a liberdade seja violentada. O que percebeu — e note-se que Cousteau não é nenhum filósofo ou teólogo medieval, mas um naturalista, um homem da ciência moderna — foi o fato de que o homem é um ser totalmente apartado do reino animal, ao qual, sob outro aspecto, pertence; foi a distinção absoluta entre o reino do corpo e da matéria, e o reino de alguma coisa diferente do puramente animal, o reino desses "atos gratuitos" que o corpo não explica, o reino da liberdade ou, noutras palavras, o reino do espírito — por definição, aquilo que é oposto ao corpo.

É verdade que o próprio Cousteau não saberá interpretar corretamente esses dados e, depois da vigorosa afirmação de que o *"nosso cérebro é bom"* mas não explica o homem (*"não foi ele que tornou o homem extraordinário na escala evolutiva"*), dirá que o que explica o homem é a reunião de quatro características que só ele possui juntas: cérebro, mãos, linguagem e longevidade, fazendo assim com que as ideias de "linguagem" e "civilização" substituam canhestramente, na sua metafísica rudimentar, a afirmação inequívoca de uma razão espiritual, não corpórea, a singularizar o homem. Esse deslize até que confere maior autoridade às suas observações essenciais — a da distinção definitiva dos dois mundos, o puramente animal e o humano, e a da impossibilidade de redução deste àquele. A ética, completa, *"é o arbitrário, o luxo"*. Exatamente porque é o que não é (biologicamente) necessário; é um acréscimo à natureza animal, uma supernatureza (espiritual). *"É o luxo ao qual a espécie humana se dá: ter um Hitler ou ter um São Francisco de Assis"*. Esta, a nossa opção cotidiana.

(Jornal do Commercio, de 12 de fevereiro de 1978)

O CULTURAL E O NATURAL

É muito usual uma pretendida distinção, no homem, entre o que é cultural e o que é natural, ou entre o que é criação do homem, invenção, obra da razão que se afirma sobre a natureza e às vezes até contra ela, e o que é simples atuação de sua natureza mesma. Artificial, no primeiro caso, resultado da inventividade, uma vez que tudo aquilo com essa característica jamais existiria sem o homem; ou, no segundo, simplesmente natural, obrigatório, resultado do determinismo da natureza. Claro que é distinção importante, pois há realmente no homem alguma coisa que ele adiciona à natureza — a começar pelo pensamento. O conhecimento, a ciência, a filosofia, a arte, a música, tudo isso seria eminentemente "cultural", quer dizer, não seria "natural", no sentido de material, biológico. Sim, o homem é ao mesmo tempo natureza e cultura: há, no homem, aquilo que vem da sua natureza animal, e há também aquilo que ele próprio constrói e inventa (a sua cultura).

Mas o que seria mesmo cultural e o que seria mesmo natural, no homem? O que é, no homem, meramente "natural"? Já há, aí, uma imprecisão, porque a natureza animal do homem é somente parte de sua natureza real, uma vez que o homem é, na essência, animal racional. A natureza efetiva do homem inclui algo mais do que seu aspecto animal: inclui também essa misteriosa razão, pela qual ele se distingue e domina todos os demais seres do universo e é capaz de agir sobre a natureza e até às vezes contra ela. O artificial, no homem (a sua cultura, aquilo que ele inventa), é, portanto, também natural nele. Se o homem é animal racional, significa que sua natureza é, ao mesmo tempo, animal e racional. Portanto, ser racional faz parte da natureza do homem. Como se poderia pretender então que o "cultural" não é "natural"?

Mais ainda: nem porque o homem é animal racional, o lado natural e o lado cultural do homem são realidades independentes uma da outra, reciprocamente estranhas e incomunicáveis. A misteriosa unidade do ser humano faz com que, nele, o racional e o animal se mesclem de uma forma muitas vezes incompreensível, e assim, o natural, no homem, seja também cultural, e o cultural não se construa sem o natural.

Tão misteriosa e tão imensa é essa unidade do homem que se pode perguntar se aquilo que se pretende, tantas vezes, ser apenas "cultural", apenas produto da cultura, não é, no fundo, mais do que "natural", de fato até biológico, e não teria uma raiz biológica profunda. Se, ao invés de ser mera construção cultural, ou social, não decorreria de um embasamento biológico, de condicionamentos biológicos.

Levantamento fascinante seria o que enfrentasse a questão de saber o quanto há de propriamente biológico na cultura, o quanto certas instituições ou certos costumes ou certos conceitos, que alguns dizem apenas "culturais", não se enraízam, de fato, em condicionantes biológicos profundos, na ontológica divisão da espécie humana entre os dois únicos gêneros — o homem e a mulher. Pode ser que, dessa realidade biológica brutal, decorram conceitos e idealizações que alguns imaginam serem apenas culturais.

(Diário de Pernambuco, de 6 de março de 2018)

O PRIMADO DO HOMEM

Por que a vida humana deve ser intocável, respeitada como valor absoluto, acima de todos os outros? A rigor, não é porque se trate da vida mesma, por mais maravilhosa que toda vida seja. Nem, até, porque seja vida humana em geral.

Se a existência, o ser fora do nada, já é, em si, algo fabuloso, quanto mais quando irrompe, no meio das coisas brutas, uma realidade espantosamente nova: uma pequena erva, ou um insetozinho, que simplesmente é animado, tem vida; não se submete só às forças exteriores, aos impulsos transitivos, mas possui um dinamismo próprio, um princípio interior, um movimento autônomo, pelo qual cresce, se alimenta, morre e — coisa literalmente prodigiosa — ainda é capaz de transmitir a outrem essa mesma animação, a mesma centelha vital, parecendo portanto antes mergulhado numa corrente (a vida passa por esses suportes) do que dono e senhor dela. Mas a simples evidência de que tranquilamente suprimimos, para nosso proveito, umas tantas vidas, vegetais e animais, demonstra que o supremo valor não pode estar na vida mesma, enquanto tal.

Nem sequer na vida humana, como vida. Não só porque, mais cedo ou mais tarde, a vida passa e todo sujeito morre, mas também porque, se o primado fosse da vida mesma, as individualidades não valeriam, poderiam ser substituídas, contanto que a vida humana continuasse: importaria a multidão, a quantidade, a densidade demográfica, não a realidade particular de cada qual.

A vida humana é preciosa porque é a vida de um homem em particular, de cada homem concreto. O qual, é certo, poderia perfeitamente não existir, que ninguém é necessário, nenhuma existência é necessária. A característica maior da existência é exatamente sua absoluta gratuidade, o fato de nada a exigir: qualquer existência poderia simplesmente não acontecer e o cosmos inteiro passaria muito bem sem ela. Uma vez existente, porém, uma vez chamado à vida, cada homem é absolutamente insubstituível. É único, é inconfundível, singular, inigualável, irrepetível, impossível de ser trocado por outro, compensado, permutado, considerado equivalente. A mãe que perde um filho não se consola com os que restaram, nem com o próximo que poderá vir: aquele era único e ninguém o substituirá.

Se a planta ou o animal já são um todo em si mesmos, o homem é um todo absoluto, porque é um todo consciente de si. Não é só um centro de atividade, de ação, de movimento, como o animal ou a planta; muito mais, é centro de si mesmo, em face do universo inteiro, porque conhece, sabe quem é e o que as coisas são, quer e sabe o que quer. Sobre toda a terra, somente o homem é dono do seu destino, autor de sua história, artífice do seu itinerário, construtor de si mesmo. Somente o homem cria seus caminhos, define sua aventura, escolhe suas odisseias: determina-se a si próprio e tem o espantoso poder de ser o que quer ser. Riqueza maior do que a que traz, ao universo, cada espécie animal em seu conjunto, é a maravilha de cada homem, que acrescenta, por si só, qualquer coisa soberba a toda a criação. Mistério de uma subjetividade ontológica essencialmente consciente de si mesma, "abismo de totalidade e solidão", o homem, pelo conhecimento e pela vontade, caniço pensante, é o lugar supremo de independência e liberdade, com total capacidade de dispor de si mesmo.

Foi por conta dessa inédita consciência de si mesmo, desse "eu", que a tradição filosófica passou a designar o homem — no entanto, poeira da poeira, perdida poeira de perdido ponto do imenso universo — com o nome novo de "pessoa", recusado a qualquer outro ser sobre a terra, palavra que ontem designava apenas nossa máscara e hoje identifica nossa grandeza. É por istó que o Estado é feito para o homem, não o homem para o Estado. O primado é da pessoa, de cada pessoa, de cada homem concreto, as coisas e os direitos devendo existir para ele e em função dele, não o contrário: não o homem a serviço de potestades ou ídolos quaisquer. As sociedades se avaliam pelo reconhecimento que dão ao primado do homem. E a civilização e a história noutra coisa ao consistem senão no progresso no sentido da efetivação desse primado.

(Jornal do Commercio, de 22 de julho de 2001)

SUPERLATIVO PRIMADO

De propósito omiti, no texto anterior, a propósito do primado do homem, qualquer alusão à dimensão religiosa. A rigor, não precisava. A singularidade do homem, sua inigualável dignidade, sua soberania sobre a terra inteira pode demonstrar-se pela só consideração dessas prerrogativas eminentes e exclusivas do homem: a razão e a liberdade. Porém, a razão não apenas existe, mas também funciona e não somente se interpela sobre sua origem e seu destino, como também encontra respostas... Entre a quais, a resposta fundamental: nada se explica se Deus não existisse. E se Deus existe, Ele é, acima de tudo, razão absoluta e vontade livre, suma sabedoria e sumo bem, e o homem, exatamente pela capacidade de conhecer e pela possibilidade de escolher, é bem imagem e semelhança dEle. Nós temos essa espantosa afinidade com o Espírito onipotente e onisciente, criador do céu e da terra, de todas as coisas visíveis e invisíveis: entre todos os seres materiais existentes, somos o único que possui alguma coisa a mais, além da matéria, essa realidade misteriosa que nos faz ter consciência de nós mesmos, conhecer as coisas, escolher entre umas e outras. Somos o único "animal racional", somos matéria e espirito, corpo e alma, carne e razão.

E esse Deus magnífico e deslumbrante, que está na nossa origem, nós descobrimos que é também o nosso fim. Que não fomos feitos senão para Ele, o qual para cada homem reservou, desde toda a eternidade, uma morada, e nos espera, Verdade absoluta que nossa inteligência procura, Bem perfeito a que nossa vontade aspira. E descobrimos ainda que temos um papel aqui na terra, claramente definido no livro do Gênesis: não só a determinação de submeter e dominar toda a terra, mas também a missão profunda de dar nome às coisas. Logo que foi criado, todas as coisas foram passadas diante do homem, para que lhes desse o nome, isto é, para que reconhecesse o que cada coisa é, identificasse o sentido e a finalidade de cada uma. E, portanto, visse como cada uma é boa, foi feita boa, e pudesse assim dizer a Deus, em nome de toda a criação, aquilo mesmo que Ele vira na hora inicial: que tudo era bom. Somente o homem, na terra inteira, pode proclamar o esplendor da criação, esse esplendor que o universo criado grita por si mesmo, pelo simples fato de existir, sem ter, porém, nenhuma consciência disso, sem formular esse verbo explícito de louvor. O papel do homem, verdadeiro centro do universo, e até a razão mesma de toda a criação, é ser a voz e a consciência da criação inteira: é cantar a glória e a grandeza de Deus. Para outra coisa não fomos criados senão para conhecer, amar, servir e louvar a Deus, como ensinavam os antigos catecismos.

Superlativa dignidade do homem. Não só a eminência da natureza racional, a transcendência do pensamento e da vontade livre, mas também essa ligação especial com Deus. Dupla dignidade: ser espiritual e ser imagem de Deus. Mover-se por si próprio para seu fim, e ter a Deus como esse fim. E não bastasse tudo isso, ainda houve a Encarnação: Deus se fez carne e habitou entre nós. E, ainda mais, houve a Redenção: fomos remidos pela Segunda Pessoa da Trindade Santíssima, portanto por Deus mesmo. Coisa inaudita: embora estivéssemos, como ainda estamos, mergulhados no pecado, apesar de nossas traições cotidianas, de nossa fraqueza, de nossas deserções, da miséria que parece fazer parte de nosso ser, Deus ainda achou valor em nós, e mandou seu próprio Filho, que tudo nos mereceu. Por magno, inimaginável, preço fomos resgatados: pelo sangue do Cordeiro, pelo sacrifício do único absolutamente inocente. Deus não é apenas o Criador distante, mas se fez, por Cristo e em Cristo, nosso irmão, e este nos ensinou a chamá-lO de Pai, Abba, Paizinho. Cada homem, mesmo o menor de todos, mesmo o mais sofredor, mesmo o mais pecador, ou melhor, sobretudo estes, é filho de Deus e irmão de Cristo. Pode haver dignidade maior?

(Jornal do Commercio, de 31 de julho de 2001)

RECOMEÇO

São marcados pela contingência todos os seres ao redor. Quer dizer: poderiam não ser, a existência não lhes é necessária. Tal constatação foi um dos pontos de partida mais fecundos da meditação filosófica de todos os tempos, desde os gregos até Sartre. Nenhum ser que vemos diante de nós **teria** que existir — contingentes, todos, sem exceção. Por que, então, o Criador os achou de tirar do nada? Não foi por necessidade, claro está, que eles são tão desnecessários para Deus quanto desnecessários em si mesmos: a infinita perfeição de Deus não carece do louvor da criação. Donde, Deus criou todas as coisas num ato de puro amor, de gratuita generosidade, literalmente **as inventou** (melhor do que dizer que as "tirou do nada", o que pode sugerir a falsa ideia de que de algum modo já preexistissem). E as inventou, em primeiro lugar, para que simplesmente existissem, isto é, para que pudessem regalar-se no banquete da existência, pudessem participar da inaudita ventura que é **serem**. Pois o ser é um bem, e existir é, em si mesmo, bom. E, em segundo lugar, para que sintam isso e, jubilosos, proclamem a alegria da existência — e, em consequência, a grandeza e a bondade de Deus.

Todos os seres criados fazem isso, cantam a glória de Deus, de dia e de noite, acordados ou dormindo, quer sejam vivos ou inanimados — simplesmente na medida em que seguem a lei do próprio funcionamento. Um único ser, no entanto, **sabe** que deve fazer isso, e sabe que pode não o fazer, **sabe para que foi criado** — um único privilegiadíssimo ser, no meio de toda a matéria, porque nele foi infundida qualquer coisa que não existe no mundo físico: a razão, o espírito, isso que só se encontra em Deus (e nos anjos) e que faz de nós outros, por isso mesmo, na linguagem da Bíblia, *"imagem e semelhança de Deus"*.

Se, fisicamente, podemos ser insignificantes e fragílimos, na verdade somos os reis da criação, por conta daquele adicional com que Deus singularizou nossa espécie. Somos como a chave, ou o segredo, que explica o universo inteiro. Estamos com um pé em cada mundo, no mundo da matéria e no mundo do espírito, lá e cá, ontologicamente peregrinos, consumadamente estrangeiros. Para avaliarmos o que representamos para a criação inteira, basta imaginar o que seria do universo sem nós, meros caniços pensantes. Nenhum outro ser, no nosso lugar, haveria de olhar a obra criada e tomar consciência dela e, de joelhos, agradecer e louvar ao Criador. O homem é justamente aquele que Deus especificamente inventou para contemplar Sua obra e reconhecer, em nome de todas as criaturas, a beleza e a excelência de tudo: uma espécie de porta-voz universal, ou de espelho cósmico — mas espelho consciente e livre — no qual se reflita a harmoniosa invenção dos seis dias iniciais. Dar nome às coisas é também dizer o quanto são elas belas e boas, e o quanto é bom Quem as criou.

Mas, ao invés desse insuperável mérito, de louvar a Deus livremente e fazer, por liberdade e amor, por gratidão consciente, o que os outros seres cumprem automaticamente — o homem, na primeira oportunidade, cedeu à grande tentação, qual a de ser como Deus? E rejeitou Seu plano para, como se pudesse fazer-se igual a Ele, criar novas (e desordenadas) regras para si mesmo? Pecou o homem (Adão, primeiro, e, depois, nós outros, todos os dias), rejeitando a lei, recusando a criação? Ainda assim Deus, que é pai e é mãe, como disse o Papa Luciani, nos ama e, na hora mesma em que recebia, na face, a primeira cusparada dos homens, lhes assegurava a Redenção e anunciava Alguém que viria da *"descendência da mulher"* para esmagar a serpente...

o O o

O cumprimento dessa suprema promessa está sendo renovado liturgicamente agora. É um inigualável recomeço o que celebramos no Natal. Deus resolveu apostar de novo no homem. Apesar de tantas rejeições, tantas traições, de nossas cotidianas negações. E nos está mandando agora Seu próprio Filho Unigênito, este doce Menino deitado na palha, entre o boi e o burro, e em torno do qual se suscitam sentimentalismos e se promovem festas e confraternizações e se trocam presentes — doce Menino que é muito mais dramático do que poderíamos imaginar, pois que vem, literalmente, salvar-nos. E o olhar que Ele nos dirige é a derradeira esperança de que ainda consigamos dar o pequeno passo pelo qual espera, o pequeno passo que Ele nos implora, o pequeno passo pelo qual admitiu até morrer na Cruz. Como iremos, nós todos, responder a Deus, neste recomeço da existência, nesta renovação da Aliança, que é o segredo de todo Natal?

(Diário de Pernambuco, de 27 de dezembro de 1983)

SEM O HOMEM

Num belíssimo soneto, imaginando o dia da própria morte, Lucilo Varejão Filho pede a Deus que lhe permita sobretudo *"levar meus livros / que contarão aos Anjos espantados / a história do Homem e sua dor"*. O poeta resumiu, em feliz inspiração, a essência dos livros: o que fazem eles fundamentalmente é contar "a história do Homem e sua dor".

E fico eu a pensar no que seria a Terra, o que seria o universo inteiro, o que seria toda a criação, sem a presença do Homem, sem as alegrias e as tristezas que o homem trouxe, sem a grandeza e a miséria do homem, sem a dor do homem. O homem acrescentou não poucas coisas, e não apenas muitas coisas, à criação. Visto de longe, de cima, de um avião, o homem e as coisas do homem, casas, ruas, construções, parecem quase nem existir, tão diminutas são. À distância, nossas confusões parecem tão ridículas... Mas, de fato, são dramas portentosos, são agonias das almas, aflições e júbilos, gritos e silêncios que enchem o universo. Trazemos à criação alguma coisa que não havia antes — de fato, coisas assombrosas, vaidade, angústias, medo, esperança, afeição, generosidade, cobiça, disputa, humildade, inveja, coisas positivas e coisas negativas, essa mistura de elevação e baixeza, de nostalgia do alto e de gosto pelo pó, que o homem, ser essencialmente dividido, mescla de matéria e espírito, síntese portanto do universo inteiro, adicionou à natureza criada — belíssima, majestosa, harmoniosa, sim, mas, também muito pobre, muito carente, sem os tumultos, as complicações, as divisões interiores, a "dor" do homem.

Não foi apenas com as construções magníficas, as obras (físicas ou literárias), as quais ficarão para sempre, que enriquecemos o universo. Nem somente com a civilização, a cultura, a educação etc. Nem com os grandes espíritos que surgiram na história, nem mesmo apenas com os santos. Não foi apenas com o bem que o homem enriqueceu a criação. Foi também com o mal, com os dramas, as agonias, a maneira como enfrentamos as tentações, como sofremos, como suportamos a dor, como nos horrorizamos diante da doença e da morte. A criação inteira foi sumamente enriquecida com as alegrias e as tragédias do homem. Como seria o universo sem o homem? Que vazio, que silêncio, que deserto!

Quem, sem o homem, daria nome às coisas, como Adão fez quando Deus mandou passarem diante dele todos os seres que havia criado? Quem reconheceria o sentido da criação? Quem, sem o homem, sentiria, no universo, o dedo do Criador e poderia escutá-lO e até Lhe falar?

(Jornal do Commercio, de 19 de junho de 2012)

Capítulo 3
A ÚNICA CERTEZA.
O HOMEM É EFÊMERO.

O MEDO

Nem a metafísica nem a teologia terão dado a devida ênfase ao medo que habita o coração do homem. Quem salientou a importância do medo para boa parte das desventuras humanas foi um teatrólogo, Ariano Suassuna, no terceiro ato da Compadecida, o do julgamento, quando muitos personagens recorrem precisamente ao medo para explicar suas fraquezas e seus pecados — medo da morte, do sofrimento, da fome, da solidão. Também nisso a intuição do grande dramaturgo foi aguda. Pois toda a aventura humana sobre a terra não é senão uma permanente, e não resolvida, tensão ente o medo e a esperança.

Há, antes de mais nada, o medo existencial, medo fundamental, direta decorrência da radical contingência, a não-necessidade de todos os seres visíveis, como Sartre percebeu melhor do que ninguém, a dramática evidência de que tudo que aí está, e portanto nós mesmos, poderia não estar. Nada exige a existência de coisa alguma que se encontra posta neste mundo. Estamos na existência, não somos a existência. E do mesmo modo como estamos, poderíamos não estar. E se nada exige a nossa existência pessoal, se nada exige que eu haja começado, por que esse eu não poderia também ter um fim absoluto, por que deveria continuar para sempre, indefinida, eternamente? Viemos literalmente do nada — frase que já é, em si mesma, meio absurda, porque dá a entender que antes já seríamos alguma coisa, e, no entanto, rigorosamente não éramos coisa alguma. Fomos criados, inventados. Nada éramos antes. Por que então o nada absoluto não pode ser também o nosso destino final? Medo, portanto, do retorno ao nada inicial.

Medo da morte. Medo do fim. Medo, enfim, do simples dia seguinte, medo do que nos aguarda no próximo minuto. Medo do total aniquilamento. Medo da não-existência, do não ser. Somente as crianças, que não têm a consciência da insegurança do dia de amanhã, podem viver felizes. O que não será o homem capaz de fazer por conta desse pavor ontológico? Quem sabe não estará aí, como por um processo de compensação, a raiz daquela pretensão-de-ser, e ser mais do que os outros, da autovalorização excessiva, da ênfase em si mesmo, que constituem, em última análise, o orgulho e a soberba, o amor de si próprio, origem de todos os pecados?

Depois, tantos outros medos específicos, pontuais. Medo da fome, medo de passar necessidade, medo das privações: daí, possivelmente, as compensações da gula e da avareza. Medo das canseiras, do esforço incessante, do suor inerente ao pão de cada dia, das labutas do trabalho: origem da tentação da preguiça. Medo da dor, do sofrimento, do choro: e a compensação será a atração pelo prazer desvairado, pela luxúria. Medo dos outros, da força, do valor, da simples presença dos outros: daí o contra-ataque da ira ou o veneno da inveja. E eis aí, meio ao acaso, os sete pecados capitais. Por mais graves que sejam, e são, podem de algum modo resultar de nossas debilidades essenciais. Serão muito mais pecados na linha da fraqueza do que na linha da maldade. Os realmente graves, os terríveis, são esses outros, os pecados da maldade — no fundo, aqueles que clamam aos céus e pedem a vingança do Altíssimo, segundo a antiquíssima tradição judaica: o homicídio voluntário, o pecado contra a natureza em matéria sexual, a opressão feita aos pequeninos (os órfãos, as viúvas, os pobres), a retenção ou privação do salário devido ao trabalhador —, pecados, em geral, praticados pelo poder e pela prepotência.

Ainda bem que Jesus disse que conhece o que há no coração do homem (e a rigor, somente Ele conhece). Conhece, portanto, o que há no fundo de nossas quedas, que bem podem ser apenas manifestações de nossas angústias, expressões do medo fundamental típico da condição humana. Jesus conhece o coração do homem e sabe como, nesse coração, subsiste o medo, a consciência do efêmero de tudo, certeza da única realidade absoluta que é a morte. Poderemos, então, confiar no Deus essencialmente compassivo, que conhece admiravelmente a fragilidade da matéria de que somos feitos. E acontece, ademais, que Ele ainda garantiu, simplesmente na véspera da própria morte, que vencera o mundo e por isso não tivéssemos mais medo.

(Jornal do Commercio, de 12 de maio de 2009)

O PIOR DOS MALES

Pobreza, miséria, desnutrição, fome, analfabetismo, doença, injustiça, carência de moradia, carência de trabalho, carência de esperança: mazelas e opróbios que tão fundo ferem a dignidade da pessoa humana! Excelente que a Igreja, cada vez mais, denuncie essas iniquidades, causa de angústias inimagináveis, causa também das mais justificadas revoltas. Imperioso e urgente que todos tentemos extirpá-las da face da Terra. Tudo quanto se fizer a esse respeito talvez ainda não baste. Tudo quanto se falar ainda será pouco.

Por mais terríveis que sejam esses males todos, nenhum, todavia, ainda é o pior possível. A mais grave tragédia, a suprema desgraça da aventura do homem... é a morte. É o fim do mundo, para cada qual, isoladamente considerado: o mundo que desaparece, para cada um, na hora da morte. Mas não é o fim absoluto: a morte é passagem e mudança e juízo. O drama sem igual da história de cada homem é aquele momento tremendo em que — enquanto o corpo está voltando ao pó e os parentes e amigos soluçam em torno — ele mesmo se está defrontando com seu Criador, face a face. A hora absolutamente do *"agora somente eu e Deus"* do grande poeta francês. A hora em que cada qual devolve a Deus a vida e presta contas do que veio fazendo do próprio coração pelas agruras deste mundo. E é envolvido pela Voz definitiva: ou bem *"vinde, benditos de meu Pai; entrai na posse do reino que está preparado para vós desde a criação do mundo"*; ou bem *"apartai-vos de mim, malditos, para o fogo eterno, preparado para o demônio e seus anjos"*.

O mal maior, que é a morte, faz todos os homens fundamentalmente iguais: igualmente condenados ao inevitável destino, igualmente dominados por seu tremor. A essa luz, a pobreza e a riqueza deixam de ser fins ou valores em si mesmas. São apenas situações dentro das quais o coração do homem é posto à prova: tentações pelas quais é ele interpelado. *"A pobreza absoluta* — foi o Papa reinante quem disse — *é a do homem sem Deus"*. Indesculpável, portanto, que, seja a que pretexto for, em nome de qualquer outra mazela, por pior que seja — se omita ou se obscureça a certeza desse destino eterno e do julgamento definitivo que nos espera. Pobre ou rico, faminto ou farto, doente ou são, ignorante ou erudito, nenhum homem fugirá da morte, nem, portanto, da vida nova que ela lhe abre. Embora, é claro, os critérios de julgamento não sejam uniformes. A quem muito foi dado... Mais fácil a um camelo entrar pelo buraco da agulha do que um rico entrar no reino do céu... Ninguém suponha, porém, por isso, que o nosso destino será resolvido por outros fatores senão pelo nosso próprio coração: não é a classe social que absolve e salva, nem é em bloco que seremos julgados. Ricos e poderosos haverá, sim, e muitos, à direita do Pai. Ou quererão rever até a lista dos canonizados, para excluir um São Luiz, rei de França, por exemplo, uma Santa Margarida, rainha da Escócia, um São Tomás Morus?

Donde: interesse, sim, e muito, e permanente, pelas mazelas daqui de baixo; mas não por causa de um hipotético paraíso terrestre, uma utopia humana qualquer, e, sim, por causa do reino dos céus. As duas coisas estão não dissociadas, mas interligadas: mais se pedem reciprocamente, do que se repelem. E isso repõe a justa hierarquia dos valores. Nenhum comodismo e nenhuma indiferença quanto às dores do mundo, mas também a certeza de que nossa pátria verdadeira está do outro lado. Do outro lado da morte. *"De que vale ao homem ganhar o mundo inteiro se vier a perder a alma?"*

Num dia qualquer, nessa sucessão de alvoradas que se repetem em monotonia aparentemente infinita (mas de beleza diariamente renovada), a morte espreita o homem. e esse dia, sobre o qual tantas vezes passamos despercebidos, sem jamais suspeitar de qual seja, será mais nosso do que qualquer outro, exceto o do nascimento: a segunda das datas que marcam nossa existência — a estrela e a cruz. Tudo quanto tivermos feito aqui, ao longo das jornadas, ganhará então um novo sentido: seu sentido definitivo. Inclusive a maneira como nos debruçamos sobre as dores dos irmãos. Mas é aquela expectativa do encontro face-a-face com o Pai eterno que ilumina e justifica a labuta aqui embaixo. Não o sonho (ou a ilusão) de construir aqui, sobre a areia, uma morada melhor — que simplesmente nunca será nossa, em definitivo. *"Morada para sempre, só seus túmulos",* diz o salmista.

(Diário de Pernambuco, de 1 de outubro de 1984)

O NOSSO DIA

A história pessoal de cada um é marcada por duas datas supremas. Uma é conhecida e é comemorada festivamente a cada ano: a do nascimento. A outra, a da morte, é, por enquanto, desconhecida, mas será tão nossa quanto a primeira e ficará, tanto quanto aquela, em todos os registros que deixarmos. Por isso, o Dia de Finados não é somente o dia dos defuntos: é o dia de todos nós, de todos os vivos, o nosso dia, que a médio prazo todos estaremos mortos.

A morte representa a única tragédia absoluta na existência do homem. Tantos são os dramas com que nos defrontamos neste mundo — pobreza, miséria, analfabetismo, falta de moradia etc. gravíssimos, todos, e a requererem, todos, urgente e desmedida atenção, nenhum deles admitindo que o homem passe ao largo, indiferente. O máximo problema, porém, é a morte.

Sob um duplo questionamento. Primeiro, saber se ela põe um termo completo à existência do homem, ou não; se há, ou não, vida além da morte; se tudo, no homem, acaba com a morte, ou, de algum modo, continua. A resposta negativa deve implicar, em boa lógica, no completo absurdo de qualquer passo dado aqui na terra. A outra resposta (há, sim, vida no além; a morte não é um fim absoluto mas apenas passagem; "a vida não é tirada mas transformada"; se, na morte, o corpo do homem é devolvido ao pó da terra, a essência do homem no entanto continua: o homem mesmo, com sua integral identidade, permanece, e se reconhece no outro lado), essa resposta positiva é a única que dá sentido às canseiras e às dores desta vida, e até mesmo a todas as lutas para construir, ainda neste vale de lágrimas, um mundo melhor, mais humano, mais digno.

Depois, a tremenda questão da definição do destino pessoal de cada um, depois da morte. À direita, ou à esquerda, do Pai? O "vinde", ou o "afastai-vos de mim, malditos"? Porque, na hora mesma da morte, quando os que ficam (por um pouco mais de tempo, apenas) choram a partida do ente querido e lhe dedicam os últimos cuidados inúteis, enquanto aqui, no nosso lado, esse drama demasiado humano se processa, no outro lado, drama muitíssimo maior se está desenrolando: o do juízo, o do encontro face-a-face com Deus, que não é, senão, em última análise, o encontro consigo mesmo, o íntimo do homem se confrontando com o projeto de

Deus para ele. E o ideal seria que o dia fatal não seja um dia de desgraça, mas, a rigor, o dia longamente esperado, aquele para o qual cada um se preparara a vida inteira, e até desejara: o dia do encontro com Aquele que o tirou do nada e lhe reservou, desde a eternidade, uma morada. Dia sumamente feliz para quem assim se preparou, é por isto que a Igreja celebra não a data de nascimento mas a da morte dos seus santos: o dia em que nasceram para Deus, e se encontraram com Aquele a quem já aqui tanto amavam.

Por isso, numa formidável quantidade de casos, o dia da morte, dia de choros na terra, é um dia de festas... no céu. Todo o céu aplaude o recém-chegado, e não só ele é acolhido pelo Amor que move o céu e as estrelas, mas também pelos seus, pelos que o precederam, será reconhecido e reconhecerá, e todos se abraçarão no louvor ao único Deus, diante do qual tudo é palha, tudo, mesmo as nossas fraquezas e as nossas quedas — e aí então, na festa permanente dessa cidade celeste, não haverá mais separações.

Equivocada doutrina anda se difundindo por aí: a de que a ressurreição aconteceria no momento mesmo da morte. Não é a doutrina católica. Uma coisa é a continuação da vida sob outra forma, a imortalidade pessoal, certeza que os grandes filósofos gregos, mesmo antes de Cristo, já tinham descoberto e demonstrado. Outra, é a "ressurreição da carne", que professamos no Credo, e que se dará somente "no último dia". Não se alimentem ilusões: com a morte, a carne — que tanto integrou o homem nesta vida — estará entregue à corrupção e voltará ao pó da origem, e ficará repousando até que — misteriosamente transfigurada, gloriosa — seja resgatada dessas sombras e à vida retorne, para recompor o homem integral, na maravilhosa "ressurreição do último dia".

(Jornal do Commercio, de 7 de novembro de 2006)

DIANTE DA MORTE

O que comemoramos na data de Finados senão nosso próprio dia? Mortos somos todos, uns em ato, nós outros em potência, aguardando o chamado do abismo. Uma mera diferença de prazos nos separa. Num dia, que pode estar longe, mas pode também estar bem mais próximo do que supomos, também nós outros — que gastamos não sei que reservas de energias em tantas agitações, úteis ou vãs que sejam — seremos recolhidos a uma inércia que nada parece distinguir da simples inexistência ou do total aniquilamento. Qualquer coisa se desarticulará dentro de nós, provavelmente numa dor de imensa ruptura, e eis desfeito o prodígio da vida que em vão a ciência do homem tenta reproduzir em laboratório, por conta própria.

Que se passará nesse minuto mágico? Que coisa — se é que há — nos aguardará então? Que será feito de nós? Estaremos, inteiros, naquele monte de matéria outrora animada, agora em iminente decomposição, que mãos amigas irão esconder num buraco na terra? Ou, ao contrário, qualquer coisa de nós mesmos de algum modo misterioso permanecerá — a parte mais profunda, mais essencial, mais nossa, de sorte a continuarmos com plena consciência da própria identidade inconfundível?

Se à morte se seguir o nada, e não se abrirem para nós as grandes respostas quanto aos últimos segredos de todas as coisas, então tudo quanto nos alegra agora — mesmo as canseiras e as dores do mundo, os grandes júbilos e os pequenos gestos, a vida toda em suma, o radioso espetáculo da vida sempre juvenil e exuberante — não passará de imenso escárnio zombando da consciência de si mesmo e do conhecimento dos outros, conhecimento que é o privilégio de nossa espécie. Teremos sido as vítimas supremas de uma patifaria que nome algum poderá adequadamente qualificar. Derrotados da última batalha. Atraiçoados na hora definitiva. Desgraçados perdedores: os que perderam tudo, porque perderam o melhor — a derradeira esperança.

Quem quiser se conforme com esse logro, com esse deboche cósmico. Alguma coisa estará então rindo de nós. Pretender que nos devamos contentar com esta vida atual, com este aqui e agora, com as inegáveis belezas da matéria (mas efêmeras, fugazes, tão precárias...) é satisfazer-se com demasiado pouco. Como é infantil, para não dizer tolo e ridículo, conformar-se com a permanência no sangue dos descendentes, ou na memória dos que ficam (por ainda quanto tempo, aliás?), ou na transformação em seiva de vegetal. Admitir que o importante é tão só estar vivo, significa condenar-se a infeliz frustração, desde que se considere alguma coisa a mais do que o simples dia de hoje.

Ao homem é dado sonhar além, querer mais, aspirar mais alto. Dir-se-á que são meras fantasias, sem suporte em realidade alguma? Mas uma realidade há, indiscutível: a de que sonhamos estes sonhos e não nos conformamos com a morte e exigimos a permanência.

Talvez a palavra exata seja mesmo esta: exigimos, sim. Ao menos isso exigimos, como máxima reivindicação, àquilo, ou melhor àquela Razão, Àquele que criou o mundo: que nossas mentes, que tomaram consciência das próprias identidades e conheceram o ser das coisas e deram nome às maravilhas da existência e puderam, por isso, entoar cânticos de louvor à obra da criação, não desapareçam, não morram, não sejam aniquiladas. É condição para não sermos as mais miseráveis das criaturas haver diferença radical entre a morte de um cãozinho e a morte de um humano, a quem foi dado conhecer e desejar outros horizontes. O homem é o único animal que se revolta contra sua natureza e contra seu destino — eis aí, nesse agônico protesto contra a injustiça do brutal aniquilamento, talvez nosso traço distintivo: a arqueologia não suspende suas pesquisas, rotulando de humano, não de símio, o fóssil que revela indícios significativos de algum gesto de cuidado com os mortos, ou seja, de rebeldia?

Mais absurdo do que acreditar que o universo inteiro foi feito para nós, é admitir que fomos feitos para o nada. Entre as maravilhas todas da criação, somos bem a maior, absolutamente inigualável, o ser para o qual tudo conflui, privilegiada razão do mundo, pedaço do céu sobre a terra, rigorosamente imagem e semelhança de Deus. Também explicação e destino de todas as coisas: sem nossa imortalidade pessoal, coisa alguma sobre a terra teria sentido — um gesto qualquer de amor, a ternura de uma amizade, as tarefas que nos pesam, a luta para conservar a vida ou educar um inocente, a própria existência dos outros seres, um coelho, um arbusto, o mundo.

Talvez estejamos sendo excessivamente presunçosos e pretensiosos. Mas não creio que haja outro jeito de sermos simplesmente homens. Importa, por isso, viver em função do tremendo dia fatal, e definir que face, estragada ou purificada, apresentaremos Àquele que nos aguarda e o que Lhe devolveremos dos bens todos que confiou a nossas mãos.

(Jornal do Commercio, de 6 de novembro de 1977)

A MORTE PRÓXIMA

Ao menos nas vésperas e na sequência do Dia de Finados, deveria o homem pensar na própria morte. Pois, na vida de cada um, quaisquer que hajam sido os sucessos que obteve, só haverá um único momento supremo: aquele, misterioso, terrível, em que se despedirá desta terra, desta luz, dos azuis e dos verdes, e fechará os olhos para sempre. Será apenas uma passagem para outra vida, para cenários ainda mais deslumbrantes, para uma felicidade perfeita? Mesmo os crentes que acreditam nisso, paradoxalmente não anseiam por este momento e, ao invés de querer aproximar-se dele, o querem sempre mais distante... Amam a Deus e querem ir para o céu, sim, mas não querem morrer, embora saibam que, sem morrer, nem irão para o céu nem verão a Deus. Mesmo para os crentes, Deus pode esperar...

A verdade é que a morte é o único fato absolutamente certo na vida de qualquer homem. Ela virá. Ela nos espera. Este é o verdadeiro e único encontro marcado do qual ninguém fugirá. Por isto mesmo, deve-se dizer que nela consiste o único problema real da existência do homem. Quaisquer outros — pobreza, dificuldades, crises, injustiças, incompreensões — serão sempre, por mais devastadores que sejam, problemas pequeninos, menores, diante da morte. Ela é a questão central, a rigor a única questão, diante da qual cada um não pode não se posicionar.

Evidentemente, na única hora suprema, alguma coisa do ser vivo o abandona, alguma coisa deixa o corpo, se desprende dele, a saber, o ânimo vital, uma vez que o corpo continua existindo, mas agora sem aquela vibração íntima, sem o sopro que o animava, sem vida. Identifique-se isso como se quiser (alma, talvez), mas o fato é que havia alguma coisa no ser vivo que não há mais, alguma coisa não está mais no corpo, o qual agora ainda existe mas não mais vive.

O que acontecerá com essa alguma coisa que se desprendeu? Simplesmente desaparecerá para sempre ou irá para outro lugar? O que nos aguarda? O nada absoluto? A morte terá sido, então, completa e verdadeira aniquilação, de tal sorte que tudo quanto foi feito, todas as lutas, todos os esforços, nada valeu coisa alguma? Teremos sido, assim, totalmente enganados, vítimas de colossal fraude cósmica, a nós tendo sido dadas (o que com nenhum outro ser aconteceu), primeiro, a espantosa capacidade de conhecer, conhecer o mundo, conhecer os outros, conhecer a si mesmo, e, segundo, a fascinante liberdade de definir o próprio destino — para, ao cabo, tudo totalmente desaparecer, aniquilado, pó, puro pó, largado à poeira da terra? Que engodo, que logro, que traição!

Muitos já houve que, tendo passado a vida acreditando nesse logro, e não se incomodando com ele, no entanto, na hora decisiva, vendo a proximidade da morte, repensaram os próprios conceitos e clamaram por Deus. Há quem diga, sobretudo os que seguem essas resignações negativistas, que não são conversões e arrependimentos válidos porque decorrentes do pavor daquela hora suprema. (Não há de ser este o ponto de vista de Deus, que anseia por pretextos para manifestar sua misericórdia...).

De qualquer modo, o fato é que muitos ateus e materialistas mudaram de ideia na hora da morte. E leio agora, em Thomas Morus, a observação deliciosamente irônica de que nunca se soube de alguém que, na hora da morte, se arrependesse do próprio catolicismo...

(Diário de Pernambuco, de 5 de novembro de 2019)

MÁRCIA E A MORTE

Da atriz não conheço elementos bastantes para avaliar a falta que fará ao mundo dos espetáculos. Nem da atriz, nem da apresentadora de televisão, com sua voz meio solene, sempre bem-posta, alinhada, superior. Nem mesmo da pessoa humana propriamente dita, da pessoa que foi Márcia de Windsor. O que impressionou, na sua morte, foi a morte mesma, o fato bruto e brutal da morte, despojado das circunstâncias que turvam, em tantos outros casos, nossa visão. Quando o amigo se vai aos poucos, num leito de hospital, o impacto da perda se mistura com as agonias diárias do sofrimento, e essa lenta decomposição perturba o essencial da passagem. No caso de Márcia, não: aí nos deparamos com o enigma, com a maldição, com a morte, como que em estado puro. Três ou quatro horas antes, ela estava em boa parte dos lares do Brasil, e eu a via, num intervalo de tranquila vadiação, num quadro do programa de Flávio Cavalcanti, enternecendo-se com avós e netos, impecável, elegante, de fronte erguida diante da vida e do mundo. Nem ela nem ninguém suspeitaria que, naquela noite mesma, o mundo lhe iria fugir sob os pés. E não pela intervenção exterior de alguma mão criminosa ou simplesmente irresponsável, fatos supervenientes que ostensivamente contrariam a linha natural das coisas — senão pela violência escondida no interior da vida mesma.

Não esqueço uma imagem do extraordinário Gustavo Corção, falando da morte como uma impressentida presença que carregamos, ou vamos nutrindo, a cada dia. Dizia ele que, no corre-corre da existência, ao fim de cada jornada, o que o homem traz de volta para casa não são bens quaisquer, presentes, alimentos, salário, nem mesmo acréscimos imateriais, sonhos, desilusões, esperanças: ele volta *"de braço dado com sua morte"*. Pois ela vem crescendo dentro de nós, a cada instante uma presença maior, mais avassaladora, mais sufocante — ela, a inimiga. Ou ela, a irmã, como queria São Francisco. Nada, sem dúvida, tão certo; nada, no entanto, tão desconcertante sempre. Nada tão inesperado, tão abrupto. E foi isso que a morte de Márcia de Windsor pôs em relevo de forma terrível e próxima: ela introduziu, de um momento para o outro, nas nossas rotinas acomodadas, a consciência do inesperado da morte. Pela força da televisão, lares adentro, a absoluta surpresa de seu desaparecimento nos adverte que toda morte é inesperada, toda ela é um choque, nenhuma entra nos nossos planos. É de repente que o homem sai da plenitude da vida para os abismos.

Enquanto a víamos, aprumada e digna, no vídeo, já a morte rondava, já a Implacável a espreitava. Acabado o programa, ela volta ao hotel, recolhe-se, e a Visita chega. Aí está a tragédia fundamental da aventura do homem sobre a terra, muito mais crucial até do que as angústias da fome, da miséria, da injustiça, da marginalização. Ou ousamos enfrentar esse grande mistério, para tentar ajustá-lo dentro de uma ética infinitamente superior, ou ficaremos desgraçadamente perturbados e aflitos. E não adianta não pensar, levar a vida como se a morte não viesse, não estivesse, já hoje, já agora, escondida numa esquina qualquer da existência. Mesmo sem nos darmos conta, ela cresce dentro de nós.

Um dia ela chegará, inexorável. Um dia desconhecido. Mas que será o "meu dia" de uma forma especial, no mínimo tanto quanto o outro, alegre e cheio de júbilos, do nascimento — as duas únicas datas que marcarão nossa história pessoal, uma conhecidíssima, mas a outra ainda ignorada, sobre a qual, no entanto, tantas vezes passamos, despreocupados, no calendário. E quando esse dia chegar, seccionará ao meio a vida — de um lado, a vida que foi vivida; de outro, a que ainda iria ser, aquela que estava em construção, a dos sonhos em andamento. Que não há morte que chegue no justo tempo. Pois não há tempo justo para a morte. Ela está em permanente contradição com todas as fibras, uma a uma, do nosso ser; ela não se concilia, mas frontalmente contraria nossa natureza mais profunda, o dom e o espetáculo do ser. Ela é uma violência, a suprema violência, contra o homem.

Daí o dilema decisivo que nos impõe: não podendo ser um fim, sob pena de estarmos, neste caso, no reino do puro absurdo, ou, pior ainda, nos domínios do Mal por excelência, e sermos vítimas desesperadas de uma palhaçada gigantesca, uma ignomínia cósmica — então a morte é apenas uma passagem, e enquanto o corpo lhe é arrancado, o homem continua, tal qual, a mesmíssima Márcia, sob as bênçãos de Deus. Será mister, por isso, ponderarmos sobre a construção humana que devolveremos ao Pai — se uma personalidade íntegra e vertical, se ruínas de um projeto humano, escombros desfeitos, restos da grandeza original perdidos pelo caminho. Para que, quando chegar a hora, que pode vir sem nenhum aviso, como neste caso de Márcia de Windsor, a morte imprevista, súbita e repentina de que, na antiga ladainha de Todos os Santos, pedíamos a Deus que nos livrasse — possamos, diante do Criador olhar para nós mesmos sem muito asco e sem muito horror.

(Diário de Pernambuco, de 10 de agosto de 1982)

O FIM DE TUDO

Conta Gore Vidal que, em certa altura da guerra, visitando uma frente de combate, Lincoln deparou-se com um acampamento de prisioneiros confederados, muitos dos quais feridos, e foi vê-los. Reverenciou o heroísmo deles, a coragem com que combateram pela causa em que acreditavam, pouco importando se contrária à sua. Emocionados, todos acabaram apertando a mão do Presidente. Um último, porém, voltou-lhe as costas. Lincoln lhe tocou o ombro e sussurrou esta lição definitiva: *"meu filho, seremos todos o mesmo, no fim"*.

Será este, talvez, o fato mais esquecido de todos, embora, insensato paradoxo, de todos seja o único absolutamente certo: o fato do fim. Costumamos projetar o futuro e discorrer sobre o futuro, seja o individual, seja o coletivo, o de alguma instituição de que participamos ou o da humanidade inteira — e a nós mesmos nos iludimos, omitindo a evidência de que o futuro... é a morte. Todos somos condenados à morte, destino fatal e comum, nós todos que, no entanto, vivemos como se fôramos eternos. *"Minha morte nasceu quando eu nasci"*, percebeu um dia o poeta Mário Quintana. E é curioso que passemos o tempo todo a ignorar ou a escamotear este fato terrível e capital, o único certíssimo: lá um dia, chegará a minha vez. O meu dia. Data que nem suspeito qual seja, tantas vezes sobre ela passei, nos calendários e nos anos, distraído. E que será tão minha quanto a do natalício — as únicas datas essenciais, diante das quais todas as outras, as dos êxitos e as das decepções, não são senão datinhas, pequenos incidentes ao longo da jornada, "pedras no meio do caminho".

Data personalíssima como nenhuma outra, esta será também a hora espantosa da absoluta solidão. Cada um mergulhará no abismo sem companhia nenhuma, nenhuma solidariedade, ninguém em quem se apoiar ou com quem dividir a angústia. (Não posso, por isto mesmo, deixar de rir diante de tantas ênfases nos coletivismos e nos comunitarismos, se, na hora H, ninguém acompanhará ninguém. Os outros estarão presentes, sim, mas pelo que fiz com eles, como meu peso ou minha alegria, mas o meu destino, este é meu sozinho — não haverá salvações coletivas, gregárias, comunitárias, nada de pecado social ou felicidade social...). É bom, sem dúvida, que as metafísicas e as ideologias cuidem de transformar o mundo e renovar a face da terra: não esqueçam nunca, porém, de responder à suprema questão do meu destino individual. Pode ser (e lutemos por isso) que, um dia, a fome e a miséria e a desnutrição e o analfabetismo, a falta de moradia etc., etc. todas essas terríveis chagas desapareçam da face da terra. Nem assim o mal estará extirpado. Nada livrará os homens do medo da morte. Por mais que os males sejam atenuados e diminuídos, nunca serão suprimidos integralmente — sempre restará, no mínimo, a brutalidade da morte, mal maior. (Portanto, simplesmente, o paraíso verdadeiro, pleno, não pode jamais ser obra deste mundo...).

Quem não quiser ser inconsequente nem superficial, precisará posicionar-se diante dela. A morte, que nos espera, a todos interpela. Por que fazer de conta que seremos preservados? Por que tratá-la como fato exterior e alheio, ao passo que ela está dentro de mim e cresce, em mim, a cada hora? Por que podemos falar socialmente da morte dos outros e não nos detemos na nossa própria — o único fato absolutamente inevitável, no entanto? A vida é bela, belíssima, e há que louvá-la e exaltá-la em prosa e verso e no gosto de viver, mas, se a morte é certa, só mais que cego para desprezá-la.

Sendo, para aquele que se vai, literalmente o fim do mundo, a morte exige de cada um clara tomada de posição. Nítida, absoluta, inequívoca. No mínimo, a fundamental opção entre apostar tudo nesta vida ou na outra. Que é, noutros termos, a opção do Evangelho: ganhar o mundo inteiro ou ganhar a alma. *"De que servirá ao homem ganhar o mundo inteiro se vier a perder a sua alma? Que dará o homem em troca de sua alma?"* Ora, ganhar o mundo inteiro é fácil: basta adotar os métodos e os valores do mundo, entrar nas engrenagens do mundo, ou do Inimigo — buscar o êxito a qualquer preço, o luxo, a riqueza, o poder. Faça-o quem achar que vale a pena. Quem se imaginar eterno e pensar que pode garantir a própria vida. Ou acreditar que a morte é mesmo o fim de tudo.

(Diário de Pernambuco, de 3 de novembro de 1987)

LÁZARO

É apenas uma notícia mas me confesso desde já fascinado: o último livro de André Malraux, publicado há um mês na França, conforme relatam o Jornal do Brasil e L'Express, tem como tema a morte — não a morte considerada de uma ótica distante e teórica, numa fria dissertação filosófica, mas a sua própria morte, a morte que ele sente iminente, já se apoderando de sua carne.

Difere assim radicalmente dos romances, magníficos romances aliás, que descrevem as inquietações de uma personagem defrontada com a certeza da proximidade do próprio fim, como *A morte de Ivan Ilitch*, de Tolstoi, ou o único romance do brasileiro Gustavo Corção, *Lições de abismo*. Mesmo nos livros anteriores de Malraux, a morte era uma constante: não já houve quem dissesse que, nos seus romances, só duas personagens existem – o romancista e a morte? Mas as perspectivas são estupidamente diferentes: *"embora minhas personagens falem muito da morte, embora meditem frequentemente sobre ela, nenhuma disse nem meditou o essencial"*. É que o essencial é o encontro existencial com a grande esperada — encontro pessoal, incomunicável: *"morrer é algo muito íntimo, indescritível"*. O essencial é viver a experiência real de morrer.

Em 1972, recolhido a um hospital, gravemente enfermo, passou vários dias entre momentos de lucidez e crises de desmaio. Quando passou o perigo imediato, foi informado do mal que o acometia: lesão nos nervos periféricos, afetando o cerebelo — doença que talvez causasse paralisia e loucura, mas que não tem cura. A morte se anunciava. Doravante, ela não é mais uma abstração distante, algo que sucede aos outros e de que nos cremos imunes, mas uma presença, uma intimidade.

Este último livro é o desenvolvimento das notas tensas que André Malraux tomava nos intervalos dos desmaios sobre a experiência, a *"espera intolerável"*, que vivia. Deu-lhe o título, que não poderia ser mais significativo, de *"Lazare"*, o nome do amigo a quem Jesus ressuscitou quatro dias depois de enterrado, pois é como um quase-ressuscitado que Malraux se vê: como alguém que entreviu o outro lado e pressente em si, nitidamente, a morte, que virá inexoravelmente, como veio também, numa segunda vez, a Lázaro.

Não tem mais o pressentimento de outrora, de que ficará entre os sobreviventes. Desde o suicídio do pai e ao longo das vicissitudes todas de sua agitada carreira intelectual, certamente a mais aventureira do século, mil vezes Malraux viu a morte a seu lado, ora roubando companheiros, ora atingindo inimigos. Sua vida, pode-se dizer que a passou entre cadáveres, corpos inúmeros que caiam em torno, nas guerras várias em que meteu seu idealismo generoso — na Indochina, na Espanha, na *France libre* de De Gaulle. Mas *"em nenhuma daquelas ocasiões perigosas do passado, acreditei que fosse morrer; sempre achava que ia ficar entre os sobreviventes"*. Agora, não: sabe com certeza que a morte já o chama, o mistério, que tanto o atraiu, já começa a levá-lo.

"A existência inteira, escrevera certa vez, *é uma promessa de morte"*. O tema é de Pascal, que não definira de outro modo a *"condição dos homens"* (curiosamente, o nome feliz do mais famosos dos livros de Malraux): imaginava os homens mergulhados numa prisão e condenados, todos, à morte – *"sendo uns degolados diariamente diante dos outros e os restantes vendo sua própria condição na de seus semelhantes e se contemplando sem esperança, à espera de sua vez"*.

Tal conhecimento da própria morte, que singulariza o homem entre as criaturas, paradoxalmente nunca existiu sem um veemente protesto da consciência, que rejeita a morte. *"Se eu tivesse de morrer,* diz Ivan Ilitch, *bem havia de saber: uma voz interior mo diria. Mas nunca me disse ela tal coisa"*. A vida toda de Malraux é dominada por um tormento interior, uma sede de eternidade, que faz dele um dos exemplares mais dignos de nossa perturbada condição. Nos caminhos do mundo e nas dúvidas da alma, a inexistência de Deus nunca seria para ele um cômodo ponto final a dispensar os problemas da existência; ao contrário, seria sua grande angústia, seu flagelo íntimo. Os vários ideais (a luta pela luta, a arte, a França) em que, por períodos, foi fixando sua alma, não representavam simplesmente sucedâneos da eternidade? Já Maurois definia a vida de Malraux como uma *"procura do absoluto"*...

Eis agora o grande mistério prestes a desvendar-se. E é da proximidade dessa experiência abissal que Malraux está tendo a mais lúcida e dramática consciência. Este, o fascínio do livro. Cuja grandeza consistirá sobretudo em que não termina na última página, mas tem sua melhor continuação na vida mesma que Malraux ainda vive, cada vez mais obcecado por suas angústias. Daí, de um lado, o respeito com que é preciso aproximar-se desse testemunho, cuja solenidade não admite profanação; e, de outro, as orações com que devemos acompanhar a vida que continua e completa o livro, para que, como Lázaro, também Malraux ressuscite — agora, para a vida eterna, e sua enfermidade não tenha para ele próprio outra finalidade senão aquela mesma que teve, para os circundantes, a enfermidade de Lázaro, consoante as palavras do próprio Jesus: a de servir à glória de Deus.

(Jornal do Commercio, de 17 de novembro de 1974)

A EXPERIÊNCIA SUFICIENTE

A vida toda parece um campo de batalha em que, um a um, vamos caindo. Ainda outro dia, no seu belo e submerso mundo, Valdemar de Oliveira dizia que passamos a vida a fechar à morte todas as portas — uma, no entanto, ficará sempre aberta.

Disso, todavia, só tomamos perfeita consciência quando ela nos rouba um ente querido, parente ou amigo, uma carne e uma alma que partilhava, de um modo muito próximo, nossa vida mesma. Então, o abismo a nossos pés se abre e sentimos a estupidez do absurdo que nos aguarda numa esquina qualquer da existência. Enquanto olhávamos a morte só de muito longe, num plano abstrato e impessoal, até que parecia natural que o Sócrates do silogismo clássico morresse: não é mortal todo homem? Nesse plano genérico da espécie, a morte não atemoriza, mesmo porque, por sobre as mortes individuais sucessivas, a espécie persiste. Somente quando se torna concreta e passa, implacável, bem ao lado e arrebata um ser querido, é que ela se mostra tal como é – horrenda, sinistra, absurda. A horizontalidade do corpo amigo ou amado, subjugado por estranha força e descido à terra, como para ficar ainda mais longe dos astros impassíveis que não se comovem com o desespero dos homens nem escutam nosso grito — denuncia a agressão antinatural da morte, sua maldade intrínseca, que não diminui nem por a sabermos certa.

No entanto, como não ver, nessa angústia, também um lado bom? A marca do mal, que é a morte, por que não esconderia também a marca do bem? Parece que, por paradoxal que seja, há na morte um bem maior do que a dor e o desespero — ou não seria ela permitida pela infinita caridade de Deus, que sempre consegue tirar, de todos os males, algum bem.

Não me refiro ao bem supremo que ela proporciona à sua vítima, o início da visão beatífica, nem àqueles bens menores, as ajudas que ela dá, às vezes, aos que, por um pouco de tempo ainda, aqui ficaram, a união de dois seres que a morte estorvava, a reaproximação de pessoas desavindas, unidas agora pela dor comum, e outras assim – mas a um bem mais profundo, ainda quanto aos que ela deixou, definitivamente feridos: o bem metafísico da experiência pessoal do absoluto, experiência suscitada pela consciência do absurdo que é a morte — violência com peso de maldição, como dissera o Poeta.

O HOMEM, O SER DIVIDIDO

As almas, que o mistério da vida não atraíra, o mistério do encanto desse azul do céu que nos envolve ou de uma florzinha que surge, de repente, no caminho — são conduzidas, então, pelo abalo do mistério oposto do nada ou da morte, às perguntas metafísicas fundamentais: por que o ser, ao invés do nada? por que o meu eu livre e pensante? donde venho? para onde vou? que estou a fazer aqui? com a morte, tudo finda?

Nisso ainda se manifesta a bondade de Deus: em ter permitido que a morte nos atinja em torturantes doses, aos pouquinhos, de um em um. Na hora em que, no alto, a Misericórdia estiver afagando aquele que a morte levou, aqui embaixo o assombro do precipício e do absurdo haverá de estar impelindo os que ficaram, ontologicamente abalados, estremecidos até às raízes do ser, a uma reflexão mais séria acerca de si mesmos.

Se, ao contrário, a morte viesse de uma forma coletiva, levando a humanidade inteira de um só golpe, quantos não passariam pela existência sem ter experimentado, ao menos uma vez, esse tremor metafísico, o frêmito do abismo?

Destroçando-nos assim como nos destroça, aos poucos, levando a uns e deixando nos outros a violência e o impacto, ela é uma espécie de graça suficiente, uma verdadeira "experiência suficiente" para uma efetiva tomada de consciência do sentido da vida e para a reflexão indispensável sobre o que é que não passa, ainda quando houverem passado todas as coisas. A angústia da morte alheia e a consciência de que cada um de nós não é mais do que um sepulcro ambulante é o fato fundamental que conduz à Metafísica e à Teologia e torna inquietos os corações dos homens — esses corações que só em Deus descansarão, segundo Agostinho. É a experiência suficiente oferecida a todos os homens, sem exceção, para que cada qual possa efetivamente se salvar.

A todos os homens, porque ninguém foi poupado da consciência desse absurdo. Quem não tem seu morto a chorar? Por isto, ninguém terá desculpa, quando tiver, por sua vez, de se apresentar diante do Juiz, ninguém poderá alegar ignorância e pretender que nada o levara a seriamente refletir sobre o rumo dos caminhos que ia escolhendo na terra. *"Em tudo o que fizeres,* adverte o Eclesiástico, *lembra-te do teu fim (a morte) e jamais pecarás".* A tortura da perda dos entes queridos é a derradeira caridade de Deus.

(Jornal do Commercio, de 6 de julho de 1975)

MORTE NÃO ANUNCIADA

Tendo tanta coisa em comum, igual culto da beleza, as artes são muito desiguais. A poesia, o romance, a peça de teatro, o cinema, a música são permanentes e ficam com o autor. Ao passo que a pintura e a escultura, o artista que as criou logo as perde para compradores: são artes que se separam do criador, que só em fotografias voltará a vê-las. O teatro, enquanto representação ou espetáculo, e a arte dos atores, assim como o canto ou a ópera, piores ainda: terminada a temporada das apresentações, nada resta daqueles eventos artísticos — no máximo uma gravação, que será sempre a gravação de um único dia. A novela de televisão acrescenta a peculiaridade de estar sendo criada quase ao mesmo tempo em que é exibida, e o público até exerce um quase papel de coautor. Criada quase simultaneamente com sua exibição, ela depende também de fatores externos — inclusive uma não impossível morte de um dos atores.

Há pouco os espectadores andaram assistindo às últimas cenas desse Domingos Montagner tão tragicamente desaparecido, numa morte que pode ser das mais horríveis e ridículas de todas, arrastado pelas águas. Mas o impressionante é ver as cenas derradeiras da novela, filmadas pouco antes, até na véspera da tragédia. Tão bem estava ele, tão disposto, tão palpitante de vida, tão animado no esplendor da carreira, que jamais lhe passaria pela cabeça, pela dele e pela de ninguém, que no dia seguinte, tragado pela correnteza, seria recolhido para debaixo da terra.

Toda morte é absurda, vem sempre antes da hora, corta pelo meio uma existência ainda plena de possibilidades. Mas algumas se anunciam, vêm devagar, dão sinais insidiosos, começam com doenças incômodas e vão se instalando aos poucos, aos poucos apoderando-se do corpo, aos poucos impondo seu império fatal. Dá para a família se acostumar, até para o moribundo se advertir do fim próximo e talvez tomar algumas deliberações derradeiras (ou repensar a própria vida). A ponto, quando ela chega, de alguns dizerem que "descansou", como se agora o estado de morto fosse melhor do que o de vivo — pelo menos de vivo naquelas penosas circunstâncias.

Noutras vezes, porém — o caso agora de Montagner — ela vem sem nenhum aviso, nenhuma prenunciação. Por isto choca mais e impacta toda gente.

A morte dos outros — de amigos, conhecidos, parentes — é uma caridade. Ela grita aos que ficam que também a vez destes chegará. Ninguém ficará imune. E ela pode chegar sem o mais mínimo aviso. Ela vem como um ladrão, está dito no Evangelho, e ninguém sabe quando o ladrão aparecerá.

Toda a questão é saber como ela nos encontrará. A mesa posta, cada coisa em seu lugar? A alma pronta? A consciência limpa? Se não houver outra vida, tudo bem, tudo ficará por isso mesmo, e nenhuma repercussão haverá do bem e do mal praticados, nenhum resquício. Mas, se houver? Se contas nos vierem a ser pedidas?,

(Diário de Pernambuco, de 19 de outubro de 2016)

Capítulo 4
ENTRE O PASSAGEIRO E A ETERNIDADE. O HOMEM PEREGRINO

DAQUI A 200 ANOS

Saindo do lançamento de livro sobre genealogia para uma missa de 7º dia, era praticamente fatal que a questão se pusesse: que lembrança haverá de nós, viventes de hoje, daqui a 200 anos? Que resquício de reminiscência nossa ainda subsistirá? Quão poucos de nós seremos lembrados depois de algumas curtas gerações? E não somente do ponto de vista geral, da memória comum da sociedade inteira, senão mesmo do simples ponto de vista dos nossos familiares mais próximos, dos nossos descendentes diretos? Que o neto ainda conheça e recorde o avô, é comum; o bisneto, admita-se; mas e depois, o trineto, o tetraneto? Basta considerar o nosso próprio caso: quão remota não é a notícia que temos hoje dos nossos ancestrais de 200 anos atrás! O que realmente sabemos deles? Na imensa maioria dos casos até lhes desconhecemos os nomes...

A vida literalmente nos foge. Nada é tão fugaz quanto ela, nada se escoa tão rápido. De fato, a vida passa por nós, como uma cadeia que vem de longe, muito longe, e vai até outro infinito, aqui nos apreende e já acolá nos larga, e só ela, a cadeia vital, é que permanece e parece ser, por isto, o que é importante, não esses pequeninos pontos pelos quais ela passa, célere, indiferente, que num instante chama para si, para o esplendor da existência, e no instante seguinte já descarta. Mesmo os escritos, pelos quais ambicionamos prolongar por um pouco de tempo, além, nossa presença no mundo: quantos dos livros que se publicam hoje ainda serão lidos, ou no mínimo conhecidos, daqui a 200 anos? Quantos literatos, que hoje fazem de si mesmos ideia tão alta, tão imponente, tão grandiosa, ainda serão recordados? Absolutamente não se enganará quem responder que poucos, positivamente muitíssimo poucos.

Esta é a perspectiva que nos deveria guiar ao longo da pequena existência que nos foi dada: a indagação do que ainda restará de nós, de nossa presença no mundo, nossa participação no deslumbrante espetáculo da vida, daqui a 200 anos. Esta simples reflexão bastaria para aniquilar, para diluir ao vento, tantos arroubos de arrogância, de pedantice, de presunção, que pululam por aí, tanta pretensão boba, tanta pose, tanta vaidade! E tanta patifaria, tanta canalhice, tanta pequenez, tanta deslealdade, tanta indignidade, tanta ganância, tanta corrupção! Para que, afinal? O que restará dessas quinquilharias todas?

De nós não ficará nem mesmo a lembrança. A rigor, nem o mal que praticamos nem — do mesmo modo e lamentavelmente — o bem que tivermos espalhado. Tudo, até o bom exemplo da vida, se irá conosco, com a nossa partida, o nosso desaparecimento, quando a flama da vida largar, inerte, o corpo que, por um breve lampejo, ela animou e houver cessado toda a inquietação com que, nada obstante, imaginamos encher o universo.

Por isso mesmo, se de nós não vai ficar coisa alguma, se daqui a 200 anos nada de nós restará, então a única coisa efetivamente importante é a dignidade do viver, a integridade pessoal, a consciência que a pessoa tem de si mesma, a paz interior, a serenidade do coração que procura dar algum testemunho da verdade e do bem, e não deserta, não se vende, não se enlameia, a íntima certeza de agir corretamente, de não trair o espírito, não macular excessivamente aquilo que distingue o homem no interior do cosmo inteiro.

E essas resguardadas certezas íntimas, silenciosas e escondidas, desconhecidas, tantas vezes!, dos próprios contemporâneos e inapelavelmente ocultadas dos pósteros, até mesmo dos descendentes de sangue 200 anos depois, o que valeriam elas, onde estariam, o que seria delas se não houvesse o Deus eterno e todo poderoso, onisciente e sumamente bom, para recolhê-las, para abençoá-las, para abraçá-las, para lhes dar permanência e sentido — o único sentido que elas, e, afinal, toda a existência do homem, podem ter?

(Jornal do Commercio, de 31 de agosto de 2003)

A VIDA NORMAL

São momentos de glória. De encantamento e brilho. De desvario. Aqueles momentos que tantos vivem, por exemplo, no carnaval, para o qual às vezes se prepararam o ano inteiro, imaginaram fantasias, nelas trabalharam com afinco, até à exibição, em poucos e breves instantes, numa passarela. Mas isso não acontece somente no carnaval. São bem numerosas, e se revestem de muitas formas, as passarelas da vida... Nada contra semelhantes euforias. Contanto que não se viva somente para elas, em função delas, e não esqueçam o dia seguinte.

Pois há o dia seguinte, os quase infinitos dias seguintes, a trivialidade de todos os dias, os dias comuns, a vida normal. O destaque e o resplendor que alguns vivem no carnaval, outros também vivem a propósito de diferentes exaltações do mundo, como o poder, que passa, do mesmo modo que o carnaval, e passa muito rápido, como tudo, aliás, nesta vida, que o poeta já acusou de breve. E o dia seguinte? E os banais dias seguintes? Como vai passá-los, ou suportá-los, quem mentalmente se programou apenas para aqueles minutos, ou aqueles meses, de glória? Como vai encarar a vulgaridade do dia a dia, a monotonia do cotidiano, a uniformidade da "vida bêsta" e repetida? Como vai conviver, não com as luzes da avenida, nem com as plateias excitadas ou com as multidões anônimas, mas com as pessoas simples e concretas que povoam o nosso cotidiano? Como vai, sobretudo, conviver consigo mesmo, nos dias rotineiros, longe dos holofotes e dos microfones? Como cada um a si mesmo vê, quando não está no foco da mídia, quando está fora do poder ou distante de um qualquer brilharete do mundo? Quando não mais desempenha um papel nem tem de bancar uma pose, mas a si mesmo retorna, em casa, ao fim do espetáculo, sozinhos, ele e sua verdade íntima?

No seu impressionante livro de estreia, *A descoberta do outro*, Gustavo Corção relatava a própria perplexidade no dia em que, tendo convivido, durante algumas semanas, com uma suspeita de tuberculose, e se preparado para a doença, descobrira que tinha os pulmões normais. O que fazer com os pulmões normais? O que fazer com a normalidade dos dias correntes, não com os grandes feitos, que requerem decisões ousadas mas podem não vir nunca ou, quando vêm, vão embora logo?

A sorte do homem estará, menos nos êxtases de glória efêmera que viveu, ou viverá, apenas por um pouco de tempo, do que naquilo que puder fazer, e ser, nos muitos dias comuns, insossos e iguais da imensa maior parte da existência que lhe foi dada. Não nos dias em que estiver exposto numa das muitas vitrines do mundo, mas nos infindáveis dias em que passar recolhido a si mesmo, aos seus, no pequeno mundo doméstico em que o próximo está de fato berrantemente próximo, sempre presente, com exigências, reclamações, impertinências, impaciências. Por isto, a felicidade essencial, nesta terra, consistirá sobretudo em poder conviver consigo mesmo em paz, com uma serena tranquilidade que nada tem da agitação das horas de apogeu e exaltação, mas ou é encontrada na existência de todos os dias ou não se dará a conhecer jamais. Difícil não é o sucesso e a glória. Difíceis são os dias comuns, a vida normal.

(Jornal do Commercio, de 2 de março de 1997)

HORA TALVEZ METAFÍSICA

O carnaval é explosão de alegria, de festa, de brincadeira. Mas, em Pernambuco, essa animação tem também um tom de melancolia, é mesclada de tristeza e apreensão. Vários observadores já assinalaram que a música típica de Pernambuco, o frevo, não é nunca pura alegria e pura exuberância como se imaginaria. Há nela, ainda, um elemento de saudade, de pesar, de lástima. Uma dupla face. Mistura alegria e aflição. E não só o antigo, o excepcional frevo pernambucano. Mas mesmo o mais moderno, o de artistas notáveis como Getúlio Cavalcanti ou Antonio Nóbrega.

Brasileiro, profissão esperança — proclamou certa vez Antonio Maria, sensível pernambucano. E, em homenagem a ele, um excelente espetáculo foi organizado, creio que sob a direção de Carlos Reis, com o título expressivo de "Pernambucano, profissão saudade". Serão as duas notas específicas? No brasileiro, a esperança; e no pernambucano, a saudade?

Pode ser saudade dos tempos gloriosos, os do esplendor do primeiro século, quando Pernambuco era a capitania mais desenvolvida, a ponto de provocar a cobiça de potencias estrangeiras. Ou os do heroísmo do século seguinte, quando nos libertamos praticamente sozinhos da dominação holandesa e começamos a colonizar e povoar o litoral daqui para cima, garantindo para o Brasil todo o Nordeste e o Norte. Ou, ainda, os do espírito irredento e indomável das revoluções libertárias dos começos do século XIX. Tempos da grandeza de Pernambuco.

Mas pode também ser simplesmente a consciência do descompasso da existência. A sensação da fugacidade de tudo. A dor do "oh quarta-feira ingrata" não é dor somente daquela quarta-feira, nem somente dor do carnaval: é a dor de toda a existência. Porque a vida é breve, rápida, efêmera, frágil. E o "caniço pensante", o único ser material que tem consciência dessa fugacidade essencial se atordoa, se angustia e chora. Não pode nunca, portanto, ser integralmente feliz. Não pode nunca rir plenamente, sem exceções e sem reservas. Sua alegria é sempre pela metade; é sempre mesclada de tristeza, impregnada de melancolia. É alegria pela existência, pelo dom maravilhoso da vida; mas, ao mesmo tempo, está repleta de angústia, pela certeza da brevidade dela. Por que a maravilha deve durar tão pouco? Três, ou quatro, dias é o carnaval. Três ou quatro décadas (de vida adulta, consciente) durará a vida individual. Tudo passa, tudo volta ao pó fundamental. Daí, a lamentação, a tristeza, o choro intrometido dentro da alegria, a solidão, a saudade. Saudade do que poderia ser (a permanência) mas não é. Saudade da vida plena, sem restrições, sem dor e sem morte, e a vida não é assim. Saudade portanto do paraíso perdido, da vida perfeita e feliz, sem o suor do trabalho e a dor do parto.

Parece, de fato, traço intrinsecamente pernambucano. Tanto que é esse mesmo sentimento profundo que impregna a poesia de um nosso poeta maior, Mauro Mota: a consciência (e a dor) da transitoriedade das coisas, transitoriedade de tudo, transitoriedade da vida em geral, transitoriedade da vida de cada um. Antonio Maria tudo captara na mensagem magnífica que deixou um dia na porta do quarto: *"se me encontrarem dormindo, deixem; se morto, me acordem"*. Tudo é tão efêmero, tão fugaz, tudo passa tão depressa, nada fica de sólido e de permanente, para sempre. Essencial consciência, portanto, do tempo. Ou da morte — o mistério maior, que a todos aguarda, através e além das alegrias e das festas, mesmo do carnaval. Talvez, por isso, os excessos das folias carnavalescas. Porque a alegria nunca será completa e o carnaval será sempre perpassado pela melancolia. Ou pela esperança de, em sendo encontrado morto, vir a ser acordado.

(Jornal do Commercio, de 22 de fevereiro de 2011)

TUDO É PALHA

No episódio mais impressionante de sua vida, São Tomás de Aquino renunciou simplesmente à sua vocação e ao seu gênio de escritor e teólogo. Estava nada menos do que no ápice da carreira, na plenitude das forças intelectuais; chegara perto do fim da "Suma Teológica", não só a maior de suas obras, mas, muito provavelmente, a maior construção da inteligência do homem. Tinha apenas 48 anos; escrevera uma centena de volumes. Quantos mais não poderia ainda escrever daí por diante? É verdade que morreria poucos meses depois, mas não havia de saber disso. E o fato é que, a partir de uma certa missa que celebrava, nos meados de 1273, não escreveu mais nada, suspendeu a "Suma", resistiu a todos os apelos para terminá-la: *"vi coisas comparadas com as quais meus escritos não são mais do que palha"*. Tudo seria palha na visão do santo. Pois, diante da visão beatífica que, segundo se presume, lhe foi apresentada na missa, isto é, diante de Deus, tudo é palha. E o maior dos pensadores, o maior dos operários da razão humana, desistiu de prosseguir sua construção, largou os escritos, abandonou o monumento supremo do pensamento criado.

Note-se que o que é palha, para São Tomás, não são meramente as nossas ocupações cotidianas, os cuidados menores em que nos gastamos, meio sem sentir. Nem as nossas vãs ambições, os sonhos de cada qual, os pecados e pecadilhos — isso tudo que o Eclesiastes reduziu à vaidade e a liturgia aponta intensamente nestes dias de cinzas: *"lembra-te, homem, que és pó e ao pó reverterás"*. Mais do que tudo isso, é palha simplesmente o melhor dos nossos esforços, o melhor de nossas produções, o melhor de nós mesmos.

E se assim pensou e assim agiu o grande santo, chegando a renunciar à sua obra prima, que dizer de nós outros, todos os demais? Como ainda continuar a escrever, continuar a introduzir no mundo o ruído de nossa voz desafinada e medíocre? Mesmo comparando com modelos apenas humanos, tudo já estará muito mais bem dito, por espíritos profundos e fortes, uns poucos que marcaram para sempre o gênero humano — um Shakespeare, um Dostoievski, um Cervantes, um Dante.

A exigência consigo próprio é, sem dúvida, a raiz das virtudes. Ai daqueles empanturradamente satisfeitos, adormecidos na acomodação e no conformismo! O perfeccionista, que não aceita as próprias deficiências, é um inquieto que faz progredir a si mesmo e, com ele, a humanidade inteira.

No entanto, é preciso que aqueles poucos de nossos contemporâneos preocupados com os verdadeiros valores e atraídos pelos supremos modelos, não nos recusem (por conta de sua obsessão com as coisas perfeitas) o testemunho de sua presença, até de sua resistência e de sua solidão, no meio do lamaçal de mediocridades e ambições que se vê por toda parte.

Afinal, se o que esses nossos melhores contemporâneos podem fazer é, certamente, palha diante da luz beatífica que a São Tomás foi dado contemplar, ou mesmo comparado às grandes criações da humanidade — essa palha, todavia, é ouro, diante da produção monotonamente inferior da imensa maioria. E é ouro também para nós outros, pequeninos, apenas leitores e ouvintes, que precisamos não receber apenas as contralições dos pedantes e dos bobocas, dos presunçosos escritores de quinta categoria: precisamos ter, também, pelo menos, de vez em quando, a boa lição dos bons, dos poucos que são honestos e retos e têm talento, embora não sejam tão grandes quanto um Dostoievski ou um Shakespeare. Ah, desses raros contemporâneos de evidentes méritos se requer a difícil humildade de conviverem com as próprias deficiências e aceitarem os próprios limites. Ou seja: requer-se a penosa certeza íntima de que podem ser úteis — utilíssimos, até — para nós outros, mesmo assim: mesmo com suas (segundo eles) insuficiências, ou suas (segundo nós outros) qualidades: robustas e raras qualidades.

(Diário de Pernambuco, de 25 de fevereiro de 1985)

A VIDA LOUCA

Acho que foi numa antiga poesia de Austro-Costa que vi a expressão "vida louca", e não mais a esqueci. Esta vida louca. A vida é louca. Não qualquer vida, a vida como tal, nem a existência, ou o mundo, o fato do mundo. Mas a vida do homem. A existência mesma não é louca. Mas a vida do homem é.

Porque ele tem, e só ele tem, a consciência de ser.

E, porque tem essa consciência, sabe que vai acabar, que vai desaparecer desta vida. Sabe que cada instante é apenas um fugaz intervalo, como no nado sincronizado, entre a figura que se forma e a que logo se desfaz. Por que o homem não aceita nunca a ideia de deixar a vida, se não tem alternativa e fatalmente irá deixá-la mais dia, menos dia? Por que não se conforma?

Tudo, no homem, vai passar. Tudo quanto conheceu, sentiu, amou. O que sofreu e o que o alegrou. A maneira como percebeu o mundo e se relacionou com ele — a felicidade que teve, as alegrias, as raivas, as dores, as perdas, os momentos de compreensão e ternura. Os semelhantes a quem confortou. O bem que praticou — ou nem o bem: sua simples presença, pela qual modificou o mundo, afetou os outros ao redor, alterou a criação. Como é possível que nada fique, disso tudo, dessas maravilhas todas? Se ele conheceu uma única coisa qualquer, o mar, uma flor, se só ele, entre todos os seres do universo, percebeu que "uma rosa é uma rosa é uma rosa", como isso pode se perder para sempre? Ele se deslumbra com o bebê de poucos meses e admira a absoluta perfeição, que a imensa fragilidade da criancinha só faz revelar, e se assusta: para que tanta perfeição para, daqui a alguns anos, também aquele rebento vir a se atormentar com a mesma angústia, a consciência do abismo e do aniquilamento?

O homem, cada homem, sabe quem é, conhece a si mesmo, conhece as coisas, conhece o fato estranho da existência do mundo — e, nada obstante, todo esse conhecimento vai desaparecer com ele. Cada homem é um universo inteiro, à parte do universo físico; tem um universo dentro de si, porque conhece todo o universo exterior (ou pode conhecer, ou tem a ambição meio absurda de o conhecer). Cada homem tem uma história, o que nenhum outro ser tem. Uma história diferente da de todos os outros homens. E, com a morte, tudo acaba — o universo interior que ele foi e a história que viveu. Como aquele universo interior imenso e a história que cada homem construiu pode ter um fim? O homem não se conforma. Procura ignorar a fatalidade para não se desesperar. A vida, portanto, é louca.

O homem sentiu a fragilidade da própria existência, viu o fio, o quase nada, que o prende à vida — essa vida que, apesar dos dissabores e dos contratempos, sente que é gostosa. Tremeu e temeu. Inquietou-se diante do abismo. Assustou-se com a possibilidade de o nada ser o desfecho de toda a maravilha que sabe ser. E, sem ter respostas, sem saber o que fazer, rezou. Mas, para que? Como pode o nada absoluto ser o termo de tamanha angústia?

A vida é louca. A existência não se explica. Para que o esforço, a labuta, o penar? Para que também a felicidade, o júbilo, a festa dos sentidos e da contemplação? Para que o viver? Só pelo gosto de viver? Mas o que fica desse gosto? Se tudo desaparece, para que qualquer coisa? Que sentido tem o homem?

(Diário de Pernambuco, de 7 de agosto de 2019)

CONTRADIÇÃO

Não pequena contradição vivem todos aqueles, ou vivemos todos nós que acreditamos na vida eterna. Se estamos realmente certos de uma vida além desta vida, se não duvidamos de que um destino eterno nos aguarda e uma morada está, desde sempre, preparada para nós, se acreditamos, como rezamos nas missas fúnebres, que a vida não é tirada mas transformada, e que a verdadeira vida é aquela que virá, e ela será uma vida plena, na visão face-a-face, na adoração permanente e superabundante de Deus — então deveríamos viver ansiando por essa nova vida, e portanto pela hora da passagem, pelo momento impressionante em que nossa existência será transformada e ingressaremos na existência definitiva. Ao invés de ser encarado com apreensão e medo, o momento da morte deveria ser desejado com absoluto entusiasmo. Será, afinal, o momento de nossa realização definitiva, o momento da volta ao Pai que nos criou. O momento que S. Paulo anunciou: *"neste corpo, somos exilados longe do Senhor; por isso, preferimos sair do corpo para irmos habitar junto do Senhor"*.

No entanto, todos, mesmo aqueles (nós mesmos) que não têm nenhuma dúvida a respeito dessas realidades escatológicas, tememos a morte e até, se pudéssemos, fugiríamos dela... Como explicar tamanha contradição? Não se deverá reconhecer que o fato generalizado do receio da morte, comum a todos os homens, mesmo aos crentes, mais do que abala, de fato desmentiria e contradiria a crença segura na vida eterna?

Acontece que a vida é tão gostosa, o dom gratuito da vida é tão assombroso, o encantamento com as seduções da matéria que Deus criou é tão fascinante, a contemplação das belezas e das harmonias da criação é tão deslumbrante, que até colocamos em segundo plano as belezas, infinitamente superiores, que nos esperam. E então, além de chorarmos a perda dos entes queridos que nos precedem, também trememos diante da proximidade da hora em que vamos deixar todas as maravilhas presentes, concretas, realíssimas, que nos deliciam nesta existência corporal.

E assim vivemos a curiosa contradição de crer firmemente na vida eterna e em seus prodígios, e, ao mesmo tempo, temer a hora de nela ingressar... Ao cabo, bem ponderadas as coisas, o apego a esta existência corporal e a resistência em partir para a definitiva morada, ao invés de levarem a uma dúvida sobre a vida eterna, bem podem ser reforço para a evidência da existência de Deus, que é tão poderoso e tão fantástico que criou maravilhas tais de que é, para nós, tão difícil nos desprendermos.

(Jornal do Commercio, de 23 de junho de 2015)

FRÁGIL E EFÊMERA

Frágil e efêmera sabe a vida ser. Efêmera e frágil. E a gente só a valoriza quando fica na iminência de a perder. Não é assim com quase tudo no mundo? A isso se referiu o sacerdote na missa de sétimo dia de D. Carminha: nas observações que, já muito doente, lhe fizera ela, sobre a preciosidade que é a vida e em que mal reparamos, estando de boa saúde. É preciso sentirmos perto o abismo para nos darmos conta do bem imenso que é a vida: o dom, a riqueza, a plenitude de viver. Poucos dias depois, de repente, no jornal, a notícia completamente inesperada: partia o nosso prof. Gentil Mendonça, logo ele, que eu encontrara, coisa de uma semana antes, na rua Nova, mesureiro como sempre, e tão animado, tão fagueiro, tão bem-disposto, que ninguém diria... Ninguém diria. Tão frágil e efêmera sabe a vida ser...

Nenhuma existência sobre a terra escapa desse destino. Num dia, que pode estar longe, mas pode também estar bem mais próximo do que supomos ou gostaríamos, chegará, para cada um, a vez de ser recolhido a uma inércia que nada parecerá distinguir da simples inexistência ou do total aniquilamento. E então? Para o materialista, o homem estará inteiro naquele monte de matéria outrora animada, agora em gradual decomposição, que mãos amigas irão esconder na terra. O humorista dirá que *"o cadáver é o produto final, do qual somos apenas a matéria prima"*. Como graça, está magnífico. Não é para outra coisa, senão para piadas, que serve o ponto de vista do materialista. Porque, levado a sério, é o mais infame humor negro. Se à morte se seguir o nada, e para nós não se abrirem, com ela, as definitivas respostas, então tudo quanto hoje nos alegra e tudo quanto aqui nos magoa, não passará de imenso escárnio cósmico. Teremos sido as vítimas supremas de uma patifaria literalmente inqualificável. Derrotados na última batalha. Atraiçoados na hora decisiva. Desgraçados perdedores: os que perderam tudo, porque perderam justamente o melhor, o que não poderiam perder nunca — a derradeira esperança. Vítimas absolutas, criaturas não de Deus, mas, então (porque um Criador será sempre necessário), do Diabo: obras, todos nós, do puro Mal, do Mal por excelência.

Mas, tudo, em nós, se revolta contra esse fracasso. Afinal, como poderia a existência (ou o ser), que é, visivelmente, um grande bem, derivar não do sumo Bem, mas do sumo Mal? E como poderia ela, a existência, não ser um bem e revelar-se, ao cabo, no fundo de si mesma, como o logro supremo, a perfídia cósmica, o mal final? Se não quisermos enveredar pelas árduas construções da razão, bastará auscultar a nós mesmos para chegar à mesma conclusão ou à mesma revolta — essa revolta que é a marca registrada da espécie, tanto que os arqueólogos encerram as pesquisas, rotulando de humano, não de símio, um fóssil, quando descobrem significativos indícios de algum gesto de rebeldia... Pois lá dentro de nós mesmos, exigimos que a morte de um homem não seja igual à de um cãozinho ou um elefante. Que não seja condenada ao mais integral aniquilamento uma existência que teve consciência de si mesma, e conheceu as coisas, e até deu nome aos seres, como consta da expressiva passagem da história de Adão; e se sentiu atraído pelo bem e pelo amor, pelo afeto, pela ternura, pela pureza, pelos grandes valores. Não, não é possível que um ser assim, orgulho da criação, honra e glória da terra inteira, pedaço do céu entre a matéria, imagem e semelhança dAquele que é desde sempre — desapareça de vez, e isso sem que o universo grite de horror e trema num infinito abalo. A rigor, podemos dizer que isso exigimos da Divindade: que não sejamos aniquilados. É condição absolutamente indispensável para não sermos as mais miseráveis das criaturas.

E se assim for, a hora da morte será apenas uma hora de passagem, e naquele momento em que o corpo estiver sendo devolvido ao pó da origem, aquela parte mais substancial do nosso "eu" estará tendo a mais exaustiva visão de si mesmo e se estará apresentando, só e nu, perante o Pai. Gosto, por isso, de pensar que a maneira como a morte nos vai ferindo é a penúltima caridade de Deus: essa tortura da perda dos entes queridos, um a um, é a oportunidade que Deus nos dá para pensarmos no destino que também nos aguarda. Se a morte viesse, ao contrário, de uma única vez, tragando a humanidade inteira num só golpe, quantos não passaríamos pela existência sem o abalo dessa angústia, sem sermos despertados para o verdadeiro futuro, o do encontro, talvez dramático, entre a alma e seu Criador? É bom que a morte venha assim, em gotas, levando ora um amigo ora um parente, chegando cada vez mais perto, ferindo cada vez mais fundo, para que sejamos atraídos para as únicas perguntas fundamentais: por que o ser, ao invés do nada? o que faço na existência? donde venho? para onde vou? o que me espera? quem me fez?

(Diário de Pernambuco, de 16 de março 1983)

Capítulo 5
O GOSTO DO BEM.
O MISTÉRIO DO BEM

O UNIVERSO MORAL

UM POLÍTICO SINCERO

Pode ter sido outra a intenção, outro o sentido do que o autor queria dizer, mas a dolorosa afirmação lá está, com todas as letras, no artigo de última página da Veja de poucas semanas atrás: *"acreditar em bem e mal é como acreditar em histórias de carochinha; é acreditar no Chapeuzinho Vermelho e no Lobo Mau"*. Como se não bastasse, o autor insiste pretendendo que derrubar *"conceitos como esses"*, *"é tarefa mais importante do que a discussão dos partidos fortes ou do sistema de governo que o País deve adotar"*.

A afirmação não é de um joão-ninguém; é de um excelentíssimo senhor deputado federal, o sr. Cleto Falcão, das Alagoas, aliás feito, logo em seguida, líder do PRN, o Partido do Presidente da República. Será também a opinião desse partido e, até a opinião do atual Governo? Depois da famosa declaração do sr. Delfim Neto de que o Governo é um ser aético, é a primeira vez que importante autoridade afronta tão direta e tão contundentemente as categorias morais, o próprio fundamento da vida moral, a existência mesma da moralidade.

Se formos, ao invés, aceitar os conceitos modernosos do deputado das Alagoas, tudo, literalmente tudo, estará perdido. Se não há o bem e o mal, por que os homens agem? Por que razão o sr. Cleto Falcão quis ser deputado e o sr. Collor, presidente? Se não foi para melhorar a sociedade em que vivem e o país em que nasceram, será então preciso proclamar que terá sido para tirar vantagem, para se locupletar, para se maravilhar com as delícias do poder, para se fartar, para o puro gozo — em qualquer de suas formas: enriquecimento, facilidades materiais, luxúria, volúpia do mando etc. E isto deveria ter sido dito claramente ao eleitorado, coisa que não acredito nenhum deles haja jamais ousado fazer... Com certeza, na sua campanha eleitoral nas Alagoas, o sr. Cleto Falcão há de ter recorrido, até em demasia, às categorias do bem e do mal, apontando os males que ajudaria a erradicar e o bem que se comprometia a promover. Não há de ter dito, nunca, que não acreditava em semelhantes realidades morais e que, por conseguinte, votar nele ou no seu opositor seria a mesma coisa, nada os diferenciando, sendo igualmente, um e outro, insaciáveis caçadores de vantagens pessoais, interessados em subir somente para o próprio proveito.

A excelência de um personagem como Justo Veríssimo está em que ele simultaneamente existe e não existe: políticos haverá, pelo mundo afora, com ideias exatamente iguais às da criação de Chico Anísio, mas sem ousar dizê-las. O sr. Cleto Falcão teve, ao menos, o triste mérito de dizer, atreveu-se a externar aquilo que pode até ser o pensamento profundo de muitos: que o bem e o mal não existem, ou, ao menos, que não existem **para eles**, daí devendo-se deduzir que, não se sentindo tolhidos por nada, consideram-se autorizados a tudo fazer, a tudo cobiçar, a tudo ousar. Dilapidar o patrimônio público, extorquir dinheiro de fornecedores, armar concorrências para que a maior parte das verbas contratadas os vitoriosos repassem às "caixinhas" particulares dos administradores, tudo isso, para esses amorais, soará como absolutamente natural.

Não. Todo homem sabe e sente que o bem e o mal são realidades absolutas, impossíveis de diluir e ignorar. São indisfarçáveis, inapagáveis. E, no fundo, percebe ainda, como o filósofo definiu, que a civilização outra coisa não é senão o progresso da consciência moral. Não importa o que o homem faça, nem o que diga: pode enganar os outros, mas não engana à implacável voz interior que ora o louva, ora se horroriza.

Outra coisa (e nisto o artigo do sr. Cleto Falcão tem razão) é rejeitar o maniqueísmo pelo qual as criaturas seriam divididas, umas do lado do bem, outras do lado do mal. O joio e o trigo crescem juntos, e crescem juntos sobretudo dentro de cada um de nós. A mancha de Adão não marcou somente uma metade da humanidade; ninguém dela ficou livre (exceto Maria), como também ninguém deixou de ser marcado pelo bem essencial que é o fato de ter sido querido pelo amor criador de Deus. O bem e o mal convivem em cada um (embora em proporções diferentes) mas, se a pessoa pode ser simultaneamente sujeito de um e de outro, essas realidades morais, como tais, são ontológica, intrínseca, radicalmente distintas e opostas. Acreditar no bem e no mal não é uma história da carochinha: é o começo da vida realmente humana, vida do espírito e da liberdade.

(Diário de Pernambuco, de 1 de agosto de 1991, publicado sob o título "O bem e o mal")

LIÇÕES INFANTIS

As festas do "Dia das Crianças" me levam a pensar menos no que representamos para elas do que no tanto que lhes devemos. Pois não apenas as educamos e as orientamos na vida incipiente, senão também com elas aprendemos, e não pouco — e nem sei, ao cabo, que lado da balança pesará mais. Um mestre, a quem muito prezo, gosta de dizer que os filhos muito mais dão aos pais do que recebem deles, e estou me inclinando a concordar, embevecido. Não há pouca verdade naquela lição evangélica de que, se não nos fizermos como criancinhas, não entraremos no reino dos céus. Só o fato de restaurar em nós outros a limpidez das coisas, repostas em suas fontes mais cristalinas, já é excelente dádiva que os infantes nos fazem, a toda hora.

Ando, agora, entre embaraçado e reconfortado com uma lição que meus filhos me vêm dando. É a insistência com que — nesses inícios de descoberta do mundo exterior, tal como lhes chega pelos noticiários da televisão — cobram de mim explicações definitivas teimando em reduzir os acontecimentos e os personagens ao critério absoluto de estarem ou "do lado do bem" ou "do lado do mal", segundo dizem, nessa terminologia como de jogo de futebol. Quase não aparece na tela notícia política, nacional ou internacional, candidaturas, causas, partidos, países, que me não venham eles querendo caracterizar as facções à luz dessa simplificação cabal: o lado do bem e o lado do mal... Eu que me esforce por introduzir, com o maior cuidado, as nuances indispensáveis, preparando a compreensão de que os homens e as situações são tremendamente mais complexos e contraditórios — aqueles, nem sempre retilíneos e lineares, mostrando-se ora bons, ora bem menos bons; e estas, em regra, cheias de facetas, a merecerem mui desigual apreciação.

As crianças renovam em nós a certeza vital da existência de fronteiras translúcidas entre uma posição e outra, um abismo separando "o lado do bem" e "o lado do mal". De sorte que a aceitação do mistério de cada coração, com suas contradições e suas agonias, não tolde em nós a consciência da nitidez dessa divisória: independentemente da situação concreta de cada indivíduo, misturados sempre em cada alma bens e males, o mal e o bem continuam realidades contrapostas e inconciliáveis.

Em si mesmos, jamais conseguem misturar-se, permear qualquer de suas notas. Podem coexistir nas ambiguidades de cada individualidade humana. E a nossa sabedoria estará em não renegarmos nem uma coisa nem a outra. Estará em que o reconhecimento das nebulosidades humanas não prejudique a clareza da visão dos valores, de um lado, não dilua tudo num relativismo e num ceticismo degradantes; e, de outro, a percepção do radical abismo entre o valor e o desvalor não nos leve ao radicalismo prático de exigir dos humanos perfeições absolutas e lineares, sem hesitações, sem fraquezas, sem quedas, que eles não têm condições de dar.

Será por isso que tão bem se ajustam aos gostos infantis brinquedos como os de "cowboy" ou histórias imaginosas de super-heróis e das fábulas mágicas, apesar dos ingredientes meio aterrorizantes que contêm às vezes. Tudo aí fica nítido: o papel do mocinho e o do bandido, os príncipes encantados e as fadas contra as bruxas e os malvados; bem delineado o quadro essencial das condutas generosas, a imitar, e das perversas, não só a renegar, mas sobretudo a enfrentar, a vencer e punir. Bom universo do necessário triunfo do bem — bom universo do mundo como devera ser, não como é, de fato, quase o tempo todo, tristemente.

De onde tiram as almas infantis essa exigência de nitidez e simplismo? Da educação não parece ser, se justamente o esforço dos adultos é o de lhes desvelar a trama não simplista do mundo. Tirarão, mais parece, de si mesmas, como qualquer coisa absolutamente inata e necessária: o juízo moral, a consciência interior, a evidência do bem e do mal como noções absolutamente primeiras e naturais. Não quero, é claro, reelaborar nenhum argumento para essa discussão teórica muito batida. Dou apenas o testemunho do meu embaraço diante do límpido simplismo infantil do bem e do mal. Com o passar do tempo, à medida que forem crescendo em sabedoria e decepções, os meninos se aperceberão de quanto, nos homens concretos, o bem e o mal se misturam, se tocam, se atrapalham reciprocamente. Por enquanto, a firmeza com que exigem eles essas definições inequívocas me ajudam a restaurar a fé nas distinções fundamentais — de cuja luz só espero que eles próprios não se afastem nunca.

(Diário de Pernambuco de 16 de outubro de 1984, publicado sob o título "O juízo moral")

A PLENITUDE DO BEM

O BEM LIMITA

Espantosa desigualdade separa, na existência, a história dos homens de bem e a dos patifes. Entre eles, a famosa "igualdade de oportunidade" não passa de cruel ilusão. Jamais se encontram, os dois, na vida, em posições equiparadas. As normas éticas tolhem o homem de bem a toda hora; ao passo que o patife tem diante de si as amplas avenidas das liberdades do mal. Modo de cumprir a lei e o dever, só há um. Para descumpri-los, no entanto, mil maneiras são sempre possíveis, a tal ponto que já se disse que o criminoso anda continuamente na frente da lei; sua imaginação não para de inventar formas novas de burlá-la, enquanto a lei vem sempre depois, tentando identificá-las e reprimi-las.

Tome-se a elementar questão da verdade e da mentira. O veraz só tem uma história para contar: a verdadeira. O mentiroso pode inventar mil versões, todas falsas. O veraz há de sentir-se, portanto, extremamente inferiorizado e limitado: limitado à verdade do efetivamente acontecido. O mentiroso esbanja liberdade, sabe-se libérrimo, desembaraçado de quaisquer amarras: pode contar a lorota que quiser, ou que lhe aprouver, a que melhor se ajuste a seus propósitos. Não tem limitação alguma; nada o retém, desde que a verdade não lhe interessa e ele a substitui pelas conveniências da hora.

o O o

O bem limita. Como o ser, com o qual, como diziam os escolásticos, o bem se converte. O ser é uma coisa só; e, ao mesmo tempo, milhões de coisas ele não é: o não ser, portanto, é que é múltiplo, é que é variado, é que é exuberante. Eis ali, por exemplo, uma mesa; donde, eis uma não cadeira, um não telefone, uma não janela, um não livro etc., etc. O mesmo sucede com a verdade que, a rigor, é uma só. O erro, ao invés, é plural. (Não estará aí o ponto de partida da sedução de tantas filosofias, no plural, diferentíssimas umas das outras, cada qual mais original?).

O homem de bem, a cada passo, sente-se inibido pelas normas éticas que ele reconhece, respeita e quer prestigiar. Se o patife é patife justamente porque ignora ou despreza aquelas normas, o homem de bem ficará sempre inferiorizado diante daquele, ficará com muito menor liberdade de ação, retido exatamente por aquilo que em nada ao outro perturba. O homem de bem entra num concurso, por exemplo, desprevenido, de peito aberto; o velhaco já tem tudo combinado, não se peja de fazer "a priori" todas as tratativas que lhe possibilitem a vantagem almejada: seu jogo é de cartas marcadas, tudo viciado, sem o menor pudor. Se, em vez de concorrente, é julgador, o homem de bem analisará o mesmo concurso lisamente, em função somente dos méritos ou deméritos dos candidatos; o outro julgador, porém, a seu lado, o patife, já vendeu, antecipadamente, o seu voto, já se comprometeu; antes mesmo das provas, já acertara quem deveria ganhar. E assim por diante. E assim em todos os setores da existência, em todos os aspectos da atividade humana. O homem de bem, ao participar de uma instituição, de uma equipe de trabalho, de uma comissão, compromete-se com ela e trabalha apenas no grupo e conforma-se com as deliberações coletivas; ou então, se a tal ponto lhe repugnam algumas dessas deliberações que não pode conviver com elas, mesmo majoritárias, então lealmente, limpidamente, se afasta: não fica dentro e fora ao mesmo tempo, trabalhando simultaneamente pela instituição e contra ela. Contra essa desfaçatez, os homens de bem continuam tolhidos: até se encabulam de pôr tudo às claras e dar nome aos bois, com o excessivo receio de não macular em nada a boa fama a que cada cidadão deve ter direito.

Já se disse que a humanidade só melhorará substancialmente quando os homens de bem tiverem a mesma ousadia dos velhacos. Decerto a ousadia dos primeiros pode ser muitíssimo mais vigorosa do que é atualmente; podem eles ser mais destemidos, menos tímidos, menos silenciosos. Nunca, porém, conseguirão ter ousadia equivalente. Limitá-los-á sempre a consciência moral, a própria retidão, a impossibilidade intrínseca de se sentirem desligados das normas éticas — isso justamente que confere ao patife sua versatilidade e sua força.

(Diário de Pernambuco de 7 de março de 1989, publicado sob o título "As limitações do bem")

O GOSTO DO BEM

Não só o mal é um mistério na vida dos homens: o bem também. Por que alguém pratica o mal, tanto aquele que ele ignora, como ainda o que conscientemente conhece como tal? E por que pratica o bem? Por que o bem atrai, encanta, seduz? No texto anterior, "As limitações do bem", procurei assinalar o fato espantoso e absolutamente desestimulante de que o bem limita-se, na sua ação, por um sem-número de restrições, ao passo que o mal desfruta de uma liberdade sem par: o homem do mal pode fazer tudo quanto lhe apeteça, sem peias algumas; o homem do bem percebe-se, a cada passo, limitado, constrangido, tolhido pelas imposições do bem mesmo; os escrúpulos e a prudência do bem o retêm. A questão, portanto, se agrava: com essas limitações todas, por que praticar o bem, por que optar pelos apertos das autorrestrições e não pelas largas avenidas da liberdade absoluta e sem freios?

É de olho nas recompensas que o homem pratica o bem? Pensa na gratidão, no reconhecimento de todos a quem beneficia? Imagina que o homem de bem estará, nesta vida, a salvo de perversidades, de truculências, de canalhices — preservado, pelo bem mesmo ou por Deus, das adversidades e das tristezas? Sonha em que a casa do justo se encherá de amigos e de júbilos, enquanto o iníquo padecerá sempre na solidão e na amargura? É dessas ilusões que o bem se nutre? Ai de quem assim quiser se enganar! Dos dez leprosos um somente voltou para agradecer a Jesus... Talvez por isso Maquiavel, menos um sábio da moral do que um especialista nas artes do poder, ensinasse que o bem deve-se praticar devagar, aos poucos: como para acostumar os beneficiados à arte da gratidão. O prêmio do justo não é, com certeza, obra deste mundo. O resultado da consciência tranquila infelizmente não é, tantas vezes, uma vida sem perturbações e sem tribulações. Tantas vezes o homem de bem sofre e se agonia e, ainda por cima, vê o êxito e a glória coroarem os passos do patife e do mau-caráter. Por que, então, praticar o bem?

Não num filósofo, mas num político, que também pode ser grande, pois ainda há (ou houve) grandes políticos, li certa vez a confissão de não ter perdido *"o senso lúdico, isto é, o gosto de fazer por gosto o que outros chamam simplesmente o cumprimento do dever"*[3]. E esse político, Carlos Lacerda, completava: *"procurei, mas sei que em vão, fixar essa noção do sentimento do dever apesar da inutilidade do seu cumprimento. Ou até por causa dessa relativa inutilidade, pois se fosse rendoso, muitos o cumpririam – e podíamos, alguns, deixá-lo a muitos. Não falta quem queira sacrificar-se pelo uso dos automóveis oficiais, dos aviões oficiais, do peru com farofa oficial, do crachá na casaca oficial, do emprego para o genro, a sinecura do filho – como são tocantes os pais de família que zelam pela própria à custa da alheia!"*[4].

O segredo do bem estará noutra observação do mesmo político quando lhe advertiram que, dali a alguns anos, talvez ninguém mais se lembrasse das obras que realizara, do bem que havia feito, a adutora do Guandu, por exemplo, que levou, afinal, água às torneiras do Rio: *"não importa que não se lembrem, quando abrirem as bicas, quem foi que botou a água; o que importa é que eu me lembre"*[5]. O bem realizado, retamente praticado, dá esse gosto, dá essa plenitude, dá uma tranquilidade d'alma, uma superioridade do olhar, a capacidade de poder encarar todas as críticas, as explícitas como as dissimuladas, a capacidade de falar claro e de frente, a certeza de não ter agido às escondidas nem em função de interesses escusos e mesquinhos — esse sentimento de realização, essa serenidade que não pode sequer imaginar quem nunca a experimentou. Se o bem que um pratica os circundantes vão imitar, ou os sucessores vão continuar, é irrelevante; quem vier depois pode até deturpar a obra feita. O que importa é que aquele sabe o que fez. Ele tem conhecimento das patifarias que evitou e da correção com que agiu — talvez só ele tenha, ele sozinho, mas isso basta.

---

[3] LACERDA, Carlos. **Crítica e autocrítica**. Rio de Janeiro: Ed. Nova Fronteira, 1966. p. 17.
[4] *Ibid.*, p. 31.
[5] LACERDA, Carlos. **Depoimento**. 3. ed. Rio de Janeiro: Ed. Nova Fronteira, 1977. p. 70.

O homem pratica o bem, o bem o atrai pelo gosto do bem, que é o gosto do ser, gosto da existência, gosto da vida. O bem realiza, o mal frustra. Porque, no fundo, o bem é o ser e o ser é o bem (o mal é exatamente o não ser, a falta de um ser que deveria estar ali). O bem moral é no bem ontológico que se funda, na dinâmica dos transcendentais, que se convertem, conforme a velha filosofia, que Dom Helder recordou, poucos anos atrás, numa magnífica aula na Universidade.

(Diário de Pernambuco de 6 de junho de 1990)

GOSTO E OBRIGAÇÃO

Uma das grandes novidades que Jesus introduziu, contra os fariseus, foi a da importância religiosa do nosso universo interior: a primazia ou a precedência desse mundo oculto dos nossos corações, sobre as exterioridades que toda gente pode ver. É tema sublinhado sobretudo por Mateus, o evangelista que escreve para o Povo Eleito e procura mostrar, ao mesmo tempo, a continuidade que o ensino de Jesus representa relativamente às tradições do judaísmo e as inovações que nele se contêm. *"Quando deres uma esmola, não te ponhas a trombetear em público, como os hipócritas, com o propósito de serem elogiados pelos homens; antes, não saiba a tua mão esquerda o que faz a tua direita". "Quando jejuardes, não tomeis um ar sombrio, como fazem os hipócritas, para que seu jejum seja percebido pelos homens; antes, unge a cabeça e lava o rosto, para que os outros não percebam".*

Semelhante prática farisaica representava, sem dúvida, gravíssimo erro, mas erro que consistia menos na negação da verdade, do que na exacerbação de um de seus elementos. Pois logo, na esteira da inovação de Jesus (embora, é claro, deturpando-lhe o espírito), apareceria, como por compensação, ou num movimento pendular, o exagero oposto: o de achar que só valem as coisas interiores e que as realidades externas são desprezíveis, por irrelevantes. Que significação teria, ou que mérito, perguntam-se alguns, cumprir uma lei, obedecer a uma determinação, sem o ânimo interior favorável, sem convencimento íntimo? Bastou um passo, a partir daí, para sustentar que, se não gosto, não devo e se algo me desagrada, não faço — até porque, em caso contrário, não seria "autêntico" o meu agir. É no campo das leis morais e das normas religiosas que essa contestação se apresenta, e de forma aguda: quanto às leis positivas, leis "jurídicas", ela não faria sentido algum, uma vez que um de seus traços característicos é mesmo o de se imporem, ou obrigarem, abstração feita do interior do sujeito obrigado — pouco importa o que um e outro pensemos de um Código qualquer do Estado, este Estado nos obrigará a cumpri-lo, sob diversificadas coações. Todos os aspectos da "criação dos valores", ou da moralidade, que é uma lei que obriga não de fora para dentro, mas de dentro mesmo do sujeito, impondo-se à sua consciência, estão aí implicados. Antes de tudo, a própria evidência dessa lei que, gostemos ou não, existe mesmo e me fala, lá no mais íntimo do meu ser, e me adverte e me censura e me recrimina e me aponta o caminho reto.

Então, essa lei somente obriga na medida em que for conhecida (daí, o sugestivo tema do progresso da consciência moral); mas, derradeiro paradoxo, não deixa de existir também a obrigação de conhecê-la: não me é dado permanecer, deliberadamente, na ignorância da lei, para me esquivar de seu cumprimento (é a tal da "ignorância vencível" que os moralistas denunciam). Mas tudo isso é assunto complexo, com dez mil ramificações, e nos levaria longe demais.

Quero somente destacar que o universo humano, muito mais intrincado do que se poderia imaginar, não comporta nenhuma redução simplista. Há que evitar um e outro exageros: nem pensar, como os fariseus, que só os atos exteriores importam, pouco valendo os sentimentos que o homem vai alimentando no seu coração; nem achar que o critério último de tudo é minha subjetividade, formada de qualquer jeito, ao sabor de meus caprichos ou de minhas indisciplinas, à revelia, pois, de qualquer regra exterior e superior. Nem a pura lei, independentemente do meu mundo íntimo; nem só esse mundo pessoal, pretensamente liberado de qualquer determinação. A perfeita lição de Jesus fora a do equilíbrio e do ajustamento entre uma coisa e outra: Ele não nos dispensou de dar esmolas ou de jejuar. Apenas insistiu em que, nisso, não houvesse a preocupação de "aparecer". Portanto, são dois deveres: o de praticar essas obras exteriores e também o da adesão interior, da coerência entre o sentir e o agir. *"Ai de vós, escribas e fariseus, que pagais o dízimo, mas omitis a justiça, a misericórdia, a fidelidade"*. Não se conclua daí que não é necessário pagar o dízimo. *"Importa*, completou logo Jesus, *praticar essas coisas, mas sem omitir aquelas"*.

Pois há, no homem, sem dúvida, o gosto, as coisas feitas com satisfação, mas há também a obrigação — e é assim mesmo, complicadamente, sacudido por realidades de aparência contraditória, que o homem vai definindo sua jornada sobre a terra. Uma, é a hora da festa; outra, a do sacrifício. Coexistem no homem prazer e dever, júbilo e penitência, alegria e ascetismo, gozo e esforço, o amor e a lei. E seria, no fim, tão falso fazer consistir a religião só nas festas (para, por exemplo, só ir à missa quando se tivesse vontade), quanto falso fora querer fazê-la consistir, como aqueles fariseus, só nos mandamentos exteriores.

(Diário de Pernambuco, de 24 de dezembro de 1982)

A RAIZ DO MAL

O ponto de partida da entrevista de Ernest Becker, na linha da do comandante Cousteau[6], é a *"conclusão da psicologia contemporânea"* de que o homem constrói uma *"couraça de caráter e cultura num esforço vão de negar o fato fundamental de nossa animalidade"*, a saber, *"a devastadora consciência de nossa impotência e do terror pela nossa inevitável morte"*. No homem, Cousteau vira o único mamífero que faz atos gratuitos; Becker vê agora o único animal que tem consciência da própria morte.

O problema do mal aparece, nesse quadro impressionante, como mera *"tentativa de negar (o homem) sua condição de criatura, de superar a sua insignificância"*. Todos os mísseis, todas as bombas, todo o mal em suma, diz Becker, *"são tentativas de desafiar a eternidade, proclamando que não se é uma criatura e sim algo especial"*. Não sei como se poderia exprimir melhor, hoje em dia, aquilo mesmo que a teologia tradicional sempre sustentou — que o mal não se introduziu na criação senão pela louca ambição de pretender, a criatura, tornar-se igual ao Criador. Curioso que, pela palavra de um cientista moderno, a perturbadora história de Lúcifer reapareça com surpreendente teor de verdade, não como tola ficção medieval: foi porque quis um dia ser como Deus que a mais bela das criaturas terminou fazendo-se o mais feio dos anjos.

Becker atingiu o núcleo fundamental que existe atrás de todo ato moralmente errado, a gênese, a raiz, o ponto de partida do mal. No âmago do pecado, o que se vai encontrar é o orgulho metafísico da criatura que se rejeita como tal e quer ser o senhor absoluto de seu destino, quer transformar os próprios caprichos em lei universal. Não foi isso que a serpente insinuou a Adão — que, se comesse o fruto e transgredisse a norma, ficaria igual a Deus, conhecedor (e senhor) do bem e do mal? Transgredir uma norma é um tanto revogá-la, é fazer-se igual ou superior a ela e ao legislador: só a pode revogar quem pode igualmente editar. Este, o segredo do abismo das transgressões; esta, sua sedução, sua volúpia: a embriaguez desvairada de afirmar um poder, de se imaginar seu próprio Deus. Por isso, em todo pecado, o Deus vivo e verdadeiro é negado e rejeitado.

---

[6] Ver o texto "O homem e o peixe" no cap. 2 - "A diferença humana"

Para todos os que acompanhamos com interesse as palpitações angustiadas de um coração humano (as meramente cotidianas, quanto mais as derradeiras!), o melhor é verificar que Becker foi mais além e entreviu o outro lado. Recusando aquele insensato caminho, Becker compreende que o segredo, para o homem, é aceitar-se como tal, como ser criado, que nem se basta nem se explica a si mesmo, alguém radicalmente dependente de Outrem, um pequenino nas mãos do Pai. *"Minha ideia é que, se você aceita a condição de criatura não precisa mais alegar que é alguma coisa especial".* Ou melhor: não mais cederá à tentação de se equiparar ao Criador, não mais desafiará os céus. Este será um *"herói"*, palavra que Becker não emprega em nenhum sentido épico mas apenas para designar alguém que *"deixa atrás de si alguma coisa que eleve a vida e testemunhe que a existência vale a pena ser vivida".* Na terminologia cristã, dir-se-ia um "santo"...

O heroísmo da escolha do bem, o entregar-se como filhinho nas mãos de Deus, dá uma tranquilidade absoluta, uma sensação de alívio *"por deixar de ter, diz Becker, a carga de responsabilidade por minha própria vida, porque eu a coloco no lugar que lhe é devido, e devolvo a quem ou ao que me chocou".* Devolvemo-la a Deus, sabemo-nos frágeis e pequeninos, absolutamente dependentes dEle. O homem entrega a vida — e isto, que é um fato rigoroso na hora da morte, é também o segredo da existência inteira: *"a gente deveria tentar entregar a própria vida, o significado dela, o valor dela, o fim dela".* Então, Becker, além de aliviado, mostra-se alegre e jubiloso: *"no ponto mais elevado da fé existe júbilo porque se compreende que este mundo é de Deus e, uma vez que tudo está nas mãos dEle, que direito temos nós de ficar tristes, o pecado da tristeza?"*

Quanta lição nessa entrevista superior, concedida com lucidez às vésperas da morte! Este homem estava verdadeiramente em condições de dar o grande salto. Pena é que o entrevistador se haja mostrado tão aquém do entrevistado, tentando atrai-lo para bobagens como a da significação (a corriqueira) do heroísmo ou a característica masculina ou feminina dessas reflexões à beira do abismo...

(Jornal do Commercio, de 19 de fevereiro de 1978)

AS PRESENÇAS DE DEUS

Por que o homem pratica o bem e obedece à lei moral? Só por ser o bem, que se impõe por si mesmo, sem qualquer outra consideração? Ou somente por visar uma recompensa futura, na vida eterna? Quem terá maior mérito: aquele que pratica o bem antevendo o céu, pensando num Juiz que pedirá contas de cada ato ou omissão, ou o descrente que age generosamente, sem ter em vista nenhum prêmio futuro, apenas por piedade do próximo? Mas, por que não podem, essas duas posições radicais, ser, não contraditórias e excludentes, mas, antes, complementares e até implicadas uma na outra?

Velha objeção à ordem moral era nisso que consistia: na denúncia de que pensar na recompensa seria agir "por interesse", em vista de um resultado e não do bem em si mesmo, perspectiva essa, a da sanção, com prêmio e castigo, que viciaria definitivamente o ato moral. É a capciosa objeção de Kant, baseado no surrado estoicismo que propugnava uma moral aparentemente mais elevada e mais altruísta, mas, no fundo, tão somente falsa e irreal e, por isto mesmo, desumana e inacessível, uma moral feita só de "imperativos categóricos", sem qualquer resquício de "imperativos hipotéticos" que estabelecessem determinações condicionadas a certos resultados, do tipo "faze isso se queres obter aquilo", se queres ganhar o céu, por exemplo.

No entanto, na vida moral retamente compreendida, não se trata de almejar um prêmio exterior, como o menino que espera ganhar presentes no dia de seu aniversário; mas apenas de **saber** que tudo aquilo é uma coisa só, a norma e o céu, o céu e a norma, e que fazer isso é automaticamente obter aquilo; praticar o bem é, "ipso facto", merecer o céu uma vez que, afinal, sem o céu e sem Deus, nada seria possível: nem o bem nem o ser. Na origem das existências ou está o Existente por excelência, ou está o Nada, o que é uma contradição em termos. Não são, na verdade, coisas distintas ou extrínsecas, somente aproximadas arbitrária ou artificialmente, a sanção e a lei. Tudo é uma realidade só: a perfeição da natureza humana, o fim último, a felicidade, a lei moral, o mérito, a sanção — apenas diferentes maneiras de considerar a mesma realidade, a ordem moral.

A sanção moral é qualquer coisa de intrínseca e constitutiva da ordem, é conatural à lei. Haveria, sim, um "interesse" ilegítimo a viciar o ato bom se o prêmio e a sanção fossem uma realidade exterior, nova, a se superpor à pura lei: se não fossem, como são, apenas outra face do bem, a necessária consequência dele, já contida nele, não um acréscimo de fora mas seu natural desabrochar. Aquele que disto tem consciência não age "por interesse"; tão somente conhece melhor e mais integralmente a extensão da lei moral, a trama que une intimamente seus elementos, conhece enfim **a lei da lei** e sabe que, se Deus não existisse, sem o Criador, não haveria o Juiz, não haveria lei nenhuma nem haveria o que julgar; não haveria bem moral a perseguir, fosse de olho na recompensa, fosse altruisticamente.

O outro, o descrente que pratica o bem sem acreditar em Deus e sem, portanto, cogitar de nenhuma recompensa, não é, a rigor, mais generoso ou mais desinteressado: apenas age às cegas e como por instinto, atendendo, de forma confusa e tateante, à lei interior, ou seja, em última análise, à voz de Deus que, malgrado ele, continua a ressoar em seu coração. Esse que pratica o bem meio orgulhosamente, como sem visar nenhum galardão, pode não saber mas está, obscuramente embora, homenageando a Deus, que moldou sua natureza e nela deixou impressa, para todo o sempre, Sua marca registrada, os traços dessa origem, os indícios dessa filiação. Queira ou não, saiba ou não, ele é imagem e semelhança de Deus e sem o Absoluto divino não se explica e não se compreende. Nem se compreende como saiu do Nada, nem se explica a incômoda mas poderosa lei interior que lhe impõe, cotidianamente, a prática de um obscuro bem cuja absurda sedução o persegue sem cessar.

São múltiplos, são tortuosos e imperscrutáveis os caminhos de Deus. São variadas as maneiras pelas quais consegue Ele estar presente nos segredos dos homens. Alguns terão consciência dEle e O louvarão explicita e permanentemente. Outros têm apenas uma vaga notícia de Suas pegadas, de Seus sinais e os seguem, sem saber direito Quem está por trás. Há mérito numa e noutra posição; aqui e ali há sofrimento e júbilo, que só o perfeitíssimo Juiz, que, antes de tudo, é o Pai amorosíssimo e fiel, capaz até de dar a vida pelo mais renitente dos filhos, saberá um dia compreender e recompensar ou perdoar. Sempre retornamos a S. Agostinho: nosso coração inquieto, feito por Ele, é incapaz de qualquer sossego que não seja o repouso em Deus. Pois, conscientemente ou não, retilínea ou atabalhoadamente, não nos contentamos com nada menos do que a vida eterna e a imortalidade pessoal, a felicidade e a paz.

(Diário de Pernambuco, de 9 de julho de 1982)

Capítulo 6
A ATRAÇÃO DA VERDADE

O ESPLENDOR DA VERDADE

Em comentários espaçados, apenas uma vez por semana, é impossível dar conta da crise instalada no Senado Federal (e no governo), tal a vertigem das reviravoltas que o caso dá a cada dia. Deixando, por isso, a crônica dos acontecimentos, por mais trágicos e reveladores que sejam, alcemos a vista para problemas também da maior gravidade — a questão das provas e a questão da verdade — que a crise atual propõe com a maior veemência.

Na defesa de 18 de abril, que cinco depois renegou, o senador José Roberto Arruda desafiava a que mostrassem *"uma vírgula de prova"* de envolvimento seu na quebra do sigilo do voto no Senado e lembrava que, entre os princípios consagrados no Direito, destacam-se o de que é ao acusador que cabe o ônus da prova e de que todo cidadão deve ser presumido inocente até que se prove o contrário. E assim é. Sem provas (ordem escrita para violar o painel? Recibo de entrega da listagem dos votos? Inexistentes testemunhas da conversa privada entre o senador e a funcionária?) poderia ficar apenas palavra contra palavra, a funcionária afirmando que o senador mandou, e o senador negando.

Por que, então, depois, o senador recuou de sua arrogância, confessou que mentira no primeiro discurso e emocionadamente reconheceu a própria participação? Pode-se pensar apenas numa encenação, no cálculo de imaginar que, dessa forma, conseguiria uma atenuação da pena. É possível.

Mas também é possível que tudo resulte simplesmente do poder da pura verdade. Daquilo que João Paulo II chamou, elegendo como título de uma de suas mais formidáveis encíclicas, "o esplendor da verdade". É que a verdade tem uma luz própria, tem um brilho, tem aquilo que os velhos escolásticos chamavam "a evidência". Ela refulge; e, por isso, se impõe ao intelecto que a vê. É impossível não aderir a ela. Ela é de tal maneira imponente, ofuscante, resplandecente, deslumbrante, que paralisa o intelecto, o empolga, e ele fica definitivamente rendido a ela, entregue a sua só contemplação. Não significa isso que a verdade seja fácil, ou que seja simples: matérias haverá que exigirão muita labuta, muita persistência e, ao cabo, podem terminar sem desvendar ao homem todos os seus segredos. Em numerosíssimos assuntos será assim, e a inteligência humana se esfalfa, se contorce sem conseguir uma visão clara de como a coisa efetivamente é. Mas em muitíssimos outros casos, não: a verdade aparece, cristalina, transparente, translúcida, e ela é todo-poderosa, ela cativa a inteligência que enfrentará, por causa dela, todas as potestades do mundo. A verdade da redondeza da terra, por exemplo, ou a de que 2 mais 2 são 4.

Provas são outra questão. Serão sempre necessárias para o rigor do Direito — para a debilidade dos julgamentos humanos, para a boa ordem da sociedade, que não há de condenar ninguém sem a demonstração inequívoca da culpa. Elas reforçam a verdade, literalmente "comprovam" a verdade, confirmam-na, mas não se identificam nem se confundem com ela.

Estava nítido, na consciência da nação, que a versão da funcionária era verdadeira. A confissão brilhava por si mesma. Era solar. Era esmagadora. Tal a coerência, a profusão dos detalhes, a articulada explicação para todos os pontos, desde a falta de motivação para violar o painel, iniciativa que nunca teria sem incisiva ordem superior, o constrangimento diante dos colegas, o zelo para preservar a instituição a que se afeiçoara, até a relutância em confessar, o que somente fez diante da evidência do laudo técnico e da confissão de outro funcionário – tudo mostrava a solidez do depoimento, a verdade absoluta (que pode não ser, ainda, a verdade integral). Poderiam faltar as provas, mas a nação sabia que ali estava a verdade e o senador era culpado. Ao voltar atrás e desistir do jogo de exigir provas, o senador Arruda se rendeu à força da verdade, a cujo esplendor é inútil ao intelecto humano tentar resistir. Honra lhe seja, por isto. Pode ser que ele não salve o mandato, mas salvou sua imagem íntima, salvou-se para si mesmo, salvou-se ao menos para os filhos.

(Jornal do Commercio, de 29 de abril de 2001)

A VERDADE COMO PAIXÃO

Desconfio que a verdade não esteja entre os principais valores do mundo contemporâneo. Noutros tempos, já aconteceu de homens e povos se massacrarem na defesa daquilo que tinham como verdadeiro. O comportamento era bárbaro (e felizmente a civilização moderna o abandonou) mas, por ele, era a verdade que se homenageava. Em contrapartida, caímos no erro oposto: se superamos aquela brutalidade, terminamos, de modo geral, por relegar a verdade e não lhe dar nenhuma particular relevância. Instituímos o reino da opinião, das aparências, dos formalismos, das conveniências, da eficácia, do relativismo, do indiferentismo — o que, se tem o mérito de respeitar a sagrada liberdade individual, tem também o demérito do desprezo pela verdade, à qual se dá pouquíssima ou nenhuma importância. Estamos a séculos de distância prática daquela frase que nos foi dita: *"só a verdade vos libertará"*. (Qualquer boa teologia da libertação era disso que precisava partir: dessa certeza de que não haverá libertação fora ou sem a verdade).

Não se recomporá o bom equilíbrio dos valores sem o primado da verdade. Até porque a liberdade essencial deve ser menos a de pura e simplesmente fazer o que quiser, desordenada e desregradamente, mas a liberdade de procurar a verdade e não ser perturbado, violentado, até impedido, nessa procura honesta. Num certo sentido, "dono da verdade", menos do que injúria que um debatedor às vezes lança a outro, é a pretensão que todos os homens deveriam ter — e, no fundo, têm, se é que se dispõem a discutir alguma coisa. A discussão supõe justamente que as partes acreditam nas suas verdades e estão dispostas a sustentá-las. Se ninguém acreditasse em verdade nenhuma, nem se incomodasse com elas, é óbvio que nenhum debate teria sentido. Uma coisa, porém, é acreditar estar de posse de alguma verdade particular (pressuposto de qualquer discussão honesta), e, outra, é negar "a priori" a possibilidade de, ao invés, ser o adversário quem a possui, podendo, por isto, vir a convencê-lo. Se cada homem deve considerar-se "dono da verdade" (até porque é só por isto, pela verdade, que deve aderir aos pontos de vista que defende, sendo absurdo que sustente ideias que conscientemente considera falsas), deve também sentir-se na fascinante liberdade interior que uma vez Darcy Ribeiro condensou nessa fórmula magnífica: *"não tenho nenhum compromisso com minhas ideias"*. Ou seja: somente as defendo porque as tenho como boas e enquanto assim as considero; tão logo outras se me afigurem melhores, mais verdadeiras, imediatamente daquelas primeiras me desfarei. A razão pela qual aderi àquelas ideias é a mesma pela qual passei a aderir a outras.

Essencial é a paixão pela verdade: o entusiasmo com que cada um se aferra a uma verdade afinal encontrada (ou que imagina haver encontrado) e a disposição permanente de rever as próprias convicções e mudar até de lado diante da excelência de uma outra verdade, divergente e superior. Com aqueles que se julgam "donos da verdade" (isto é, donos de algumas verdades) e com aqueles que as procuram incessantemente entre dúvidas e questionamentos, enfim, com todos aqueles que, de algum modo, prezam a verdade e a valorizam e a exaltam — é possível dialogar e, sobretudo, crescer em conjunto na mesma busca e na mesma paixão. Infecundo e ineficaz seria, ao contrário, o diálogo com quem menosprezasse a verdade e se risse dela e lhe negasse seja a possibilidade de existência seja qualquer valor. "Seria", digo, posto que tal excesso, porque anti-humano, é impossível: ninguém haverá, por mais cético e iconoclasta que seja, que não acredite em alguma verdade mínima fundamental — e a partir desse mínimo (difícil que seja de localizar) tudo poderá ser restaurado.

Porque, afinal, todas as verdades se harmonizam; não podem ser contraditórias, não podem valer umas, somente para aqui, e, outras, somente para ali. São parentes, são afins, devem compor-se numa luminosa unidade. Por isso mesmo há que se procurar a verdade onde quer que se encontre, de onde quer que venha, quem quer que seja aquele que a haja descoberto, mero instrumento pela qual ela se revelou. Se for realmente verdadeira, uma verdade com outra se integrará; não pode uma repelir ou negar outra. Se o mundo vivesse essa certeza, facilmente se superariam as barreiras das ideologias e dos particularismos. Toda a questão é ter, ou não ter, a essencial fome e sede da verdade. Quem tiver, não estará perdido. Mesmo que não a haja encontrado (por enquanto, por enquanto...). Mais cedo ou mais tarde, ainda que seja no derradeiro instante, o homem de boa vontade, que foi sincero e honesto consigo mesmo e que procurou e perseguiu a verdade embora sem conseguir serenar em nenhuma, vivendo só entre dúvidas e inquietações — esse homem digno e reto se encontrará com a formidável garantia que Jesus contrapôs a Pilatos: *"todo aquele que ama a verdade escuta a minha voz"*.

(Diário de Pernambuco, de 18 de maio de 1983)

DIREITO À VERDADE

Mesmo quando se discute com alguém pessoalmente envolvido no assunto (portanto emocionalmente envolvido), o que nunca se deve fazer — embora com todas as cautelas e delicadezas possíveis — é negar-lhe a verdade.

A verdade é o primeiro direito. O primeiro direito de cada pessoa. Cada ser humano tem direito à verdade. Ela não é somente o chão sem o qual não pode haver vida da inteligência. Não é somente o único objetivo e o único sentido da própria vida humana e de toda investigação intelectual. Não é somente um dever, e dever supremo: procurá-la a qualquer preço, em qualquer lugar, sob quaisquer condições, buscá-la e amá-la, como o mais precioso de todos os bens. A verdade é também um direito. Todo homem tem direito à verdade (direito a que às vezes ele explicitamente renuncia – como sucede com alguns doentes graves, que preferem ser poupados da consciência do mal definitivo de que padecem). Todo homem tem o direito de conhecer a verdade, o direito de que não lhe seja ela sonegada, ainda que doa, ainda que machuque. Verdade e caridade não se repelem. A caridade está no plano das pessoas; a verdade, no das ideias. O diálogo genuinamente fraterno não esconde a verdade, mas a anuncia, mesmo que, com isso, passe a sofrer com o outro, que se encontra (provisoriamente) afundado no erro.

A pior coisa seria falsear a verdade, para não desagradar, para evitar suscetibilidades perfeitamente razoáveis e compreensíveis (dado o envolvimento pessoal do interlocutor com o assunto), e até aceitar como positivo aquilo que é, intrinsecamente, mau e errado. Não só porque se perde toda a credibilidade e o respeito, mas sobretudo porque não adianta — e, ao cabo, amanhã ou mais tarde, a verdade se imporá. As consequências, que vêm sempre depois, aparecerão, e a tragédia, visivelmente anunciada, acontecerá. Por que, somente para não incomodar, dizer que está certo aquilo que é errado? Dizer que não faz mal aquilo que de fato faz? Dizer que é natural e normal o que não é? Assim como com a criança pequena: somente para não a contrariar, como se, depois, o mundo, a sociedade, a natureza, os fatos, fossem ter, com ela, igual condescendência?

(Jornal do Commercio, de 3 de novembro de 2016)

AS PERGUNTAS DO FILÓSOFO

Se há algo que marca o homem em todos os tempos e em todos os lugares é a infinita curiosidade, o ardente e insaciado desejo de tudo saber, tudo compreender, tudo descobrir: por que isso, por que aquilo? por que cada coisa, ou cada ser? por que as coisas, por que o ser e não o nada? o que há além? além da esquina, além do horizonte, além desta existência? Também a inclinação a de tudo duvidar, a começar pela autoridade, devendo o chamado "argumento de autoridade" ser tido como o mais ínfimo de todos; e a ponto de Descartes haver erigido em princípio fundamental da filosofia a "dúvida metódica". E, na mesma linha: a tudo desafiar, tudo contestar, tudo afrontar; não mais a pergunta sobre o "por quê" das coisas, mas agora a indagação "por que não?", por que não outra explicação, por que não encarar o desafio, por que não arrostar o impossível, por que não dar a volta à terra ou escalar o Himalaia, por exemplo? Escalá-lo a rigor, somente — segundo a formidável explicação do alpinista — porque ele está lá, e o homem não pode admitir que alguma coisa se erga na sua frente sem que ele a conquiste e a domine. Assim tudo questionando e tudo interpelando, tudo inquirindo, bem se pode do homem dizer que é, na natureza, o único animal que é maior do que a natureza. Que não admite limites. Que supera a natureza. Que quer ir, e vai, acima dela e além dela.

Exigir que essa descomunal curiosidade somente fosse satisfeita pelas luzes próprias da razão, sem nenhum recurso nem à voz de Deus, nem à autoridade do mestre, nem às fabulações dos mitos, nem ao peso dos costumes e da opinião geral, das tradições e dos hábitos, foi a obra inigualável da Grécia, o chamado "milagre grego". Esse radicalismo da razão vai dar origem, numa dimensão mais próxima, às diferentes ciências e, numa dimensão última, à filosofia. Que o filósofo formula perguntas, e perguntas sobre todas as coisas, e as perguntas mais radicais de todas, é o dado mais elementar da filosofia, a obra por excelência da razão.

Melancólico é que alguns se imaginem filósofos somente por isso, por viverem formulando perguntas e mais perguntas. Sem dúvida esse é o começo da filosofia, mas é só o começo. Os grandes filósofos não são grandes somente porque propuseram perguntas radicais, mas sobretudo pelas respostas que deram, pelas respostas (mais verdadeiras ou menos verdadeiras) que vislumbraram – ainda que essas respostas, por sua vez, tão altas e tão desconcertantes como eram, implicassem na criação de novas perguntas, de novos questionamentos deixados para os pósteros. Perguntar a respeito de tudo, indagar-se, tudo questionar, é a marca típica do homem, de todo homem. Mas do homem comum o filósofo se distinguirá não só pelo nível das perguntas que formular, mas sobretudo pela natureza das respostas que tiver encontrado, pelas grandes teorias que elaborou, pelas amplas visões que concebeu. Descartes, Kant, Hegel, Nietzsche, Comte, tantos mais, são reconhecidos pela posteridade, são respeitados e estudados como filósofos, menos pelas perguntas que os inquietaram do que pelas respostas que encontraram. Muito menor filósofo será um Diógenes que se limitava a, acendendo uma lanterna em pleno dia, perguntar onde estaria um homem — do que um Platão ou um Aristóteles que conceberam as respostas que ainda hoje nos guiam.

É um drama humano, que dá pena, por isso, o espetáculo daquele que vive apenas apresentando perguntas sem achar qualquer resposta. Ao invés de a si mesmo exaltar pelo fato de viver multiplicando perguntas e de não ter certeza alguma – esses melancólicos intelectuais poderão até, um dia, vir a ser bons filósofos: no dia em que começarem a encontrar respostas. No dia em que conseguirem se desembaraçar um pouco da floresta de teorias e doutrinas em que vivem enredados, e acertarem com algum conjunto coerente de ideias — ainda que as vierem a renegar, outros dias adiante.

(Jornal do Commercio, de 17 de setembro de 2000)

A CRÍTICA E A DÚVIDA

Quer formule críticas chamadas "negativas", quer as que se pretendem "construtivas", o homem é essencialmente crítico. Não pode não ser. Desde que se incorporou — e essa foi uma conquista dos modernos — ao vocabulário filosófico, a palavra "crítica" aparece (ao menos em seu sentido mais largo) praticamente como sinônimo de razão. Toda razão é crítica. E é crítica porque é razão. Não se cansa o homem de pedir a razão de cada coisa; mais ainda: não consegue ele não pedir; não pode deixar de interpelar cada acontecimento, cada objeto, cada realidade que lhe cai sob os olhos, para perquirir seu sentido, sua natureza, sua total explicação. Como a belíssima história do alpinista que queria escalar o Himalaia. Mas, por que o Himalaia? Simplesmente porque a absurda montanha estava lá. Ele não apenas queria, ele **precisava** escalar o Himalaia. Era um desafio. Assim é o homem: esse ser fantástico para quem tudo é desafio, ou que tudo converte em desafio. Tudo o questiona. Tudo o homem questiona. A propósito de tudo, o homem se questiona. Não há questão que ele não se ponha, nenhuma que não se deva colocar, nenhum assunto, nenhuma lei, nenhum dogma que tenha simplesmente de aceitar, diante do qual haja conformadamente de silenciar, sem contrapor nada, sem indagar como, por que, para que, sem ir às últimas indagações, às mais radicais. Ainda que seja para, ao final, proclamar a excelência do mesmo dogma — agora robustecido, revigorado, consolidado por essa crítica que não se deve deter diante de nenhuma, absolutamente nenhuma, barreira. "Espírito crítico", segundo Lalande, é aquele que *"não aceita nenhuma asserção sem primeiro interrogar sobre o valor dela, seja do ponto de vista do conteúdo (crítica interna), seja do ponto de vista da origem (crítica externa)"*.

Tal espírito crítico é indissociável do homem. Nada, nem ninguém, conseguirá retirá-lo dele. Ainda que oprimido, ainda que sufocado, lá no íntimo o homem conserva esse tenebroso poder de discernimento, pelo qual, mesmo que seja somente de si para si mesmo, ele assente com alguma coisa ou dela diverge, e superiormente ri e zomba do opressor. Como Galileu, segundo a legenda que ficou famosa, sussurrando, quase para si mesmo, depois de ser forçado a renegar tudo quanto sustentava: *"eppur si muove"*... A liberdade de pensamento, que a Constituição assegura, é muito mais liberdade de **manifestação** do pensamento, liberdade de comunicação, de divulgação de ideias, liberdade de expressão, do que essa liberdade interior, esse verbo mental, que ninguém tira do homem — a razão, incessantemente inquieta, que perscruta, que esquadrinha, que multiplica inquirições, sôfrega, sequiosa, ardente, ávida, à procura das razões das coisas, arrebatada só pelo feitiço da verdade.

Não necessariamente o espírito crítico conduz ao estado de dúvida. Pode conduzir, sim, mas essa é apenas uma de suas possibilidades — a suspensão do juízo, a hesitação, essa impossibilidade, na qual a dúvida consiste, de tomar um partido ou outro, tantas e tais as ponderações que parecem militar em favor daquele ou desse entendimento. Mas pode igualmente conduzir a uma certeza, a uma convicção plena, robusta, satisfatória, ainda que não seja definitiva e absoluta. Mesmo quando toma partido, o homem conserva-se sempre interiormente livre, essencialmente livre, não pode deixar de usufruir dessa gostosa abertura interior com a qual avalia e reavalia permanentemente todas as coisas, mesmo as próprias convicções, ainda as mais arraigadas. Como Darcy Ribeiro condensou na fórmula felicíssima, aparentemente paradoxal, dizendo *"não ter nenhum compromisso com minhas próprias ideias"*. Isto é, aquelas que ardorosamente defendia, as defendia por estar convencido da procedência e da verdade delas; tão logo, porém, outras se lhe aparecessem como mais verdadeiras, mais bem fundamentadas, sem o menor remorso se desprenderia das primeiras, porque simplesmente se dissolvera o laço que o vinculava a elas, o motivo único por que lhes dera sua adesão.

Somente aqui ou ali resulta, da crítica, a dúvida; não necessariamente. É pena que haja por aí quem imagine que melhor posará de filósofo, mais facilmente passará por pensador — e até por pensador profundo e original — se se declarar sempre entre perplexidades, se se confessar assediado por infinitas dúvidas, embaçado e embaraçado pelas razões menores ou maiores que nunca se deixam de encontrar em qualquer lado. Ao invés de triunfo da crítica, o que se contém aí é a demissão da razão, a confissão do próprio fracasso, a melancólica incapacidade de discernir o verdadeiro do falso, o essencial do acessório, os elementos substanciais dos meramente circunstanciais. Impotência de uma razão indigente.

(Diário de Pernambuco, de 25 de março de 1994)

A DEMISSÃO DA RAZÃO

A inclusão, na coleção *Os Pensadores* da Editora Abril, de um volume dedicado a Bertrand Russell me faz reencontrar um seu debate antigo, com o Padre Copleston, acerca da existência de Deus e renovar as duas impressões que me ficaram da primeira leitura. A primeira[7] é a da surpreendente e lamentável renúncia da razão por parte desse que é um dos "papas" do racionalismo moderno.

O Padre propusera, por brevidade, cingir o debate praticamente à terceira das cinco vias de São Tomás, aquela que parte da contingência dos seres, isto é, do fato — evidentíssimo — de que nenhuma existência que nos é dado contemplar, com nossos olhos terrenos, contém em si mesma a razão de sua existência. Nenhum de nós é necessário. Já no próprio nascimento dos homens, não é outro fato que encontramos: fosse um outro qualquer, da impressionante multidão de espermatozoides que viajam juntos, que fecundasse aquele óvulo, e este homem que aí está simplesmente não existiria: existiria, sim, em seu lugar, um seu irmão, provavelmente muito parecido com ele, mas, ao mesmo tempo, radicalmente diferente, um outro que não ele. Sim, nenhuma razão temos, em nós mesmos, para existir. O fato é que existimos, mas bem poderíamos não existir — quem faz falta ao espetáculo do mundo?

Nenhum dos grandes filósofos do século sentiu tanto essa tragédia quanto os existencialistas, Sartre em particular, de cujo pensamento este é precisamente o ponto de partida. Numa intuição poderosa, percebe Sartre que cada existente é *"demais"* e *"absurdo"*, e o é de uma forma tão radical que nem o suicídio suprimiria essa condição: *"até a minha morte teria sido demais"*. Cada existência é absurda por isso que não se explica a si mesma e, Deus não existindo (postulado sartreano fundamental), termina não se explicando de forma alguma. Resume sua descoberta na mesma palavra que São Tomás, muitos séculos antes, utilizava: *"o essencial é a contingência"*.

É verdade que, em seguida a essa percepção comum, os caminhos trilhados por Sartre e pelos tomistas serão totalmente diferentes: estes põem-se à procura da razão última do ser contingente, para descobrir

---
[7] A segunda impressão é comentada no artigo "Idealismos sem consistência", adiante, no cap. 11 - "O homem e os outros".

como pode ele existir. São exatamente os passos dados neste sentido (e que nos levam, ao cabo, a identificar um ser necessário, razão da existência dos contingentes e sua própria razão, sem o que não passaria de mais um contingente, a exigir também uma razão ulterior de existência) — que o Padre Copleston se esforça por expor ao filósofo Russell, esbarrando sempre, no entanto, não em argumentos contrários mas numa obstinada recusa em exercitar a própria razão. Quase a primeira intervenção do filósofo já é para dizer que *"a dificuldade do argumento é que não admito a ideia de um ser necessário"*...

Ora, eis aqui um imenso equívoco que o clima impróprio de um debate não permitiu ao Pe. Copleston sublinhar com a devida ênfase: quem disse que o primeiro problema é conceber ou não um tal ser "necessário"? O problema é, ao contrário, conceber os seres contingentes que aí estão, numa perspectiva que é basicamente "a posteriori" e "experimental". Justamente a procura da inteligibilidade dos seres contingentes é que nos faz atingir um ser de outra espécie, não contingente – este, o roteiro de uma investigação racional radical, isto é, que desça às raízes, que Russell gratuitamente se nega a seguir. O ser necessário será, então, o ponto de chegada, não o de partida — ele só se impõe porque os seres que conhecemos e os seres que somos se revelam impotentes para se explicar a si mesmos, nenhum deles respondendo à questão que angustiava Sartre: *"por que diabo haveria um mundo em vez de coisa nenhuma?"*.

Ao invés de enfrentar tal problema, posto por uma razão insaciável, o que Bertrand Russell faz é fechar-se num comodismo tal que não sei o que poderia haver de mais antifilosófico. Simplesmente declara que não vale a pena *"levantar a questão daquilo que explica a existência de qualquer objeto particular"*. Pouco importam as ponderações do seu debatedor, que pede justificações (*"por que excluir a legitimidade da pergunta?"*) e lembra que as afirmações categóricas *"deveriam vir (se é que deveriam vir) no final da investigação e não no começo"*. Pouco importa. Do alto de sua ciência satisfeita, o sr. Bertrand Russell simplesmente proclama que *"é ilegítimo levantar-se a questão da causa do mundo"*. Que fazer diante de uma razão assim, subalterna e demissionária, que ousa considerar ilegítima uma pergunta do homem? Todas as perguntas do homem são legítimas e necessárias... Porque a nossa curiosidade é inesgotável.

Quem conseguirá reconhecer — nessa sub-razão humilhada, escrava de meus caprichos, que só uso quando e até onde me interessa —, quem reconhecerá a altiva razão do homem, aquilo que nos dignifica, a nossa maior glória, que nos faz de Deus a imagem e semelhança?

O que fica inexplicável, ao cabo, é o absurdo de Bertrand Russell ter desejado, até solicitado, a inclusão, num livro seu, de debate em que revela tal indigência mental. É claro que ele estaria muito melhor num livro do Pe. Copleston, de tal modo a disputa depõe contra o rigor intelectual do filósofo inglês.

(Jornal do Commercio, de 5 de janeiro de 1975)

Capítulo 7
A SABEDORIA

SÉCULO DO CONHECIMENTO

O século XXI deve ser, tem-se dito largamente, o século do conhecimento — e, sob muitos aspectos, essa é uma grande, uma promissora, uma fascinante perspectiva. De fato, o progresso do conhecimento tem sido, nos últimos tempos, qualquer coisa de vertiginoso. Pelo menos desde o iluminismo, desde o chamado "século das luzes", mas de modo particular no século XX: a diferença entre o que era o conhecimento geral da humanidade no começo dos 1900 e o que é ao acabar a centúria, pode-se dizer incalculável. Do século XXI deve-se esperar portento ainda melhor: não somente um muito maior conhecimento da humanidade em conjunto, mas também um muito maior conhecimento de cada membro da espécie. Essa aceleração do nível de conhecimento requerido de cada qual é um desafio para o talento e para a capacidade dos nossos descendentes. E é muito bom que haja essa exigência generalizada. Afinal é essencialmente aí, ou é em primeiro lugar aí que o homem realiza o desígnio fundamental de dominar toda a criação: ele a domina, antes de mais nada, na medida em que a conhece, em que penetra nos seus meandros e possui os seus segredos. Todo conhecimento é intrinsecamente bom, todo progresso no conhecimento é um verdadeiro progresso. Mau pode ser apenas o uso que o homem fizer desse conhecimento, mas, como tal, em si mesmo, o conhecimento é sempre um formidável bem.

Ouso pensar, por isso mesmo, que não somente não basta essa ênfase no conhecimento como também ela constitui — assim, isto é, considerada isoladamente — perigosa deformação. Não é ideal humanamente satisfatório o de apenas conhecer mais, conhecer cada vez mais, por mais que essa meta deva (e deve) ser estimulada e exaltada. Importa, além disso, e acima disso, saber o que fazer desse conhecimento, que uso lhe dar, a serviço de quais realidades humanas colocá-lo. Numa palavra: saber valorá-lo, inclui-lo numa reta hierarquia de valores, escaloná-lo numa proporção que efetivamente sirva ao homem, em vez de ajudar a oprimi-lo e a esmagá-lo. O humanismo verdadeiro há de consistir não apenas no progresso do conhecimento, mas sobretudo na forma de utilizar esse conhecimento dilatado, ou seja, nos valores aos quais o conhecimento se subordina. Supõe, portanto, em primeiro lugar, uma capacidade de distinguir, de discernir, de separar, de priorizar.

Considerado isoladamente, apenas em si mesmo, o progresso do conhecimento redunda apenas no especialista, no cientista cada vez mais competente a respeito de um cada vez menor conjunto da realidade, aquele que cada vez sabe mais a respeito de cada vez menos. Além e acima do conhecimento, acima e além do especialista, a humanidade precisa da sabedoria, que é também mais, muito mais, do que a própria filosofia, dentro da qual pode-se também ser um formidável especialista, e apenas isso, um perito em todas as angústias metafísicas com as quais a espécie humana imemorialmente se vem debatendo, sem porém a capacidade de bem ordenar essas questões e de identificar o bom uso humano a se fazer delas – aspectos nos quais (além de outros) consiste propriamente a sabedoria.

A grandeza do novo século pode passar pelo progresso do conhecimento, mas somente se verificará na sabedoria com que o homem aplicar esse conhecimento assim quantitativamente dilatado. É insuficiente pregar apenas a necessidade de ampliação do conhecimento. Mais do que insuficiente: é tragicamente perigoso. Importa, ao mesmo tempo, não perder de vista a dimensão axiológica e ética, questionar o tipo de utilização a ser dada à massa dos novos conhecimentos adquiridos. Não basta que o homem do século XXI esteja infinitamente mais informado; precisa-se sobretudo que ele seja muito bem formado.

(Jornal do Commercio, de 5 de março de 2000)

ELEMENTOS DA SABEDORIA

Conta-se de Pitágoras que, julgando pretensioso apresentar-se como "sábio", dizia ser apenas um "amante da sabedoria", um "amigo da sabedoria", um filó-sofo. A partir daí, o saber que ele cultivava passou a ser chamado de "filosofia" e não de "sabedoria". Pois a filosofia é uma coisa; e a sabedoria, outra. Não é de todo filósofo que se pode dizer que é um sábio. A palavra "sabedoria" fica reservada a alguma coisa maior, não limitada a nenhum conhecimento específico, mesmo o da história, da moral, do direito, da poesia etc., nem sequer da filosofia.

A sabedoria supõe, primeiro, um conhecimento global das coisas, uma cosmovisão, não a ciência das minúcias, dos temas particulares, que devem ser o objeto dos saberes específicos (entre os quais a própria filosofia). Supõe o conhecimento do conjunto, sobretudo dos princípios, ou das colunas fundamentais desse conjunto, e de suas articulações capitais, procurando obter de cada uma a "compreensão e a síntese". O aprofundamento dos pormenores, o mergulho das pesquisas requintadas, será matéria de outro tipo de intelectual, o especialista. A sabedoria está na linha do generalista — que sabe um pouco de tudo; não na do especialista, que sabe cada vez mais acerca de cada vez menos.

Supõe, também, um absoluto amor pela verdade, o primado da verdade. Não só a profunda certeza da existência da verdade (por mais difícil que seja, tantas vezes, encontrá-la), mas o amor por ela, a incessante busca dela, a procura dela. O único essencial compromisso com a verdade. O "magis amica veritas". Acima de todas as conveniências do mundo. Acima dos interesses, das convenções, do receio de desagradar.

Requer ainda a noção de uma justa hierarquia das coisas, uma justa ordenação dos valores, a identificação do que é mais importante e do que é menos. O sábio não apenas tem uma ideia geral sobre todas as coisas, ou sobre os fundamentos de todas as coisas, mas sobretudo tem uma boa ideia geral da hierarquia entre elas. Ele logra distinguir o que é efêmero do que é definitivo, o passageiro do essencial, o transitório do permanente. Se não souber priorizar, se não souber descobrir claramente o substancial, se se perder no fascínio das coisas que passam, pode ser um cientista de elevados méritos, um grande especialista, um técnico espetacular, mas não será nunca um sábio. As glórias deste mundo podem até ser aceitas, mas não podem ser perseguidas. Não podem ser buscadas por si mesmas. Não se pode viver na sofreguidão delas, na expectativa delas, na ansiedade por elas. A sabedoria consistirá, então, em procurar ver as coisas, ver o mundo inteiro, quase com o olhar de Deus: "sub specie aeternitatis".

Daí a consciência — típica do sábio — de estar mergulhado no mistério. Cercado de mistérios por todos os lados. Ou, para dizer da forma mais neutra: a consciência de que dependemos radicalmente de alguma coisa infinitamente superior a nós mesmos. Na sua melhor expressão dir-se-á que não haverá sabedoria se não houver a consciência do predomínio do espiritual sobre o terreno, do religioso sobre o político e sobre o econômico, do reconhecimento do primado de Deus sobre todas as coisas.

E, diferentemente dos diversos saberes em geral, a sabedoria não se reduz ao plano intelectual, do puro conhecimento. Ela requer, ainda, uma harmonia entre conhecimento e vida, a transposição daquilo que se reconheceu como verdadeiro, no plano do intelecto, para a existência concreta e cotidiana. Ela exige coerência, unidade entre o pensar e o viver, um refletindo translucidamente o outro.

(Jornal do Commercio, de 9 de março de 2011)

O INÍCIO DA SABEDORIA

Alta, árdua, globalizadora, essencialmente sintética, exigindo coerência com a vida, dificílima como seja, a sabedoria, no entanto, tem um começo simples, até elementar e singelo: a capacidade de gostosamente rir de si mesmo, de não se levar demasiado a sério.

Essa capacidade está ligada, em última análise, à consciência da efemeridade das coisas, essencial para a justa compreensão do universo e, portanto, para a identificação daquilo que é verdadeiramente prioritário, compreensão e identificação sem as quais não haverá nunca genuína sabedoria. Quem tiver a perfeita noção de que as coisas passam, tudo passa — passa o poder, passa a riqueza, passa o prestígio, assim como passam a mocidade e a saúde — e o grande de hoje, o reverenciado, o cortejado, o incensado, bem pode ser o esquecido de amanhã, o largado ao ostracismo, aquele de quem ninguém mais se lembra, quem tiver a clara ideia da terrível transitoriedade de tudo está a um passo de começar a se divertir com o mundo e, antes do mais, divertir-se consigo mesmo, com a própria pose, as próprias ilusões, as próprias façanhas, que, sem aquela noção do efêmero, bem lhe poderiam aparecer como formidáveis e definitivas. Está também, por isso mesmo, a um passo de se concentrar naquilo que deve ser, de fato, primordial. O maior teólogo da Igreja teve um dia essa revelação inigualável — "tudo é palha", S. Tomás saiu dizendo — e a partir daí nada mais escreveu, privando-nos dos densos textos que ainda poderia legar. Se tudo é palha...

A todo instante, à nossa volta, topamos com personagens que insistente e implacavelmente atropelam os outros e tudo fazem, até vendem a alma, para conseguir uma pequena honraria, um feito, o nome numa placa, um destaque, uma distinção, um berloque. Tal é o espetáculo do mundo. O que temos de fazer é nos divertir com eles, e com nós mesmos: com nossas fantasias e nossas próprias tentações de grandeza.

A sabedoria começa pela capacidade de não fazer de si mesmo uma imponente ideia. De percebermos que, além de nós e acima de nós, há realidades muito mais poderosas, das quais dependemos, e que somos apenas perdida poeira de perdido ponto da imensidão do universo, fragílimo elo de uma corrente muito mais gigantesca que passa por nós e vai além, até onde ninguém sabe. Começa, portanto, pela capacidade de nos deixarmos encantar pela beleza das coisas, que também passam, e nos comover com os humildes gestos de ternura. Enfim, pela capacidade de nos fazermos de novo crianças pequeninas nas mãos de Deus.

(Jornal do Commercio, de 8 de maio de 2012)

O FASCÍNIO DA IGNORÂNCIA

A ignorância é uma só? Não, não é. Tese que parece meio absurda, se as negações, em princípio, são iguais: se não sei alguma coisa, não sei pura e simplesmente, e se outra pessoa também não sabe, então é igualmente que não sabemos. Em sentido contrário, porém, a filosofia moral fala de ignorâncias vencíveis e ignorâncias invencíveis, distinção de graves repercussões na avaliação da conduta humana — donde, parece que muda fundamentalmente a posição do sujeito diante da própria ignorância. E muda em mais de um sentido, em múltiplas direções.

Há uma ignorância extremamente pretensiosa. Arrogante. É a ignorância que não se reconhece; que, ao contrário, se julga supercompetente. É caso triste e ridículo: o do cidadão que não sabe que não sabe — o único verdadeiro ignorante. Supremo ignorante. Quem ainda não cruzou com impostores assim? O metido a sabichão que, de fato, não sabe do que está falando. Em qualquer momento, podemos deparar com o espetáculo de uma falação pretensiosíssima, que não faz, no entanto, a mínima ideia do seu nenhum domínio do tema sobre o qual tão levianamente disserta. Em todas as áreas: outro dia chamaram-me a atenção para a quantidade de leis recentes pessimamente feitas, dizendo algo quando queriam dizer o oposto, incompletas, contraditórias, repetitivas, um desastre; quase suspirava, esse interlocutor, com saudades do tempo dos militares — ao menos eles sabiam que não sabiam fazer leis e convocavam juristas para a função...

Outra, é a ignorância humilde, consciente de si mesma, sabedora de seus limites, reconhecedora de sua arrasadora debilidade. E, então, entusiasmada com o infinito universo do saber, curiosa, fascinada, ardente, sôfrega de informações. Muito na linha daquela perturbadora afirmação com que Sócrates liquidou a sofística: *"eu só sei que nada sei"*. Deslumbrante vastidão de nossa ignorância — desconcertante e empolgante! Como não sabemos de nada! Como, a cada descoberta, a cada avanço, cresce ao mesmo tempo o número das questões que são postas, dos mistérios que ficam em aberto! Cada conhecimento novo evidencia é extensões cada vez maiores de nossas perplexidades. Já se fez um levantamento disso, uma *"enciclopédia da ignorância"*, formidável inventário de todas, ou das principais, questões ainda em aberto, os segredos — da natureza, da matéria, do passado, do cosmos — em que o homem ainda não conseguiu penetrar.

Essa, porém, é a relação daquilo que a humanidade, como conjunto, não sabe. Do que a totalidade dos homens, representados sobretudo por aqueles que estão nas frentes mais avançadas de cada ciência, ainda ignora. É uma relação assustadora. Mas importa, em particular, é a consciência do que eu, individualmente, ignoro. Daquilo que a humanidade, como conjunto, já sabe, o que individualmente sei é ninharia ridícula. Se sete vidas tivesse, ainda assim o homem renovaria a confissão de sua absoluta ignorância. Donde, é essencialmente frustrado, analfabeto, assumidamente impotente para descobrir tudo quanto deseja, para conhecer tudo aquilo por que sente curiosidade. Nosso mais exato epitáfio seria essa declaração da própria ignorância, do próprio fracasso, da imensidão daquilo que não se chegou a saber, a infinita pequenez, a suprema debilidade.

Em qualquer lado para o qual se vire, um universo fascinante de conhecimentos espera o homem e o tenta. Como morrer sem mergulhar em cada um deles? Sem ter conhecido, digamos, a Birmânia (por que não?), sem ter visto o Himalaia, sem saber quantas espécies de borboleta há, nem como se fabrica cada coisa, ou como cada remédio cura, e assim por diante, riquíssimo rol dos conhecimentos que a humanidade já reuniu. Diletante, diletante, generalista, não há outro destino senão ser diletante. Com inveja dos especialistas, mas, ao mesmo tempo, com pena deles. O sujeito que sabe cada vez mais a respeito de cada vez menos não faz a menor ideia do deslumbramento que é saber sempre um pouquinho mais (e, portanto, cada vez menos) a respeito de cada vez mais. E empolgar-se por causa disso. E entusiasmar-se diante de cada ramo do saber, reverenciando seus expoentes. A eternidade há de incluir isso: essa sede de saber sendo aplacada. A maravilha da presença e do amor de Deus, face a face, não impedirá, dentro dela, a revelação de cada mistério da criação que saiu de Suas mãos e o homem completou, a satisfação de cada curiosidade, segundo a medida da inquietação de cada qual. Talvez a eternidade ainda seja insuficiente.

(Diário de Pernambuco, de 7 de julho de 1990)

Capítulo 8
O PRIMADO DA VIDA

VIVER PARA A VIDA

Por que não se haveria de adotar este lema sedutor, "viver para a vida"? A vida é qualquer coisa de tão magnífico, de tão extraordinário, é tão rica e fecunda, tão vida, que não há como não ver nela um valor em si mesmo. Ela é o ser, por oposição ao não ser. Tomemos um qualquer dos espetáculos da vida — a plantinha que, salva do nada, se anuncia de sob a terra; a piabinha ou a borboleta que, mesmo sem saber, se isolam do resto do universo e constituem um mundo à parte, até o homem a quem é dado o privilégio de se interrogar, em cima do abismo, sobre o mistério — e o deslumbramento só faz crescer: a vida é uma plenitude. Inclusive a do homem que conhece o drama da iniquidade e tudo quanto o acompanha, a nostalgia do bem e o nojo do mal, a inquietação e a angústia. As minúsculas generosidades, os eventuais gestos de compreensão do próximo, as carícias e os afetos, tanto os dos sentidos quanto os das almas, a contemplação das coisas, essa contemplação que é nossa singularidade, tudo isso dá à vida do homem, independentemente das lutas e das canseiras, dos aborrecimentos e prantos, um sentido de justificação e eternidade. A vida é uma extraordinária afirmação de superioridade sobre a matéria bruta, apenas criada. A vida é boa. É um bem.

Triste bem, no entanto, porque tão efêmero. Logo passa. Logo às gerações seguintes entregamos a chama da vida e nos recolhemos. A terrível queda dos mais queridos em torno não somente nos abala com a violência da dor, mas também sacode os fundamentos de nossa existência precária: somos advertidos de que, assim como eles, também nós seremos atingidos um dia, implacavelmente. Nosso dia chegará. No calendário que todos os anos percorremos, há uma data misteriosa que será nossa mais do que qualquer outra, tão nossa ou até mais do que a do nosso nascimento: a de nossa saída deste mundo.

Suponhamos que tudo tenha acabado então. Que essa realidade que fascina, o nosso "eu", tenha então definitivamente desaparecido da face da terra, o "eu" que conheceu aquela flor e se comoveu com aquele gesto, como Ivan Illich que sentira no nariz o cheiro que tinha a bola de couro e beijara a mão de sua mãe, e, por isto, embora achando lógica a morte de Sócrates, o homem em geral do silogismo, não podia conceber a sua própria. Suponhamos que Ivan morra e que, nele, tudo acabe, até a consciência que teve, tão veemente, de si mesmo, e nada dele reste a título nenhum. Será o caso de perguntar se ainda conserva algum sentido o lema "viver para a vida", o qual terá consistido, ao cabo, em viver para um logro, para o sumo logro. No fim da vida só haveria o fim de tudo. Foram-nos dadas as mais fundas esperanças, uma inteligência e um coração que floresceram, sonhámos com os mais altos sonhos, e, se nos inquietávamos na procura ansiosa pelo segredo das coisas, nos consolávamos com o poder mágico que nos fora dado, de nos identificarmos a nós próprios e dar nome aos seres, o poder do espírito que impera, pelo conhecimento e pela ação livre, sobre o mundo. Se, com a morte tudo estiver aniquilado, convenhamos: aquela vida, que tão jovial e exuberante parecera, é uma imbecilidade sem limites, a pior de todas, e nós, vítimas do mais trágico dos engodos, vítimas da traição e do mal por excelência. Passar um punhado de anos aqui na terra, participar da eternidade do conhecimento das essências eternas das coisas e do amor que mergulha na eternidade do bem — para, ao cabo, virar pura e simplesmente pó é a suprema cretinice. A vida então não é boa porque bons não são o embuste e a trapaça. Não valerá a pena viver para coisa alguma. "Viver para a vida" significa, neste caso, viver para o nada.

Mas se, com a morte, nem tudo se acabar e, quando for começar a lamentação e saudade dos amigos que ficaram (por apenas um pouco mais de tempo), aquele "eu" que se orgulhava do conhecimento de si mesmo aqui na terra, se estiver abrindo para o supremo conhecimento (de si mesmo e de tudo) e estiver descobrindo a maravilha, ou o horror, da identidade entre suas virtudes, ou seus pecados, e o núcleo básico de sua pessoa — então ficará claro que é preciso viver, sim, mas não para a vida (que passa) mas para a morte. Os antigos diziam que viver é aprender a morrer. O que deve presidir às nossas aventuras sobre a terra é a certeza de que vivemos para a morte. A essa luz, os passos que dermos deixarão de ser fins em si mesmos, para ser instrumentos do único fim que é a eternidade. E mais: por eles seremos julgados, eles nos julgam.

Quem quiser ganhar sua vida, quem quiser viver para esta vida daqui, perdê-la-á, diz o Senhor, e quem a quiser perder, conservá-la-á. E acrescentou a pergunta que nos faz tremer: *"de que servirá ao homem ganhar o mundo inteiro se vier a perder a sua alma?" "Deus criou o homem para que viva eternamente",* lembra o livro da Sabedoria, por onde se vê afinal que é preciso, claro, viver para a vida, mas não para esta, passageira, fugaz, efêmera, sofrida, desta terra de peregrinação e de luta, mas para a verdadeira, a Vida que a morte não acaba, mas inaugura.

(Jornal do Commercio, de 04 de abril de 1976)

A VIDA CONTINUA

A toda gente já deve ter ocorrido pensar, ao levar um amigo à derradeira morada, que, nada obstante, a vida continua. O espetáculo do universo continua, cada ser no seu esplendor, muito embora aquele outro já não esteja mais entre nós, para desfrutá-lo também. E é difícil imaginar como pode o amigo estar perdendo a festa sempre renovada de cada coisa. Tudo continua na natureza em júbilo, tudo segue esplêndido e deslumbrante, independentemente de nossa dor e de nossas sucessivas retiradas: tudo permanece, enquanto, um a um, vamos abandonando o palco. A vida continua. Seus figurantes é que passam, mais ou menos breves, mais ou menos apressados.

Na hora de um fracasso qualquer, pessoal ou nacional, é também a esta certeza que havemos de recorrer: à confortadora ideia de que a vida prossegue e outras tarefas, outros quefazeres, outros desafios nos aguardam e nos convocam. Não há derrota, nem física nem moral, que seja definitiva; não há fracasso que seja eterno; não há desastre que seja irrevogável. Mesmo do fundo do abismo sempre o homem pode conseguir soerguer-se.

Se isso é grande consolo, essa certeza de que a vida continua e sempre poderemos dar amanhã a volta por cima, será também, no entanto, dolorosa angústia. Porque o mais elementar realismo nos adverte de que as novas tarefas não nos aguardarão sempre, e um belo dia será a hora de cairmos por nossa vez, conduzidos ao buraco debaixo da terra, enquanto, cá fora, a vida continua com igual indiferença. Continuará para os que ficarem (embora por uma nesga de tempo a mais), enquanto para nós terá sido praticamente o fim do mundo: o fim de tudo, o fim do nosso universo particular. A vida continuará sem nós – o mesmo espetáculo das folhas e do vento, do azul e do verde, das muito palpáveis e muito concretas coisas criadas: as belas coisas visíveis do talento materialíssimo do Criador. E continuará sem sentir nossa falta, sem dar por nossa partida, sem que nada no mundo físico manifeste abalo por nossa lacuna. Abissal indiferença das pedras e das plantas...

Ora, essa fatalidade inexorável deve alterar de algum modo a perspectiva como veremos as coisas aqui embaixo, antes do desenlace inevitável. Tudo deve mudar de significação conforme acreditemos que a hora fatal seja mesmo o completo aniquilamento ou, ao invés, apenas uma passagem, como os cristãos professamos na liturgia das missas declarando que a vida não nos é tirada, mas somente transformada. Mesmo, porém, quem não queira avançar por essa indagação mais exigente, pode simplesmente se perguntar sobre o que terá deixado ao partir. Se a vida continua depois de nós e além de nós, como a legaremos então: melhor ou pior do que a encontramos? Quantos de nós poderemos dizer, ao exalar o último suspiro, que teremos deixado um mundo, ao menos um pouquinho de nada, melhor do que aquele que nos recebeu, noutro dia tão formoso quanto, e igualmente indiferente? Que contribuição andamos dando para a dolorida aventura da espécie sobre nosso tão extraordinário planeta?

Tudo derivará, talvez, da consciência arraigada de que a vida, que continua além de nós e que tanto sentimos palpitar dentro, às vezes até como exaltação de orgulho, é muito maior do que nós mesmos. Não a possuímos, não a controlamos, não somos senhores nem autores dela. A vida é que nos acolhe e nos possui. Até fisicamente, no ato mesmo de geração de uma nova existência, percebemos ser meros instrumentos, humildes intermediários, simples transmissores, efêmeros elos de uma cadeia muitíssimo remota. Vinda não sabemos de que obscuras origens, a vida passa por nós e vai além, muito além, até não sabemos também que outros obscuros destinos. Num dado momento precioso ela nos foi dada, fomos chamados ao imensamente generoso jardim da existência, e pudemos degustá-la durante certo lapso de tempo, até passá-la adiante, a outros felizardos bem aquinhoados, outros prediletos de Deus, aos quais deveremos, com máximo desvelo, preparar — para que cresçam na dignidade de homens livres e bons, e sejam, por sua vez, intermediários da mesma corrente misteriosa da vida que, perturbadora, vai passando além, a vida que continua e é mais poderosa que todos nós — essa continuação que nos serve de consolo e, ao mesmo tempo, faz nossa angústia.

(Diário de Pernambuco, de 30 de junho de 1986)

A VIDA PASSA POR NÓS

Se não fossem as mortes dos amigos e dos parentes, talvez nem chegássemos a pensar na nossa própria: na terrível gravidade do momento fatal que, a cada instante, fica desesperadamente mais próximo. Também, se não fosse a convenção dos anos marcando etapas na linha (ou no declive) de nossa existência, talvez nem chegássemos a nos advertir do tempo que passa: da voraz celeridade do tempo que traiçoeiramente corre por dentro de nós. Mais um ano. Ou, como dizia Millôr Fernandes, sempre lucidamente, menos um ano. E, de repente, as grandes mudanças, as datas ou solenidades ou ritos de passagem de um estado para outro — não só casamentos e mortes, mas também vestibulares e formaturas, despedidas e iniciações.

Longas convivências de uma hora para outra se desfazem: o bom companheirismo dos meninos que estudaram juntos durante vários anos e se veem na contingência de trilhar caminhos diferenciados, na encruzilhada das vocações universitárias. Ou, depois, outra boa convivência, a das turmas dos cursos superiores, também se desfazendo na hora mesma da solenidade da formatura, cada qual indo seguir seu rumo, ou seu destino, para continuar à procura de sua verdade interior por diversificados itinerários. Numa hora e noutra, decisões graves precisando ser tomadas, para as quais, muitas vezes, aqueles adolescentes, de súbito defrontados com universos completamente desconhecidos, podem não estar preparados: que curso seguir, que vestibular fazer, por quais caminhos profissionais enveredar? E a outra decisão, mais grave ainda, que nos pega completamente de surpresa: a de constituir família. É o filho ou filha de um amigo ou vizinho, cujas pequenas e graciosas trelas nos divertiam até bem pouco, e eis agora que se julgam habilitados para casar, para pronunciar a promessa solene de que serão fiéis, para sempre, ao lar que, felizes, querem inaugurar. A vida continua. É preciso que, inesperadamente, uma antiga empregada apareça para, confundindo com a mais velha a filha caçula, nos darmos conta do tempo, do imenso tempo decorrido. Estarão os rebentos aptos para as tantas decisões que a sociedade já começa a cobrar deles? Para escolher, por eles mesmos, os seus roteiros? Para suportar a separação dos companheiros de jornada, os muitos que preferiram rumos diferentes, o um ou outro que a sombra da morte já vai, sem critério algum, ceifando?

A vida continua. De mortes e nascimentos se tecem não só os dias mas a existência inteira. A vida passa por nós, a vida de que não somos nem autores nem senhores, a vida sobre a qual não temos, de fato, nenhum poder real. Somente podemos transmiti-la, legá-la a outros, terceiros inocentes chamar ao grande banquete dela. Nenhuma existência é necessária. De nenhuma, antes de começar a ser, o mundo sentia falta. Há um século, ninguém nem previa que existíssemos hoje, ninguém nem desconfiava nem precisava de nossa existência. Todo nosso orgulho presente, nossa vaidade, nossa empáfia, nossas pretensões de grandeza, desabam, esvaziadas, diante desse fato elementar: não éramos necessários; há 100, há 70 anos ninguém reclamava a nossa presença. Simplesmente poderíamos não ter existido e nem por isto o esplêndido espetáculo da vida deixaria de continuar. A vida passa por nós. A vida que recebemos de graça e que logo passamos a outros, para que também esses a transmitam por sua vez. Logo, logo não seremos mais atores do exuberante espetáculo. Outros personagens é que estarão na evidência da ribalta; muitos, agora mesmo, estão chegando e muitos outros já se retiram, enquanto nós continuamos na doce ilusão de nossa própria perenidade. Por um momento, um breve momento, nós estamos na vida, incluídos na ancianíssima corrente, escolhidos (entre milhões de outras possibilidades, simplesmente desprezadas, aniquiladas) para nos regalarmos com o fabuloso prêmio.

Ah, se a vida continua independentemente de nós, sem precisar de nós, e se por nós ela passa — consigamos, ao menos, não nos iludir demasiadamente com seus brilhos fugazes. Como a mocidade, que não dura para sempre (por mais que a cultuem superficialíssimos demagogos), ou a beleza, que também fenece, todos os grandes brilhos exteriores da vida, a começar pelas vaidades da riqueza, do poder, da fama, das poses, acabam na igualdade da escuridão das quatro paredes em que seremos largados um dia. Não importa quando o mundo, como tal, acabará; para esses, seguramente, naquela hora terá acabado. Que alma, então, cada um levará consigo? Que angústias? Ou que serenidade interior?

(Diário de Pernambuco de 1 de janeiro de 1991, publicado sob o título "A vida continua".)

O SOFRIMENTO

A vida pode ser uma sucessão de alegrias, de realizações, de vitórias. Mas será também uma sucessão de sofrimentos e agonias, umas maiores e outras menores, nuns mais e noutros menos. Por que alguns homens sofrem tanto? Por que sobre determinados membros da família humana, e não sobre outros, e não sobre todos, se abatem certas moléstias ou certas privações que lhes prejudicam terrivelmente a qualidade de vida? Não há regra nessas fatalidades: não são sempre os piores que sofrem, nem os melhores. Nem aqueles, com tais sofrimentos, são castigados; nem estes são purificados e exaltados como que para dar exemplo. A vida é desigual também nisso: no fato de recair aleatoriamente sobre uns tantos uma carga excessiva de sofrimentos, enquanto outros são olimpicamente poupados.

O sofrimento é um mal, evidentemente. Desde os primeiros albores da consciência até o último estertor, o homem é perturbado, impressionado, obcecado, com a presença do mal no mundo. Não só o mal moral, a escolha voluntária do mal, a opção pelo crime e pelo pecado. Mas, antes de tudo, o mal físico, a dor, o sofrimento, o mal que atinge inocentes (ao menos, inocentes do mal que os toca).

O mistério do mal seria ainda mais incompreensível se bens muito maiores não pudessem ser tirados dele. Nem sempre se tira, é fato. Mas, quando alguém, a quem foi dada carga muito pesada de sofrimentos, em vez de se revoltar contra o destino, aceita, resignado, a humilhação de sua carne e consegue tirar das dores que o acometem, um bem ainda maior, não somente fica pessoalmente pacificado. Sobretudo dá admiráveis lições diárias, edificantes exemplos, reanimadoras motivações, e será exaltado entre as melhores referências de fortaleza humana. (Se, ao invés, do próprio sofrimento não conseguir extrair as consolações e as grandezas que poderia tirar, contará, na eternidade, com uma compreensão que não terão aqueles que foram poupados de sofrimentos semelhantes).

Não sei se se pode imaginar algum consolo para esses sofredores, que dizem ser os preferidos de Deus, e que, tendo já padecido demais aqui, hão de chegar mais rápido à felicidade da outra vida. Sei é que são exemplares e são queridos exatamente pela imensidão de sua dor.

E ainda nos mostram como somos, todos os humanos, tão frágeis, tão vulneráveis, tão dependentes de um milhão de coincidências, para continuarmos (apenas por um pouco mais de tempo) nesta existência.

(Jornal do Commercio, de 11 de março de 2014)

A DOR

O imenso edifício intelectual que é a "Suma Teológica" apresenta, em cada "questão", a mesma dialética monótona e perfeita: primeiro, os argumentos em favor da tese errada; depois, uma citação de autoridade e a resposta pessoal do filósofo; por fim, a contestação àqueles argumentos falaciosos do início. Pois, na fundamental questão "se Deus existe?", São Tomás só apresentou duas dificuldades contra a existência de Deus, e a primeira delas é justamente o fato do mal, segundo a enganosa ideia de que *"se Deus existisse, o mal não existiria"*. De modo especial deve chocar o homem o mal inocente, o sofrimento sem culpa, a dor sem causa próxima, direta e proporcionada. O outro sofrimento, o sofrimento como obra da justiça, como consequência de uma culpa, até se poderia aceitar, o que era, em grande medida, a perspectiva do Antigo Testamento — refutada claramente, entretanto, no impressionante livro de Jó. Mas, dentre os horrores do mal, que é sempre um mistério, deve avultar aquele do sofrimento do inocente. Como? Por quê? Para quê?

Sua resposta, São Tomás a hauriu nas grandes inspirações de Santo Agostinho: *"Deus, sumamente bom, de nenhum modo permitiria existir algum mal se não fosse tão poderosamente bom para, mesmo do mal, tirar o bem"*. No mistério do mal e da dor, essa é sempre a diretriz a nunca perder de vista: aqui, ao contrário do que sucede habitualmente, conhecemos mais o plano geral do que os pormenores e as etapas, mais o sentido da marcha do que cada passo. É difícil entender o fruto do bem a ser tirado de cada dor inocente concreta com que nos deparamos, mas é indispensável não perder de vista essa ideia geral de que o mal não é permitido senão porque, apesar dele e contra ele mesmo, acaba ou pode acabar servindo a um bem muito maior. Assim o pecado na ordem moral: sem ele, ou sem a possibilidade de cometê-lo, não haveria liberdade nem mérito — e, portanto, não haveria também o verdadeiro bem moral, que é o bem livre, a boa obra livremente escolhida por uma vontade que poderia, no entanto, optar por outros rumos.

Mesmo o mal inocente, a dor sem culpa alguma, a dor física aparecida sem explicação — um jovem que, num desastre, perde as pernas; uma criança de repente tomada por uma doença fatal; o cego de nascença do Evangelho de João, tantas outras situações assim — servem misteriosamente ao bem. São, essencialmente, pequeninos os atingidos por semelhantes provações — como também seus familiares, feridos na dor do ente querido e feridos, ainda, na absoluta impotência para suprimi-la ou minorá-la. De certo modo, são os convidados da infelicidade: o acaso, a má sorte, a desordem da matéria os marcou com a tragédia e os destinou à tristeza. Nem sabemos como conseguem suportar. Se os visitamos, ao invés de os consolarmos, tantas vezes saímos confundidos: o que, afinal, lhes poderíamos dizer? Que gratuitamente foram escolhidos para o sofrimento? E que se devem conformar a essa sina?

Aí estará, exatamente, um princípio de luz: a esses pequeninos, é claro que Deus não tratará como às criaturas normais e perfeitas, no pleno gozo de suas faculdades. Olhá-los-á com absoluta benevolência; com mais do que ternura. Se se revoltarem, Ele compreenderá: mesmo se se revoltarem contra Ele. São pequeninos e estão despedaçados. É claro que tudo dependerá do essencial gesto interior, mas é possível imaginar a largueza da misericórdia com que Deus acolherá até os que se desesperarem com seus sofrimentos e chegarem ao limite de retirar-se, por conta própria, desta vida. Nessas culminâncias do sofrimento inocente, quase se dirá que tudo é perdoável. Justamente por isso, ah, que magnífico, que extraordinário bem não haverá se um desses sofredores, ao invés, se mostrar, apesar de tudo, contente com sua sorte e entoar salmos ao Criador! Ah, se alguma dessas criaturas marcadas, em vez de revolta, vier a ficar em paz com o mundo e consigo mesma, e se fizer feliz e encontrar forças para ser paciente e heroica e ainda louvar a vida e o autor da vida!

Qual o maior louvor a Deus? Aquele que sai de uma existência toda regada em alegrias, ou a que parte de um coração e um corpo massacrados? Talvez não imaginem, todos os que sofrem, a força e o bem que podem transmitir para a humanidade inteira.

(Diário de Pernambuco, de 11 de outubro de 1988)

VITÓRIA DA VIDA

Assim como em tudo na existência, também entre os direitos deve haver uma hierarquia, pela qual uns serão mais essenciais do que outros, e estes não serão reconhecidos e exercidos senão no contexto daqueles, e em consonância com eles. Por isso mesmo, na boa tradição dos chamados "direitos humanos", a Constituição destacou alguns como "fundamentais", mas mesmo entre eles estabeleceu uma escala e condicionamentos, o direito de propriedade, por exemplo, devendo ter sempre uma "função social", jamais sendo absoluto. E não há, esse direito de propriedade, de ser garantido senão enquanto se harmonizar com dois direitos ainda mais fundamentais, o direito à vida e direito à liberdade — aos quais serve, e dos quais é consequência necessária.

Há pouco, o Brasil se fez, nos fóruns internacionais, notável paladino dessa posição, obtendo vitória que deve ser exaltada. Foi a respeito das patentes dos remédios contra a Aids, clamando o Brasil, para o barateamento dos remédios, pelo direito de cada país fabricá-los localmente, ainda que em prejuízo das regras tradicionais sobre patentes. O direito de propriedade, argumentava o Brasil, não pode ter um valor absoluto, mas social, devendo, em primeiro lugar, servir à vida. E essa posição, na linha do pioneirismo de Rui Barbosa em Haia, o Brasil a sustentou sozinho a princípio, até conquistar a aprovação de grande parte da consciência mundial, a ponto de levar os Estados Unidos a recuarem de sua posição e aceitarem a proposta brasileira.

Deve ser aplaudida não somente a elevação da tese, mas também a coragem do Brasil de a sustentar quase solitariamente, contra grandes interesses financeiros multinacionais. Com essa vitória final, verifica-se que muitas vezes a consciência humana prevalece sobre contingências materiais, seja a força bruta, seja o poder do dinheiro. A epidemia da Aids se abateu sobre a humanidade inteira, e todos os esforços devem ser envidados para a pesquisa e para a cura. É uma tragédia moderna, como foi outrora a praga e ainda é, em larga medida, o câncer. O infectado é um docente, necessitado, como qualquer doente, de todos os cuidados, não só físicos mas também psicológicos. Qualquer doença abate e humilha: prostra o homem, reduz o doente a um estado de dependência, alquebrado pela evidência de sua extrema vulnerabilidade, de sua quase absoluta impotência diante da debilidade da matéria. A carne que sofre, num leito de hospital, é uma carne martirizada, carne consciente da própria fragilidade, temerosa do dia seguinte, advertida do fim próprio de toda carne, que é virar pó. Não é a carne cheia de energia e de vida, a carne das esperanças e das alegrias. É uma carne humilhada. Não importa a natureza, a causa, o histórico da doença: a única atitude que qualquer doença reclama é o tratamento, ou a tentativa de tratamento; é o máximo empenho para enfrentar a moléstia, minorar o sofrimento, curar o enfermo. O doente, qualquer um, qualquer que seja a forma da doença, é um irmão que apenas nos precede, por um pouco de tempo, na agonia.

Não seria razoável que, diante das proporções mundiais da tragédia da Aids, a luta contra a doença fosse inviabilizada pelos enormes interesses financeiros das patentes dos remédios, riquezas ainda mais fabulosas construindo-se sobre a morte e o sofrimento de multidões. Tornar os medicamentos mais acessíveis às milhões de vítimas é um imperativo do primado da vida. A vida das populações não pode ser sacrificada em benefício do direito de propriedade de alguns, muito menos da ganância de uns poucos laboratórios poderosos. Assim como é o Estado que deve estar a serviço do homem, não o contrário, a propriedade deve estar a serviço da vida, e não a vida submetida à exploração da propriedade. Na superação, neste assunto específico, dos direitos de patente, é a vitória da vida que festejamos. E a vitória de uma compreensão mais larga, pelas quais as grandes questões devem ser consideradas à luz de princípios elevados e generosos. À luz do melhor humanismo.

(Jornal do Commercio, de 8 de julho de 2001)

AMOR À VIDA

Lá um dia o ator famoso, que andara afastado dos refletores do mundo, contou que tivera uma doença grave e estivera se tratando. Sentira-se perto da morte e proclamava então o seu imenso amor pela vida. É o que todos sentimos, mais conscientemente uns, mais inconscientemente a maior parte. Sentimos profundo apego a esta vida, alegra-nos o fato de estarmos vivos, de sentir a vida pulsar dentro de nós.

Mas, não é estranho? Como sentir tanto apego a alguma coisa que, como o carnaval, logo passará? Como vibrarmos tanto com o fato de estarmos vivos quando sabemos que, dentro em pouco, já não estaremos? Como ter amor à vida se ninguém terá a própria vida para sempre? Se ninguém viverá eternamente?

Quem se detiver um pouco nessa estranheza o que passará a sentir é angústia, amargura e infinita frustração. Para que tanto entusiasmo, tanta vibração, tantos afazeres, tantos projetos, tantos empreendimentos, tantos aperreios e tantas vitórias, se, dentro em pouco, tudo isso se extinguirá, com o final da própria vida? O mundo, o cosmos, pode não acabar, ou demorar muito para acabar, mas, para cada um, o mundo acaba com a morte pessoal. O que ficou dos nossos antepassados de 200 anos atrás? Quem sabe alguma coisa deles? Como ter entusiasmo e amor pela vida, se ela é tão breve e logo, muito logo, passa? É luz que acendeu um dia e logo apagou. Ao invés de júbilo pelo fato de estar vivos, o que deveríamos sentir era o desespero de saber que, daqui a pouco, já não mais estaremos e tudo estará acabado — se não para o universo inteiro, e se não para os outros, que ficarem (apenas por um pouco mais de tempo), mas, sim, para nós mesmos, que teremos desaparecido.

Amor à vida? E tantos proclamam isso com o maior orgulho, muitos sobretudo depois de uma doença grave da qual escaparam: estou vivo! Mas, para que? por quê? Ajamos como quisermos — sem nenhum escrúpulo, falsificando, subtraindo dinheiro público, locupletando-se dos cargos e das posições, explorando os outros, mentindo, traindo, ou, ao invés, com decência e algum respeito pelos outros (por quê? em nome de quê?) — ajamos de qualquer forma que seja, mas sempre sem gosto: sem nenhum entusiasmo pela vida. Como autômatos, como condenados que estão cumprindo uma pena, como marionetes que desempenham tais ou quais papéis sem saber por que nem para que. Pois como ter amor, tão profundo amor, a alguma coisa que perecerá tão brevemente, que desaparecerá e nada restará dela? O pior é que nem há alternativa, não há outra coisa a que dedicar amor, porque qualquer outra coisa pressupõe a vida. O fatalismo dos gregos ainda é pequeno para tamanha desolação. Amar a vida, que passa, é amor vão, desprovido de sentido, de utilidade, de proveito, de significação.

(A não ser que, de alguma maneira obscura, difícil de entender, a vida continue).

(Diário de Pernambuco, de 23 de fevereiro de 2017)

Capítulo 9
O HOMEM E A HISTÓRIA

OS MÓBILES DA HISTÓRIA

À semelhança de todas as outras ocasiões em que interveio no curso dos acontecimentos com a força de sua imensa autoridade moral, a recente pregação do Papa em Cuba mostra que inspirações superiores também fazer mover a História. É dúvida que muitas vezes perturba o espírito moderno: a pretensão de que o homem não age senão movido pela busca de vantagens materiais, rasteiras, pragmáticas, num utilitarismo mesquinho que deprime a espécie — vantagens que sempre estariam presentes, ainda quando não fossem perceptíveis à primeira vista. Será assim mesmo?

É claro que muitas vezes, muitíssimas vezes, o homem age mesmo em função desses interesses materiais. Nem tudo, porém, no homem, ou na História, pode admitir esse reducionismo demasiado simplista. O unilateralismo da interpretação econômica vicia essa teoria, que teve o formidável mérito de chamar a atenção para os opressivos condicionamentos das estruturas financeiras sobre o agir humano. Se a interpretação econômica explica muita coisa, não consegue, no entanto, explicar tudo. O que move a História é, sim, o dinheiro, a cobiça, o interesse, o sexo, a ambição — mas não é somente isso. É também o idealismo, a generosidade, o sonho, a utopia, o direito, a visão, a pura visão da verdade e do bem.

Pois a verdade possui uma luz própria, um brilho, um esplendor (uma das mais notáveis encíclicas do presente pontificado teve exatamente este título: "Veritatis splendor"), a que a inteligência do homem não pode ficar insensível. Às vezes pode ser difícil perceber essa luminosidade; às vezes pode demorar; mas, quando os olhos do homem são tocados por ela, eles se rendem, sentem-se irresistivelmente atraídos, fascinados, deixam-se tomar, dominar, empolgar por ela: aderem a ela, pela força dela mesma, por seu esplendor. E, nesses casos, paradoxalmente, o homem chega até a falar ou a decidir e agir, muitas vezes, contra seus próprios interesses, contra suas vantagens. Por mais inaceitável e inexplicável que isso pareça a todos os materialistas práticos, comunistas ou capitalistas que sejam, é fenômeno que acontece, sim, talvez menos vezes do que os nossos otimismos gostariam, mas acontece — e acontece tão concretamente que, desconfiados, pomo-nos a conjeturar se não haveria mesmo algum interesse secreto, por trás, para explicar semelhante contradição.

Conta-se que, certa vez, diante da intervenção de outro sucessor de Pedro, Stalin teria desprezado as palavras pontifícias indagando *"com quantas divisões conta o Papa?"*. Quando ele morreu, Pio XII teria revidado: *"agora nosso irmão José está vendo com quantas divisões conta o Papa"*... Mas nem era preciso a morte e o comparecimento diante do infalível tribunal. As estranhas divisões com que o Papa conta sempre são aquele esplendor da verdade e aquele esplendor do bem, a força própria daquilo que está certo, a evidência de tudo que é verdadeiro e bom, evidência que se impõe por si mesma. O homem não se move somente pelo que tem de mais baixo; move-se, noutras horas, pelo anjo que também é. Move-se pela matéria; mas se move também pelo espírito. Pelo interesse, mas também pela generosidade. É nessa complicada contradição que estamos permanentemente mergulhados.

(Jornal do Commercio, de 18 de fevereiro de 1998)

OS MOTIVOS DO HOMEM

Por que o homem, individual ou coletivamente, age? Por que os países, as sociedades, os grupos humanos quaisquer, tomam essas, e não outras, atitudes? Em função de quais motivações profundas a história se movimenta? Faz parte da mentalidade que se pretende **realista** somente reconhecer as motivações subalternas, em tudo identificar interesses escondidos, vantagens inconfessadas. Esse realismo que se pretende inteligente (como se sem um certo cinismo não se pudesse ser inteligente) não concebe outros motivos que não sejam os econômicos, os materiais, os utilitários, o proveito imediato ou mediato que pode advir do gesto.

Corremos sempre, neste assunto, o risco de cair em dois extremos: o do angelismo (em tudo enxergar somente razões puras e idealistas) ou o desse pretenso realismo que nega "a priori" a possibilidade da existência de razões desinteressadas. O eterno dilema do anjo e da besta. A grande verdade do homem, no entanto, é que ele não é inteiramente nem uma coisa nem a outra, mas as duas ao mesmo tempo, espírito e matéria, alma e carne, anjo e demônio. Erro tremendo seria vê-lo somente numa das faces, desconhecendo e desprezando a outra. Não será somente anjo, e errará completamente quem ignorar seu lado rasteiro. Mas não será também somente besta, e errará do mesmo modo quem quiser ignorar seu lado nobre.

O materialismo prestou imenso serviço ao conhecimento do homem na medida em que chamou a atenção para as forças econômicas, as necessidades da infraestrutura, que agem nos subterrâneos da história. Neste seu mérito está, ao mesmo tempo, sua debilidade: inebriado com essa descoberta, quis tudo reduzir às explicações materiais, fazendo de todo o resto apenas instrumento, joguete, reflexo, produto do choque das forças econômicas. Curioso foi esse materialismo se haver associado à pregação de um socialismo radical, propriamente comunista — completa contradição, em certo sentido, com o princípio materialista. Pois o materialismo como explicação do mundo é incompatível com o materialismo como política, ação sobre o mundo, ação paradoxalmente muito idealista: eminente preocupação social, afã de suprimir as iníquas desigualdades sociais, defesa dos pobres e dos oprimidos — tudo, esforço que somente se concebe numa atmosfera de generosidade e solidarismo.

Se, sem a identificação dos interesses e das vantagens econômicas, muita coisa não se explica nas ações do homem, também muita coisa fica ininteligível se nelas não se admitir uma cota qualquer de puro desinteresse, de utopia, de sonho, de impulso generoso (como o próprio socialismo demonstra). De loucura, se quiserem. Ou daquilo que se chamou, com absoluta propriedade, em homenagem ao personagem imortal, de "quixotismo", pois, o grande analista da alma humana, que foi Cervantes, soube criar esse cavaleiro que acima de tudo é um símbolo: talvez apenas de vez em quando, inesperadamente e até de modo algo desconfiado e encabulado, mas não deixa de aparecer, aqui e ali, algo do Quixote nas ações do homem. E em vão os estritos materialistas procurarão um interesse oculto, uma vantagem disfarçada e suspeita. O pior é que, não encontrando, inventam: e quando não inventam, juram de pés juntos que tem de haver, que não pode não existir...

Não digo que não haja motivação inferior para a presente ação bélica de libertação do Kuwait. É possível que tudo esteja acontecendo em decorrência da pressão da indústria armamentista, que não andaria satisfeita com a recente desmontagem da "guerra fria". É possível. Como é possível também que, atrás de tudo, haja apenas o interesse de controlar o petróleo daquela rica região. Sim, é possível. Mas por que não dar também ao idealismo, ao simples repúdio de uma violência que achou de se apoderar de um vizinho independente e inofensivo, pelo menos o benefício da dúvida? Pode ser, também. Afinal, por que os aliados ou, especificamente, o governo dos Estados Unidos se submeteria à crise da impopularidade que pode decorrer da guerra? Atender às pressões da indústria armamentista valerá o desgaste político que se acentuará com a chegada dos cadáveres, dando-se conta a sociedade do preço que estará pagando, os filhos que estará perdendo? Nem o controle do petróleo justifica tudo: o Iraque era amigo e aliado e bem poderia continuar a ser, bastando que os ocidentais fechassem os olhos ao crime cometido contra o Kuwait. Não é sempre tão cômodo fazer que não vê as opressões que se abatem sobre os pequeninos e acumpliciar-se com os poderosos? As razões estritamente econômicas e materiais talvez sejam incapazes de explicar a guerra atual...

(Diário de Pernambuco, de 30 de janeiro de 1991)

O RUMO DA HISTÓRIA

Tudo decorre, em última análise, de o homem ser animal racional. De, nele, se realizar esse prodígio, à primeira vista incompreensível: harmonizarem-se, num mesmo indivíduo, as realidades contraditórias da animalidade e da razão. Pois, se é racional o homem, sua razão tem a capacidade de compreender a identidade e o significado de cada existência. E essa espantosa capacidade, de simplesmente ver as coisas, apreender-lhes o sentido profundo, reconhecer-lhes o papel e a finalidade, curvar-se, portanto, à pura verdade, ao que é, atinge tudo quanto o homem faz, tudo em que se mete, inclusive o poder e o direito. Somente autores que não se apercebem da inédita realidade do homem podem pretender que o Estado ou o Direito se reduzam aos mecanismos do poder, a só um jogo de forças. Tudo isso existe e é, sem dúvida, condicionante. Mas também existe, e também explica a ação do homem, explica inclusive o Direito e o Estado, aquela inquieta razão, com sua força secreta, misteriosa mas não menos eficaz, capaz de impor opções que, a rigor, na pura lógica do poder, soariam incompreensíveis.

Sim, a curiosa e indomável razão também movimenta a história, também leva os homens a agir de um modo e não de outro. Entre tantos fatores que nos movem (cobiça, paixão, desejo de mando, ambição, prazer), também aos humanos move a razão — faculdade que, na prática, alguns parecem negar à nossa espécie. Levados pela energia da razão, que espontaneamente atua neles, os homens simplesmente curvam-se à verdade de certas ideias, embora elas se insurjam contra vários de seus interesses. Ao cabo, até se verá que a razão prepondera: portanto ela é a força que prepondera. Haverá altos e baixos na caminhada, recuos e recaídas, mesmo decepcionantes retrocessos, mas a história marcha (ensinava Maritain) é no rumo da razão e da consciência.

Por isto, em vão se falará, com a derrota do comunismo, de um "fim da história", uma vitória definitiva do neoliberalismo e da globalização, o triunfo da pura economia de mercado. Ao contrário, a história, percebera Tocqueville, veio sendo, desde o começo, ao longo de complicado e acidentado percurso, firme marcha ascensional no sentido da democracia, tomada numa acepção ampliada, ou seja, menos como sistema de escolha dos dirigentes do que como filosofia geral da vida humana e da convivência política, regime, como ensinava o grande Gustavo

Corção, da "máxima participação e máxima valorização do homem", regime portanto da primazia e da dignidade de cada homem. Faz parte essencial da grande revolução democrática, que está por trás da história inteira, a supressão das iniquidades temporais, de toda forma de opressão dos poderosos sobre os pequenos, de exclusão de qualquer membro da raça humana dos benefícios da civilização e do progresso. O fracasso do comunismo não abala a humaníssima sede e fome de justiça sobre a terra. Nada extinguirá, no coração do homem, a aspiração da justiça, que não é senão outra expressão da razão, eminente exigência da razão. E é nesse sentido, somente nesse sentido, que caminha a história — para quem quiser contemplar o espetáculo menos dos dias do que dos séculos, e alçar a vista para angústias menos imediatistas.

    O alvorecer do século XXI requer o aparecimento, em todos os quadrantes da terra, de profetas corajosos que não cessem de clamar contra cada injustiça, as pontuais e sobretudo as sistêmicas, as que decorrem de estruturas desumanas e anti-humanas, escritas ou não escritas. Profetas que não se atemorizem diante das potestades do mundo nem se perturbem com as aparências de vitória de uma concepção neoliberal que quer tudo retornar ao livre mercado, concepção de fato retrógrada e de êxitos necessariamente efêmeros — porque, afinal, a razão prevalecerá, como sempre prevaleceu. E essa não é tarefa para amanhã, ou depois de amanhã, muito menos para a outra vida. É tarefa para hoje, para aqui e agora.

(Jornal do Commercio, de 30 de junho de 2002)

EQUÍVOCOS NA HISTÓRIA

Uma coisa são os dramas atuais, com os quais nos defrontamos hoje e diante dos quais tomamos essas ou aquelas posições; e outra, às vezes muito diferente, são esses mesmos dramas considerados um século adiante, à luz da história, depois que algumas gerações labutaram e construíram seus destinos a partir daquele contexto. As perspectivas mudam, e muda também a avaliação daqueles dramas. Exemplo claríssimo foi, para a Igreja, a perda dos Estados pontifícios, na unificação italiana de 1870. Na hora, pareceu um desastre, tragédia, terrível derrota. Foi preciso algum tempo para se perceber como aquilo representou, na verdade, uma formidável libertação para a Igreja — livre, doravante, dos encargos da administração temporal, livre para poder se dedicar exclusivamente à sua obra própria, a da conversão das almas, a da pregação religiosa (que abarca, é claro, todos os segmentos da vida humana).

Assim também aconteceu com a Revolução Francesa. Pode-se compreender a resistência que a Igreja levantou contra ela, em reação ao seu anticlericalismo militante e ostensivo, mas havia ali um brutal equívoco. E foi preciso bem um século para que a Igreja, a partir de leigos iluminados como Ozanam, no século XIX, ou Maritain, no XX, se reconciliasse com a democracia da Revolução, e esquecesse definitivamente a monarquia e o "ancien regime". Pois o que poderia haver de mais cristão do que a grande legenda revolucionária do "liberté, egalité, fraternité"? Talvez essas três bandeiras resumam a essência da doutrina cristã sobre a ordem temporal.

Na liberdade consiste, antes de mais nada, a grandeza e a dignidade da pessoa humana, sua primazia diante do Estado. A liberdade ontológica do homem o faz responsável essencialmente só diante de Deus e da própria consciência. Acima, portanto, dos poderes temporais, acima do Estado, que, ao invés de fundar e de dar (ou não dar) a liberdade ao homem, deve, sim, é respeitá-la e garanti-la. O homem é um ser chamado a um destino transcendente, a um além, e, por isto, é superior ao Estado, que deve estar a seu serviço, e não o homem a serviço dele. Quem deu à humanidade essa consciência foi fundamentalmente o cristianismo.

Na igualdade, enfatiza-se que essa dignidade do homem é a mesma para todos os homens. É uma igualdade substancial, decorrente da natureza do homem que, como tal, é igual para todos. Contra, portanto, as divisões de raças, de castas, de classes. "*Não há mais judeus nem gentios, senhores nem escravos*". Todos somos filhos do mesmíssimo Deus, todos remidos pelo mesmo Sangue. Quem subverteu, na história, as categorias que dividiam os homens e a uns davam privilégios, enquanto, a outros, marginalizavam, e, por isto, aos poucos, por exemplo, acabou com a escravidão e proclamou a dignidade da condição feminina (igual à masculina), foi o cristianismo.

Na fraternidade vai-se ainda mais além: além da dignidade e além da igual grandeza de todos os homens, agora se enfatiza a necessidade de uma amizade entre eles, uma aproximação, uma afeição. Não apenas iguais-mas-separados, não indiferentes uns quanto aos outros. O cristianismo pede outra coisa: pede que sejam fraternos, que se preocupem uns com os outros, que cuidem uns dos outros, que cada um veja no outro na verdade o seu "próximo". E aí estará a origem de certos cuidados, tais a educação, a hospitalidade, a saúde, a previdência, a assistência aos pobres, aos idosos, aos desamparados — todos, cuidados que nasceram com o cristianismo e à sombra das casas religiosas, e aos poucos vieram sendo assumidos pelo Estado, com a tomada de consciência de que tudo isso é uma obrigação comum.

Não pode, portanto, deixar de ter sido trágico equívoco o confronto que opôs, no início, a Igreja e a Revolução. Nada como a passagem do tempo. Aos poucos foi-se vendo como, no fundo, conforme Maritain escreveu num pequeno belíssimo livro, "a democracia é de inspiração evangélica".

(Jornal do Commercio, de 9 de junho de 2009)

A FORÇA DO PASSADO

Diz-se que, apesar de todo-poderoso, Deus, a rigor, não pode tudo: não pode mudar o passado, não pode fazer com que não tenha acontecido o que de fato aconteceu. E se nem Deus pode reescrever o passado, muito menos, obviamente, podem os pobres de nós, os humanos. O passado passou, mas assim como não volta mais, tal qual, também não mais pode ser modificado. Aconteceu, é fato absoluto, e nada nem ninguém conseguirá desfazê-lo, refazê-lo, revê-lo, transmudá-lo. Podemos nos perguntar eternamente o que teria acontecido se determinado fato histórico tivesse ocorrido de outra maneira. Se Hitler tivesse vencido a guerra; se Lincoln não fosse assassinado; se o nariz de Cleópatra fosse diferente... Mas é apenas literatura, embora saborosa, a literatura do "se".

Uma coisa é esquecer e perdoar. Ou até investigar e punir. E, outra, reescrever o passado, refazê-lo, revivê-lo de outro modo. O que é mister, diante do passado, é procurar compreendê-lo e aprender suas lições. Compreender as razões, as circunstâncias, os dramas que conduziram os homens e as sociedades a tais ou quais desfechos. E aprender com os acertos e os erros deles. Para copiar aqueles e não reproduzir estes. E inclusive, denunciar certas soluções construídas no passado e não as repetir. O que aconteceu, porém, não é mais modificável. De nada adianta chorar o leite derramado, espernear, tentar reescrever o que aconteceu, sonhar que não tenha acontecido. Bem ou mal, o fato é que João Goulart não terminou o mandato; e, em seguida, Castelo Branco e uma sequência de outros generais, foram presidentes. E também mandatos foram cassados e autoridades foram depostas. São apenas fatos, fatos consumados, fatos que nada nem ninguém conseguirá alterar na história do Brasil.

Como a espantosa disputa pelo governo do Estado em 1947. Instalada uma tremenda pendência judicial, deu-se, de início, razão ao PSD e seu candidato, Barbosa Lima Sobrinho, governou o Estado durante quase 4 anos. No final do mandato, a Justiça reviu aquela decisão inicial, e deu a vitória ao adversário, que, literalmente, ganhou mas não levou[8]: Neto Campelo não governou um dia sequer. O mandato se acabara. Um novo governador estava eleito para o período seguinte. Os partidários de Neto Campelo, cuja razão acabou reconhecida, podem reclamar do que quiserem: o puro fato é que quem governou Pernambuco foi Barbosa Lima.

(Jornal do Commercio, de 25 de junho de 2013)

---

[8] Retifico aqui essa informação. Publicado o artigo, escreve-me ilustre amigo, o ex-deputado Antonio Correia, político e intelectual muto culto e sempre interessado nas coisas de Pernambuco, para me esclarecer (baseado num livro bem documentado de Walter Costa Porto), que a decisão final da justiça eleitoral fora mesmo em favor de Barbosa Lima Sobrinho.

IDADE E MEMÓRIA

Faz parte do ímpeto de cada geração que comparece à existência e se deslumbra com o espetáculo da vida, a ânsia, a sofreguidão de reformar tudo, como se o mundo fosse começar com ela e o universo inteiro estivesse esperando por suas ardentes luzes. Mais do que ignoram: desprezam o passado, pouco lhes importando o que teria havido antes dos seus arroubos. Não fazem ideia do esforço que foi, para a humanidade anterior, colocar a sociedade nos patamares que eles encontraram e já estão inquietos por reformar. Por isso mesmo, em muitos passos não vão poder se beneficiar dos êxitos e dos fracassos pretéritos, das excelentes lições que de uns e de outros, dos fracassos e dos êxitos, se podem tirar, e acabarão, muitas vezes, por repetir os mesmos equívocos e cair nos mesmos tropeços. Só um ou outro, por exceção, se advertirá do valor do que já aconteceu, da importância de ter notícia das labutas precedentes — e é muito provável que seja desse um ou desse outro que advirão os melhores frutos pelos quais cada geração nova também acrescenta alguma coisa de positivo à história do homem. A maior parte dos recém-chegados ao espetáculo da vida, porém, gastará o tempo naqueles arroubos de refundação do mundo e quando se der conta de que muito mais eficazmente teria obrado se se tivesse disposto a conhecer as experiências antigas e se aproveitar delas, sua hora terá passado: *"o tempo passou na janela e só Carolina não viu"*.

Tudo isso integra as desventuras do homem sobre a terra, sua insatisfação radical, sua incompletude, a evidência — para qualquer lado que se considere — de que sempre está faltando alguma coisa. Faltará, para a mocidade, a experiência, como faltará, para a velhice, o vigor. Não é um provérbio francês: ah, se a juventude soubesse e se a velhice pudesse...? Se tudo falta para o pobre, quem sabe o que não falta para o rico? Pode ser que lhe falte a nostalgia da vida simples, a alegria do amor e das amizades desinteressadas, até, em vários casos, a paz de consciência. Permanentemente insatisfeito, o homem está sempre à procura de um repouso que não chega, de uma completação todo dia adiada, sempre tateando, à procura de algo que pode até não conseguir definir, sempre esperando, *"esperando a sorte, esperando a morte"*, *"esperando um filho para esperar também"*.

Tão melhor iria o homem, iriam as sociedades, iriam as instituições, se as gerações mais novas, antes de abraçar os seus ímpetos de reconstrução do universo inteiro, se dispusessem a avaliar, ou simplesmente até a apenas conhecer, o que foi feito antes... Penso que há um empobrecimento geral, um rebaixamento significativo no nível cultural quando as instituições, por intermédio dos novos gerentes, não mais reverenciam o esforço precedente, não se voltam para o passado, não cultuam a própria memória, não mais recordam, muito menos exaltam os principais vultos antecedentes, até mesmo os de sua história recentíssima, não de séculos atrás, mas de ontem e anteontem. Quando são incapazes, por exemplo, de registrar o falecimento daqueles que foram seus principais líderes poucos anos antes — comparecendo aos funerais e às celebrações respectivas, publicando notas fúnebres, organizando sessões solenes de homenagens póstumas. Não, não há, nisso, somente o problema crônico da carência de verbas; há — o que é muito pior — uma desatenção para com a própria memória, um desprezo pela história, um relegar das raízes. E esta é tragédia cultural gravíssima porque é claro que quem não tem origens não tem futuro e quem não sabe de onde veio dificilmente saberá para onde ir. E o presente, a rigor, nem existe: é uma linha em permanente mobilidade, a cada instante transformando em passado rígido aquilo que era, até aquele instante, puro sonho, mero projeto, só devaneio e ilusão e expectativa. O mau exemplo há de ficar: aqueles que, hoje, não homenageiam os predecessores não devem esperar vir a ser homenageados depois. Por que seriam lembrados se não se interessaram em lembrar?

(Jornal do Commercio, de 15 de fevereiro de 2004)

FIDELIDADE AO TEMPO

Entre as bobagens que, de vez em quando, temos de ouvir por aí, está a que clama pela necessidade de sermos fiéis ao nosso tempo, para não nos atrasarmos, não perdermos o trem da história... A oportunidade da mudança do ano no calendário pode servir para meditarmos um pouco a respeito. Começo por confessar que não sei o que é isso, o tempo, o "nosso tempo", ao qual seria preciso ser fiel. Nem sei, sob certo aspecto, como se poderia ser fiel àquele pedaço da história no qual fomos chamados para viver. Ressalvados certos casos extremos e raros, já beirando a patologia, de indivíduos que quase se imaginam cidadãos de outros séculos — é claro que os problemas de cada qual são os da hora presente. Assim como vestimos as roupas da moda, e não armaduras medievais nem túnicas renascentistas, assim também nos inquietamos é com os dramas de hoje, não com os de horas outras, passadas ou futuras.

Abstraído esse sentido, em que parece automática e inevitável a docilidade ao tempo — a tal "fidelidade" pretendida esbarra numa dificuldade que não sei como contornar, porque supõe que o tempo presente seja algo simples e homogêneo quando, ao invés, nada tem ele dessa ilusão monolítica: é confuso, é complicado, é poliédrico, inchado de contradições. Como lhe ser, então, fiel? E fiel a quê? A pretendida "fidelidade ao tempo" supõe, assim, uma identificação prévia daquelas que seriam as dominantes dentro das mais que contraditórias linhas que se percebem no presente dinâmico, aquele sentido para o qual supostamente caminha a história. Só aí, num segundo momento, poder-se-ia ser fiel a esse sentido, pretender entrar na presumida corrente histórica, ajudar a antecipar o futuro.

A esta altura, a tese fica divertida. Imagino a mesma arenga inflamada noutro quadro histórico — nos anos 30, por exemplo. O que significaria clamar por "fidelidade ao tempo" naqueles idos? Significaria, nada mais, nada menos, que pregar a adesão ao nazifascismo triunfante... Até 1940/1941, naqueles anos sombrios, quando o comunismo havia se aliado a Hitler para invadir e dividir a Polônia, quando toda a Europa havia sucumbido sob o nazismo ou lhe era favorável, à exceção da Inglaterra isolada, e o resto do mundo parecia alheio à hecatombe do velho continente — quem poderia imaginar que o futuro da humanidade não seria escrito sob a suástica? Abertamente então, como aqui no Brasil, no tal "Estado Novo" simpaticíssimo à hegemonia germânica, pregava-se a necessidade dos regimes fortes e a congênita fraqueza das democracias. Torno a ouvir aqueles pregadores excitadinhos: é preciso sermos fiéis ao tempo! Pois sim, nos anos 30 isso significava: é preciso aderir a Hitler e Mussolini, que triunfam em todas as frentes e aos quais o futuro parece pertencer... Eis em que dá o iluminado progressismo...

Acresce que essa falácia da "fidelidade ao tempo" dá a seus espertos corifeus, entre outras vantagens, a comodidade de se arrogarem o direito de descumprir a lei que vigora hoje, em nome daquilo que, asseguram eles, a história institucionalizará amanhã... Pode ser terrivelmente ridículo, mas é desgraçadamente verdadeiro — e exemplos disso existem por aí, aos montes.

Na verdade, o tempo não é um valor em si mesmo e não há, portanto, por que lhe ser fiel. Fidelidade, sim, requerem os grandes valores do homem — o bem, a justiça, a liberdade, não o tempo, que, como tal, é neutro e ambivalente, capaz de, indiferentemente, inclinar-se num sentido ou noutro. O tempo, a rigor, é uma realidade vazia, que terá o conteúdo que lhe resolvermos dar. O tempo é obra nossa. Como ensinou Santo Agostinho. Quando a civilização romana, que era toda a civilização, parecia ruir diante da invasão dos vândalos no norte da África no século V, o grande doutor não esmoreceu: *"os tempos são maus? Vivamos bem e os tempos serão bons. Nós somos os tempos; quais formos nós, tais serão os tempos"*. Nem estamos, pois, sob o jugo dos tempos, bons ou maus que nos pareçam, nem são os tempos o verdadeiro critério sob o qual devemos orientar nossa conduta. É o contrário! Desistamos dessas bobagens de "não nos atrasarmos", "não perdermos a corrente da história", e tratemos, isto sim, de nos não desviarmos da luta pelos verdadeiros valores, andem eles a ser favorecidos ou prejudicados pelo ambiente circundante: é em função deles que é preciso modelar o tempo. Uma voz ainda maior que a de Agostinho já nos havia advertido, com absoluta clareza, numa carta aos Romanos: *"não vos conformeis com este século!"*

(Diário de Pernambuco, de 3 de janeiro de 1984)

O NOSSO TEMPO

Será sempre dificílimo discernir as características essenciais do nosso tempo, do tempo que passa diante de nós, exatamente enquanto passa. Muito provavelmente, precária e equivocada ideia temos da maneira como a posteridade nos verá. Uma robusta distância sempre será indispensável para bem serem avaliadas as coisas e o encadeamento delas, ou seja, como algumas brotaram de outras e repercutiram em bem delineados desdobramentos.

Não é, porém, em tal terreno, espinhoso mas encantador, que venho me aventurar. Apenas saliento que, qualquer que seja, como quer que se caracterize, este é o nosso tempo, o tempo que nos foi dado. Não temos outro. Não teremos outro. Não tivemos opção. Não fomos consultados sobre a época em que preferiríamos nascer. Nem quanto à data, nem quanto ao meio ou ao lugar. Portanto, este, e somente este, e não nenhum outro, é o tempo que nos pertence, a oportunidade que temos, a história que podemos moldar. É a nossa aventura. O tempo que nos foi dado para pelejar. Não adianta sonhar com outras eras, seja com o passado, seja com o futuro; com tempos já decorridos, ou ainda por vir; com façanhas concluídas, epopeias consumadas, dramas e lutas já exauridos. Podem ter sido eletrizantes, decisivos, arrebatadores. Mas não são nossos; são tempos de outras gerações, não mais afortunadas do que a atual. Porque cada época tem sua própria dificuldade, suas próprias dúvidas, suas peculiares luzes. E a fortuna de cada qual está em enfrentar e encaminhar os desafios que são os seus, não em devanear em torno dos heroísmos alheios, divagar a propósito das conquistas e das vitórias dos que a antecederam ou dos que haverão de vir.

Condenado a ser um fracassado, um visceral desajustado, perpetuamente insatisfeito consigo mesmo, será sempre todo aquele que não aceitar, e até não se entusiasmar, com o tempo e o meio, a hora e o lugar em que lhe foi dado viver. É o começo da insatisfação absoluta: a falta de sintonia com o próprio século e o próprio espaço. Pode a Idade Média ter sido fascinante, ou o Renascimento, ou a Revolução Francesa, ou a Segunda Guerra — é sempre saboroso mergulhar em priscas eras e aprofundar-se nas suas encruzilhadas; cada uma não é só lição e experiência: é também questionamento e desafio. Mas nenhum saudosismo é de se admitir, nenhuma nostalgia; como também nenhuma ilusão futurista.

Tudo isso é fuga. Só o nosso próprio tempo deve apaixonar a cada um, o tempo em que está inserido e a que, de certo modo, pertence, mas do qual também, nalguma medida, é senhor — o tempo que pode ajudar a construir, a levar para um rumo ou para outro.

Ajudar, sublinho, porque essa é tarefa eminentemente solidária. Ninguém, nem Napoleão ou Hitler, constrói seu mundo sozinho, autocraticamente, sem a participação, a colaboração, a conivência dos outros, de todos os outros, desses todos que têm em comum poderoso laço que a estes une, ao passo que de todos os demais, dos ascendentes e dos descendentes, separa: são contemporâneos. Bastaria tal singularidade para dar outra dimensão ao relacionamento e à convivência entre os homens. Uma nova fraternidade deveria instaurar-se a partir daí: do fato de serem coetâneos, de estarem vivendo ao mesmo tempo, sob o mesmo sol e as mesmas chuvas, sob dores iguais e iguais júbilos. Por mais que uns e outros tenhamos certos ídolos, adotemos certos modelos, exaltemos certos guias, a distância das gerações, entre os mestres e os discípulos, os diferencia radicalmente, ao passo que, entre adversários, entre rivais, até entre inimigos, os une a avassaladora evidência de que andam pisando o mesmo chão, compartilhando os mesmos espaços, dividindo as mesmas perplexidades e os mesmos anseios. A obra que têm de perseguir, a obra de construção do tempo que lhes foi dado, é fundamentalmente uma obra comum. É em comum que inclinarão o mundo em que vivem para este rumo ou para aquele, para o bem ou para o mal, para um futuro melhor, ou ainda mais injusto, mais desigual, mais iníquo.

E o tempo é curto. Rapidissimamente passa ele sob nossas vistas — às vezes descansadas, às vezes distraídas, às vezes displicentes, quantas vezes acomodadas e omissas. Nem nos damos conta de que o tempo vai passando. O nosso tempo vai passando. A nossa vez. A chance que tínhamos. A oportunidade que recebemos. Não teremos outra; nenhum futuro nos verá. O tempo é este, somente este, o precioso tempo, o privilegiado, o sagrado tempo em que nos foi dado viver — o tempo único, este, que está em nossas mãos, para o conduzirmos do jeito que quisermos, tempo pelo qual seremos julgados: em função do que houvermos feito dele, nesse breve espaço em que o habitamos.

(Diário de Pernambuco, de 1 de outubro de 1993)

AS GERAÇÕES E SEUS DILEMAS

Na, a tantos títulos, notável oração de posse da Ministra Carmen Lúcia, gostei especialmente da referência que fez à pretensão de cada geração de ver os seus como os maiores problemas de todos os tempos: cada uma *"tem a ilusão (e um pouco de soberba) de achar que o seu é o maior desafio, apenas porque é o seu"*.

A verdade é que nenhum tempo é melhor nem pior do que os outros. Nenhum passado, melhor do que hoje. Cada qual terá sua angústia e suas encruzilhadas. Os dramas dos tempos anteriores somente parecem menores porque já foram resolvidos, já passaram, já a história os superou. As alternativas inquietantes que perturbavam nossos predecessores já foram dissolvidas, alguma delas havendo prevalecido, e o mundo continuando num determinado sentido, que bem poderia ser diferente se a alternativa adotada tivesse sido outra... O que nos confunde é que as alternativas do presente estão abertas diante de nós, e estamos na hora das hesitações sem saber qual definição preferir, por qual caminho optar.

Para onde iria o mundo no final da década de 30: para o regime dos totalitarismos, que pareciam eficientes, ou para as democracias, que pareciam vulneráveis? Como superar o regime militar brasileiro e restaurar o governo civil? Para onde marcharia a França naquelas grandes convulsões de revolução/império/monarquia? A Igreja ainda conseguiria subsistir, já tendo sido proclamado que, com a morte de Pio VI, não haveria mais papado, findara-se o último Papa? Os exemplos se multiplicam ao infinito, e qualquer bom estudo da história mostrará exatamente as perplexidades, os dilemas diante dos quais a geração estudada se encontrava, sem saber que rumo tomar.

Os nossos, os da hora presente, podem ser problemas terríveis, que nos deixam perplexos, temerosos pelos abismos que poderemos estar a cavar. A tragédia, por exemplo, que é a representação política no Brasil, cada vez mais fundo o fosso que separa os eleitos, casta privilegiada, da massa dos eleitores, sempre à margem. O culto a contravalores, mais do que falsos valores: o desprezo pelos menores de todos, a apologia da destruição (dizem "desconstrução"...) da ordem natural das coisas, pregações de comportamentos contra a natureza e de atentados contra a vida. E tantas mazelas mais, tantos dramas.

Não são eles, porém, em si mesmos, piores do que os anteriores. Apenas serão problemas próprios, novos, o que é característico do tempo, que não se repete. E são, sobretudo, os que nos foram dados, aqueles diante dos quais temos de nos posicionar e agir. Nenhum tempo é (ou foi) perfeito, não há tempo melhor do que outro na história, tempo a que querer retornar – nostalgia que não passa de ilusão impossível. Este é o tempo que nos foi dado, aquele que poderemos fecundar com nossa virtude, ou perverter, com nossas precariedades, nossas incompetências, nossas baixezas.

(Diário de Pernambuco, de 23 de setembro de 2016)

UM DIA ATRÁS DO OUTRO

Conduzido por seu Príncipe, o mundo se levanta contra Deus — escrevi outro dia. E, ao escrever isso, me lembrei, espantado, que o Concílio havia pretendido uma espécie de reconciliação entre a Igreja e o mundo e importantes teólogos e padres conciliares, quase em êxtase, puseram-se a descrever as maravilhas deste mundo. Era esse o "espírito conciliar": a alegria diante do mundo (que passa), aquela ilusão, ou aquela idolatria que, com sua magnífica lucidez, Maritain iria denunciar como prosternação diante do mundo, ajoelhar-se diante do mundo. O que diriam hoje aqueles otimistas e ingênuos padres conciliares vendo a atual revolta do mundo contra o plano de Deus, esse erguer-se do mundo contra o Criador? O mundo que tanto eles louvaram, diante do qual tanto se deliciaram, é essa resposta demoníaca que dá à Igreja...

Nada como um dia atrás do outro. O tempo é senhor da razão. Dado um evento evidentemente importante, espere-se um pouco, dê-se tempo ao tempo, que só depois de certo intervalo, aparecerá a boa perspectiva daquele evento, seus frutos, sua significação, seu alcance, seus desdobramentos.

Brasília, por exemplo. Revejo agora, no rico depoimento de Carlos Chagas sobre o regime militar, a oposição à construção dela, sob o argumento de que ela afastou a elite política do sentimento do povo, e que, se o governo tivesse continuado no Rio, a vibração popular, a pressão das ruas, a força da opinião pública não toleraria os abusos de corrupção que, ao longe, naquelas imensidões do planalto central, se perpetraram. É possível. Mas poderia o Brasil não construir Brasília? não tomar posse efetiva daqueles espaços gigantescos e promissores? Poderia continuar preso apenas ao litoral, desconhecendo as potencialidades do fabuloso centro-oeste? Nada como um dia atrás do outro. Construída pelo gênio de Juscelino, Brasília quase virava um elefante branco, dadas as prevenções contra ela tanto de Jânio quanto de Jango. A rigor, foi o regime militar que a salvou. E hoje aí está ela, viva, contradizendo em tanta coisa o plano piloto original — também nisso, paradigma das contradições de que o País é cheio, e, por isso mesmo, desafiando a força coletiva para enfrentar a corrupção e livrar o Brasil da casta de políticos corruptos que o domina.

Revendo a história de Carlos de Lima, espanto-me com a violenta oposição que moveu ele à construção da Avenida Boa Viagem, empreendida pelo governo Sérgio Loreto. Pode-se imaginar o Recife sem aquela avenida? Há muito ela se tornou verdadeiro cartão postal de nossa capital. De mão dupla passou a mão única; de casario variado e mansões imponentes, passou a fileira de prédios de apartamentos, ainda bem que separados uns dos outros, diferentemente da muralha horrível de Copacabana; de residência dos mais abastados passou a lugar de festivais e passeatas que devem tirar o sossego dos moradores — mas Avenida sempre essencial para a vida da cidade, absolutamente inimaginável sem ela. O governo Sérgio Loreto viu mais longe, teve a visão mais certeira e mais fecunda. Nada como um dia atrás do outro.

(Diário de Pernambuco, de 17 de janeiro de 2018)

Capítulo 10
VALORES SOCIAIS SUPREMOS

A REDESCOBERTA DO MUNDO

Tudo na vida é ensinamento. O aluno aprende com o professor, mas o professor aprende também com o aluno. O filho aprende com o pai e o pai aprende com o filho. Com o neto aprende o avô a redescobrir o mundo. Pois o primeiro espetáculo do bebê é a progressiva descoberta das coisas, que ele vai fazendo. O rebento é dado à luz, dado ao mundo, e o mundo é, para ele, um absoluto desconhecido, a começar pelo próprio corpo. O bebê humano (afirmação mais do que consabida, mas sempre espantosa: afinal, por que é assim?) é o mais frágil de todas as crias animais, a mais dependente, a menos adaptada para a vida exterior. É muito lentamente, é lentissimamente, que o infante vai tomando conhecimento das coisas, de si mesmo, do universo que o rodeia, e tudo para ele é maravilhamento: a descoberta dos pés, das mãos, da capacidade de sentar, de engatinhar, de dar os primeiros passos. Cada objeto é uma novidade, uma descoberta, um assombro. Importa experimentá-lo: primeiro, pela boca, para ver se é comestível, que sabor tem; em seguida, com o tato, para sentir a resistência, a espessura, a dureza, a maciez. Cada som ou cada figura com que se depara prende totalmente sua atenção: para saber que monstruosidades estranhas são essas. Mesmo as coisas mais triviais, com as quais o adulto não perde um segundo, como uma banalíssima parede, é portento no qual o bebê se concentra com infinita seriedade, consagrando tempo inimaginável às maiores bobagens. E cada novidade é uma aventura: o fim do piso, por exemplo, para dar lugar a um batente, que lhe pode parecer um abismo, diante do qual o mais prudente é recuar, e o recém-nato espertamente recua...

Para os olhos cansados do adulto, mais do que acostumados não somente à elementar realidade das existências, mas também, muito pior, às mágoas e tristezas do mundo, e agora já sem os cuidados e as preocupações de pai, ver o descendente da terceira geração iniciar, por sua vez, o caminho do conhecimento e da experiência humana, vê-lo a pouco e pouco descobrir o mundo, é deslumbramento que renova a alma e, quase, reconcilia a criação. A inocência em estado puro se defronta com o desconhecido, que ainda é, por enquanto, o singelo e harmonioso universo das coisas dispostas dentro do mundo — para que este não só lhes dê os nomes, mas também sujeite toda a criação, tudo quanto existe e que não existe senão para isso: para ser ordenado para e pelo homem.

Nessa faina do pequeno bebê que, aos poucos, vai tomando consciência do mundo, está a mais cabal contestação... de todo totalitarismo, do nazista ao comunista. Não é ligação despropositada. Desde o primeiro momento, a criança exercita intensamente a liberdade: já quer conduzir o próprio destino, tomar suas opções, definir seus caminhos, testar seus limites, descobrir que limites haverá para suas aventuras (até se dar conta de que limites não há para o homem; que o limite do homem é o infinito). Querer pegar neste brinquedo, e não naquele, ou engatinhar nesta direção e não na outra, é o início de uma liberdade que não se realizará integralmente senão quando, muito depois, adulta feita, for senhora absoluta de sua história, sem que poder temporal algum lhe determine isso ou aquilo. Ao contrário: o poder temporal só se justifica pela função de assegurar condições — econômicas, materiais, culturais — para que cada homem possa exercer em plenitude a autonomia que manifesta já desde os primeiros balbucios.

A tal ponto o crescimento é um processo crescente de autonomia que a posição dos pais, no quase confronto entre eles e o filho, está de antemão condenada à derrota cabal. Mais cedo ou mais tarde, e a cada dia mais, o filho conquistará a completa emancipação. E serão então — é de esperar que sejam — apenas fraternos companheiros de viagem, com alguma diferença de idade e de experiência, mas com a infinita ternura da afinidade do sangue e da comum herança.

(Jornal do Commercio, de 30 de dezembro de 2001)

O ENTUSIASMO DA LIBERDADE

Como tudo na vida, a gente só valoriza quando não tem. Ou quando perde. Somente quem goza de liberdade — e, por isto, porque a tem, não avalia o que possui — pode dar-se ao luxo de sonhar com regimes ou situações em que a liberdade é violentada: ou explicitamente rejeitada, ou postergada como coisa de somenos importância. A liberdade é quase o supremo valor. Porque é a condição na qual os outros valores podem desabrochar e desenvolver-se. É, para o espírito, o que a saúde é para o corpo: é o pré-requisito, a atmosfera essencial sem a qual o espírito, a razão, o homem em última análise, não pode manifestar-se como tal. Faltando a liberdade, tudo falta; havendo liberdade, tudo pode ser feito e refeito, reconstruído, transformado. Tudo pode ser criticado, tudo resolvido. O segredo da vitalidade do capitalismo está todo aí: na liberdade que permite revisá-lo, denunciar seus horrores, a face selvagem que teve originariamente e continua tendo, ao menos virtualmente, a todo tempo pronta para ressurgir, bastando que a vigilância da liberdade arrefeça um pouquinho. O preço da liberdade não é a eterna vigilância?

A liberdade há que ser concedida mesmo aos inimigos da liberdade. Se a estes fosse ela negada, numa prudência que até pareceria procedente, de fato ela se debilitaria. Admitir a liberdade de expressão e propaganda para os inimigos da liberdade não é suicídio: antes, serve para lhes desvendar as contradições e as insuficiências. Fraqueza seria parecer temê-los, negar-lhes a palavra como se a tese deles pudesse, uma vez exposta ao sol, brilhar e ofuscar as democracias. Quem deve ter medo da luz é o erro, não a verdade.

Na cátedra, no jornal, em toda parte, a liberdade é essencial. É claro que jornais de partido, ou institutos de determinada ideologia, ou escolas declaradamente confessionais, não têm por que acolher ideias divergentes do seu programa oficial e explícito. (Entre parênteses: acho que morrerei sem entender por que universidades ditas católicas admitem ensinar outras coisas que não o pensamento católico ostensivo e claro). Mas jornais apartidários ou escolas públicas, por exemplo, devem abrigar a mais ampla liberdade de opinião: a democracia se robustece é com os confrontos, as discordâncias (civilizadas, é claro) de ideias, o mais irrestrito debate. Algumas vezes já me foi sugerido, estando eu na direção da Faculdade, evitar tal ou qual palestra, tal ou qual manifestação cultural ou mesmo política. Mas por que evitar? Ninguém derrota uma doutrina fazendo de conta que ela não existe, escondendo-as, fugindo dela. O que é necessário é recusar o facciosismo, não permitir que somente uma determinada corrente de opinião se manifeste, somente conferencistas de um único lado sejam convidados. Jamais a universidade (pública) de pensamento único.

Uma Faculdade deve ser um espaço aberto, para que todas as ideias apareçam e colidam, sejam largamente discutidas e confrontadas todas, não uma somente, também as do outro lado, também as do lado com que esse ou aquele não concorde. Quem tem medo das ideias alheias não tem confiança nas ideias próprias. Assim também deve ser o espaço de um jornal público ou uma revista: ninguém assegura a vitória de um ideário asfixiando o ideário oposto. Pelo menos, uma vitória desse tipo nunca é duradoura: somente apressa a reviravolta e a faz ainda mais contundente.

Não preciso acrescentar que a liberdade alheia deve ser defendida no mínimo por um pragmatíssimo interesse: é cautela que garante a minha liberdade própria. É a velha história: quando uns totalitários prenderam o judeu da esquina, o liberal não se mexeu porque não era judeu; quando, em seguida, foi preso o negro do lado, o liberal idem, porque não era negro; quando levaram o milionário, também; no fim, quando vieram buscar o liberal, este já não tinha a quem recorrer. Quem admitir hoje uma violação da liberdade não pode, amanhã, queixar-se quando ele próprio for a vítima. As liberdades são indissociáveis, umas com as outras, cada qual com todas, e a de cada um de nós, sozinho, com a liberdade de todas as outras pessoas do universo. Nem depende, a liberdade, das posições em que eventualmente se esteja na sociedade; não é somente ao homem de oposição que a liberdade interessa — é também ao homem do governo que ela é preciosa, a liberdade que deve ter o oposicionista de discordar e condenar o governo — e ela lhe é preciosa não somente porque é o veículo que permite ao governante ficar mais bem informado, além do círculo estreito dos palacianos, mas também porque lhe servirá no futuro, quando o governo de hoje tiver passado a ser oposição. Uma das maiores grandezas humanas, e das mais difíceis, é saber manter no planalto as posições sustentadas na planície.

(Diário de Pernambuco, de 19 de outubro de 1990)

ERRO ANTROPOLÓGICO

Nunca me impressionou muito a crítica que a Igreja sempre fez ao comunismo, a de que seria ele intrinsecamente ateu e, por isto, inaceitável. Que era ateu, era, mas nunca tive esse como seu erro fundamental. Não só porque ateus podem ser homens de bem e irem direto para o céu (antes até de muitos crentes), mas mesmo porque o capitalismo, sua antítese, não deixa de ser, em boa medida, também ateu. Sempre vi no comunismo um erro muito maior: um erro propriamente antropológico, quer dizer, um erro a respeito do homem, o equívoco de imaginar que o homem poderia existir ou subsistir sem liberdade. Negar a liberdade ao homem é negar o seu "habitat" específico, o ambiente sem o qual não pode ele viver, o ar que precisa respirar.

Assegurada a liberdade, os erros e as iniquidades do sistema predominante, como no capitalismo, sempre poderão ser corrigidos a partir de uma crítica que a liberdade propicia: serão denunciados, serão discutidos, poderão ser refeitos. A liberdade é a pré-condição a partir da qual a justiça e a igualdade podem ser construídas. Com a liberdade, e a partir da liberdade, pode-se procurar efetivar a igualdade de natureza entre todos os homens, para proporcionar condições mais dignas a fim de que os marginalizados, os pobres, os carentes de todos os tipos, possam participar, de forma mais equitativa, das virtualidades da civilização. Por isto mesmo, os regimes que negam ao homem a liberdade que lhe é absolutamente indispensável são regimes condenados à destruição — destruição que pode tardar, alguns anos (ou até décadas) a mais, alguns anos (ou décadas) a menos, mas virá fatalmente. Por uma imposição absoluta da natureza do homem, que sempre termina se impondo.

No fundo, é isso, o erro antropológico essencial do comunismo, que explica o surpreendente desmoronamento do império soviético, no final dos anos 80, e a notável queda do muro de Berlim, cujo 20º aniversário acabamos de celebrar. Acontecimentos totalmente inesperados, um e outro. Para as gerações que viveram na chamada "guerra fria", o comunismo soviético parecia construção destinada à posteridade. Completamente fechado e inacessível, era visto como sistema monolítico e inabalável. E sistema em expansão: aqui e ali, depois da guerra, novas sociedades se incorporavam àquele totalitarismo. Por onde poderia ele começar a desmoronar? Como isso poderia vir a acontecer algum dia? Que elementos poderiam levar a algum enfraquecimento aquele regime aparentemente tão coeso e tão firme? Lembro de conferência na Faculdade em que Mário Soares, o grande líder português, contou haver uma vez perguntado isso ao presidente Bush, o pai, que havia sido diretor da CIA: como a CIA não conseguira prever o fim do comunismo?

    Pois de repente as sociedades da Europa oriental começaram a se agitar, e, numa noite, (talvez por um erro de comunicação) os alemães amontoaram-se espantosamente diante do muro, numa quantidade impossível de serem simplesmente massacrados, e incrivelmente se meteram a derrubar, quase com as mãos, aquele monumento da estupidez contrária à liberdade. Reagan, Gorbatchev, João Paulo II, o grande, podem ter dado alguma contribuição, podem ter tido, cada qual, um admirável papel, mas, de fato, o sistema coeso caiu por dentro. Caiu por conta do erro antropológico essencial. Caiu por conta da ilusão de imaginar que se poderia construir um regime à margem e à revelia da liberdade do homem. Regimes assim não subsistem. Mais cedo ou mais tarde, a história os enterra. A liberdade, o anseio de liberdade, a absoluta necessidade de liberdade termina por se impor. O espírito livre do homem prevalece. E os muros, simbólicos ou concretos, acabam sendo derrubados.

(Jornal do Commercio, de 24 de novembro de 2009)

O PRIMADO DA LIBERDADE

Quando, outro dia, escrevi que não se haveria de esperar que o Papa olhasse com os mesmos olhos a situação polonesa e a dos países efetivamente democráticos, tinha eu em mente um falso dilema que circula por aí: o que opõe pão e liberdade, exigindo optar por um ou por outro — pela liberdade "vazia" e formal, que o Ocidente daria, liberdade sem pão, ou pelo pão sem liberdade, a justiça social que o comunismo diz implantar, o ideal das condições mínimas iguais para todos, mesmo com o sacrifício das liberdades "burguesas", aquelas que, no fundo, davam ao rico a "liberdade" de ser mais rico, e ao pobre, a "liberdade" de ficar cada vez mais pobre. Repito que é um falso dilema. Antes de tudo porque, consoante a velha e boa lógica, só se devem classificar, ou separar, as coisas segundo ao mesmo critério. Ora, à liberdade o que se contrapõe não é elevação do padrão de vida, mas, sim, a tirania; e ao pão, o que se opõe é a fome, a miséria, a submoradia, o subemprego, a marginalização, e não, nunca, a liberdade. Quem disse não poder haver liberdade com pão? Basta comparar o nível de vida dos camponeses e operários americanos e o dos russos... E foi a agricultura americana que salvou a fome dos russos nos tempos de Stalin. O que existe no mundo comunista não é a superação das injustiças sociais; é a pura e simples tirania.

Ora, a liberdade não é um fim em si mesmo, mas um meio — aliás, o meio sem o qual o homem não é humano. O meio por excelência pelo qual ele progride humanamente. O pão, isto é, a libertação de todas as necessidades materiais, só ganha sentido humano num contexto de liberdade. Se é dado dentro de um regime de tirania, que sufoca a expansão de cada qual, ele, ao contrário, serve a esse processo de esmagamento das personalidades, de desumanização. Tanto a liberdade quanto o pão são direitos naturais essencialíssimos — mas o primado é sempre da liberdade.

Isso não quer dizer que não se precise lutar contra as injustiças sociais — muito pelo contrário. Mas quer dizer que a supressão da liberdade é a primeira dessas injustiças e que, sem liberdade, não há nem justiça nem igualdade. Ademais, a liberdade é fácil de instaurar, ao passo que o pão, isto é, uma dignidade mínima material para todos, se conseguirá implantar ou não, na história. E ou se implantará com e pela liberdade, ou simplesmente não se implantará. Pois a liberdade, como meio, é o clima no qual (e somente no qual) se pode reivindicar a justiça. Sem ela, o homem vira um joguete nas mãos do Estado, fica incapacitado de protestar contra as desigualdades e contra a miséria. Como na Polônia que, como comunista, se diz o regime do proletariado e, no entanto, não deixa os operários se reunirem por conta própria em sindicatos. E, "paraíso dos benefícios socialistas", no entanto não permite que a imensa maioria manifeste livremente suas preferências e repila esses "benefícios"... O resultado da falta de liberdade pode ser o nivelamento — mas é um nivelamento por baixo, nivelamento nas privações, nunca na fartura. Este, o fascínio da liberdade: ela é um instrumento dinâmico de autocorreção permanente — ela permite apontar os defeitos remanescentes na organização social e proceder, então, aos reajustes necessários.

Será por isto, no fundo, que os Papas nunca condenaram o capitalismo da mesma forma e com a mesma intensidade como condenaram o comunismo. Porque, apesar de seus abusos, a liberdade do capitalismo permitiu tão grandes reajustes na história que não se pode comparar o mundo capitalista de hoje com a exploração que, efetivamente, foram os primórdios da Revolução Industrial. O regime de liberdade pôde conviver, sem se desnaturar, com um sistema de contrapesos e de intervenção do Estado na economia, em defesa dos mais fracos. Todas as condenações dos Papas dirigiram-se explicitamente ao capitalismo antigo, como fez Paulo VI na "Populorum Progressio" e João Paulo II na "Laborem Exercens". Foi até notável o cuidado deste último em distinguir os dois momentos históricos, para criticar com dureza somente o capitalismo que chama ora de "primitivo", ora de "rígido", sempre adjetivado, como para mostrar que, de si mesmo, não é desumano e cruel, *"intrinsecamente perverso"*, como o comunismo. Não estarão sendo fiéis nem à História nem à Igreja aqueles que colocam no mesmo prato o comunismo e o capitalismo, como se nos devêssemos opor do mesmo modo a ambos, àquele comunismo que, suprimindo a liberdade, oprime os homens e não lhes dá nem justiça nem dignidade material, e este capitalismo que, embora exagerando a liberdade, terminou preservando um sistema de autocorreção que permitiu uma gradativa, mas sensível, superação das injustiças iniciais. Não são, nem podem ser, equivalentes. Com a liberdade, pode-se conseguir o resto. Sem ela, nada do que se obtiver estará na medida do homem.

(Diário de Pernambuco, de 12 de julho de 1983)

VALORES SOCIAIS SUPREMOS

Se se quiser, numa esquematização excessivamente simplista, ou até simplória, reduzir o núcleo do capitalismo ao valor **liberdade** e o do comunismo ao valor **justiça**, estar-se-á a caminho de identificar, não direi a única, nem mesmo a principal, mas seguramente uma das razões que levaram à espetacular derrocada do comunismo no mundo. Porque, entre esses dois, que são os valores sociais supremos, um termina sendo ainda mais decisivo do que o outro: o valor **liberdade** está mais arraigado nas entranhas do homem do que o valor **justiça**. Não é que este seja menos essencial. É que este supõe o outro, tem no outro uma de suas pré-condições, ou de seus componentes primordiais. Justiça sem liberdade não pode haver (e, por isso, o sonho de justiça, que o comunismo dizia perseguir, era intrinsecamente falso e irrealizável: porque começava por desprezar o ingrediente indispensável da liberdade dos homens, primeira e prévia exigência da justiça). Ao passo que liberdade sem justiça pode haver. A liberdade é primeira, é mais elementar, está, muito mais, na base da existência dos homens.

Uma justiça que não incluísse, em sua composição, a liberdade em vão pretenderia assegurar os direitos, posto que ignorava precisamente um dos direitos mais sagrados. Não seria justa, portanto. Não pode haver justiça, nem integral nem verdadeira nem mesmo suficiente, se se faz abstração da liberdade, se a liberdade é suprimida, é negada aos humanos. Como os direitos de um indivíduo seriam assegurados se o fundamentalíssimo direito da liberdade — mãe e raiz de tantos outros — lhe fosse sonegado?

Ao passo que a liberdade pode exercer-se mesmo se a justiça não for efetivada numa dada sociedade. Podem (mas não devem, é óbvio) conviver liberdade e injustiça; não podem coexistir é justiça e falta de liberdade. Até se pode imaginar que, entregue a si mesma, a liberdade tenderia a implantar terríveis injustiças, a partir do violento contraste que opõe a liberdade do patrão, do grande capitalista, que tudo tem, à liberdade do pequenino que, com fome, só dispõe, para alugar, de sua força de trabalho pessoal. Já se disse que, no confronto entre a liberdade do poderoso e a liberdade do faminto, é a lei que liberta, é a liberdade que escraviza. A justiça é, portanto, indispensável, para corrigir a liberdade, ou melhor, para reconduzi-la ao seu verdadeiro sentido.

Mas, como se vê, a liberdade vem primeiro, é preliminar, é o alicerce para tudo o mais. Neste sentido, a justiça é uma superestrutura, fundamental sim, mas que vem depois, espiritualizando a vida social, para lhe trazer um ideal de racionalidade e de ordem, ora para conter, ora para promover a liberdade: para lhe dar rumos, horizontes, limites. O homem não consegue agir como homem se não for livre; mas não basta ser livre, a liberdade não lhe dá o direito de fazer tudo quanto quer, sem qualquer restrição. Pois logo o dominam as inafastáveis exigências da razão, cobrando-lhe razões, as razões do proceder, interpelando por quê, impondo critérios, ideais, princípios, objetivos, estabelecendo por toda parte uma ordem especificamente humana — a ordem justa.

A liberdade é autocorretiva, é crítica, volta-se contra si mesma. Se é dela que se parte, tem-se o necessário ambiente de controvérsias, de pluralidade de opiniões, de dispersão, para perseguir valores mais altos para a vida social, o primeiro dos quais é a justiça. Se, porém, se parte da justiça sem liberdade, não se chega a lugar algum, porque justiça sem liberdade é impossível, é pura contradição. A liberdade pode começar existindo sem justiça, mas chega lá: porque a razão do homem, trabalhando em todas as direções, inclusive sobre si mesmo, formula tantos e tais questionamentos que a consciência acaba por se render, acaba por clamar, também, por justiça. Eis por que o capitalismo selvagem dos primeiros tempos está superado hoje: porque, preservando e até idolatrando a liberdade (ainda que viciada), contava ele, assim, com o instrumental fundamental para promover as correções e adaptações necessárias. Sendo livres, os cidadãos podiam clamar pelos direitos próprios e até pelos alheios, e boa parte desse clamor transformou-se em lei, em regra de igualdade e liberdade. Isso pode ser um processo mais ou menos demorado, mas é fatal. As exigências da justiça acabam impondo-se a todos os homens, mais aqui, menos ali, mais rapidamente num lugar ou menos rapidamente noutro. Desde que haja liberdade. Liberdade é meio, justiça é fim. As premissas antropológicas do capitalismo, centradas na liberdade, sendo intrinsecamente verdadeiras, permitir-lhe-iam renovar-se, reciclar-se, até introduzir, na "livre" relação entre fortes e fracos, um "tertius", que deveria ser (e foi) o Estado. Partindo da liberdade, chega-se, ou pode-se chegar, na justiça. Partindo da justiça, sem liberdade, não se sai do círculo fechado dos totalitarismos.

(Diário de Pernambuco, de 26 de novembro de 1993)

Capítulo 11
O HOMEM E OS OUTROS

OS INDIVÍDUOS E OS MOVIMENTOS

A propósito dos movimentos econômicos, sociais, culturais, políticos, que proliferam na história — e isso se aplica igualmente às doutrinas e instituições — João XXIII deixou-nos, na "Pacem in Terris", duas lições memoráveis: a da necessidade de os distinguir, primeiro, de sua evolução concreta, e, segundo, das pessoas individuais que os encarnam e os vivem na existência cotidiana. Tais movimentos, doutrinas e instituições exigem, da parte da razão e em nome da civilização, incessante julgamento: afinal, o progresso não se fará senão pela preservação e desenvolvimento das instituições reconhecidas boas e pelo repúdio das maléficas e inconvenientes. Mas esse julgamento nem é imutável, dado que o devir existencial pode afetar a própria índole daqueles movimentos, nem pode ser singelamente transposto para o plano dos indivíduos, convertendo-se em simplistas julgamentos de destinos individuais, que, em última análise, são impenetráveis.

Tome-se o exemplo do protestantismo ou do marxismo. Uma coisa são suas formulações teóricas, a "pureza" inicial de sua doutrina a requerer um juízo o mais nítido e exigente possível. Outra coisa será a evolução existencial desses movimentos: *"mergulhados como estão em situações históricas em contínuo devir, não podem deixar de lhes sofrer o influxo e são, portanto, suscetíveis de alterações profundas"* — no sentido seja de exacerbação seja de atenuação dos postulados primitivos. E uma terceira coisa será a realidade misteriosa e profunda das pessoas individuais neles engajadas, as pessoas dos protestantes ou dos marxistas para as quais tais movimentos representam não a versão definitiva e simplória de seu destino, mas episódios a incluir-se no quadro de uma aventura humana muito mais complexa e mais insondavelmente dramática. Nunca serão literalmente iguais as adesões das diferentes pessoas aos mesmos movimentos. Aqui prevalecerá o oportunismo, ali a generosidade; ora o interesse, a cobiça, a inveja, ora a dedicação e o idealismo — tantas vezes apenas a fraqueza ou o medo. No interior dos piores e mais torpes movimentos haverá homens bons — até excelentes e santos — tanto quanto haverá perversos e tristes no meio dos movimentos melhores e mais dignos.

Quem penetrará o segredo desses corações? Às vezes escutamos confidências veementes e desesperadas: alguém vem nos contar a extensão da própria ignomínia, quase se compraz em denunciar a imensidão, até a irreparabilidade, do abismo em que afundou. É possível que, no confidente, ele surpreenda talvez um sorriso e fique desconfiado. Mal sabe que é o sorriso da compreensão, possível em quem vê o drama de fora e por isso não se impressiona apenas com a proclamação da hediondez: impressiona-se também com a dor e a amargura e a aflição e a angústia — numa palavra, a penitência — daquele que caiu e confessa, e sabe que uma coisa lava e compensa a outra, a profundidade do sofrimento apaga a profundidade do pecado. (Se o confidente, um mero homem, assim pensa, quanto mais não há de pensar o próprio Deus que nos ama tão infinitamente que nos deu Seu Filho para morrer por nós!). Uma alma dividida e humilhada é uma alma — qualquer que seja seu crime — a um passo da salvação. Daí, a advertência de João XXIII para não confundirmos o erro (sim, o erro — donde é mister implacavelmente denunciá-lo) com a pessoa que erra: esta não perde nunca *"a capacidade de abandonar o erro"*, *"não deixa de ser pessoa e portanto merece sempre estima"*.

Se, quanto às doutrinas e movimentos, o primado é incontestavelmente da Verdade objetiva e impessoal, a ser proclamada sem atenuações demasiado cômodas e com a coragem de chamar as coisas pelos exatos nomes — quanto aos indivíduos o primado há de ser da Caridade, o que, aliás, não passa de exigência da verdade mesma, constatadora da impossibilidade de apreender o íntimo de cada mistério pessoal. Só no momento imediatamente seguinte à morte é que será revelado plenamente esse mistério, na visão tremenda que a alma terá então de si mesma, iluminada pela Luz que nada deixa oculto — nenhum dos nossos mais escondidos gestos de solidariedade e abnegação, nenhuma de nossas perfídias mais íntimas e mais amargas.

Nesse momento será decisiva a relação personalíssima entre o homem e o movimento, entre o homem e sua obra. Uns terão cometido o mal sem dilaceramentos, sem torturas interiores. Outros terão cometido o mesmo mal objetivamente falando, mas entre gemidos e vergonhas. Ao lado de Cristo na cruz estavam pregados dois homens que haviam praticado os mesmos erros: eram identicamente ladrões. De não se sabe que desconhecidas profundezas do coração de um deles, no entanto, surgiu na hora derradeira uma luz que não teria brotado se não se tivesse muitas vezes anunciado antes, sob a forma de tormentos e dúvidas e maldições lançadas sobre si mesmo: *"lembra-te de mim, Senhor, quando chegares ao teu Reino!"*. Foi o bastante.

(Jornal do Commercio, de 7 de março de 1976)

AS PESSOAS E OS SISTEMAS

Lembrei, outro dia, um ponto capital dos velhos catecismos, o dos "grandes pecados" ou, na sua nomenclatura clássica, os "pecados que clamam aos céus e pedem a vingança do Altíssimo": o homicídio voluntário, os pecados contra a natureza em matéria sexual, a opressão feita aos pobres, viúvas e órfãos, a retenção ou privação do salário devido. Pareciam-me demandar, aquelas anotações, uma conclusão na qual fossem referidas à moda recente de não falar senão em "sistemas" — econômicos, políticos, sociais — atribuindo-lhes todos os males e nenhum caso se fazendo do papel ou da posição, no interior desses mesmos "sistemas", de cada indivíduo humano, com seu coração singular.

É parte essencial da melhor tradição católica uma atenção inesgotável àquilo que se vem denominando hoje "pecados sociais", as injustiças econômicas. Indiscutivelmente a realidade social atual não é o ideal que a consciência cristã propõe para a "cidade dos homens", ideal incompatível com o escândalo que é marchar toda a humanidade para estágios civilizatórios em que, a cada dia, uma parcela cada vez menor da fauna humana vai enriquecendo sempre mais, enquanto uma imensa maioria, cada vez maior, dos mesmos filhos de Deus vai ficando cada vez mais indigente, até miserável. A católica Idade Média condenava a usura e ousava discutir as implicações morais das relações econômicas. Era um mero reflexo de ancianíssima posição, aquela que estava nos Padres da Igreja, um S. Ambrósio ou um S. Basílio, por exemplo — e não estava neles senão porque, antes, estava nos Apóstolos e nos Profetas, ali como decorrência, aqui como antecipação do que seria o ensinamento definitivo do próprio Verbo de Deus: *"ai de vós, ricos, porque já recebestes o vosso consolo! Ai de vós, fariseus, que pagais o dízimo mas negligenciais a justiça e o amor de Deus!"*

Somente uma reviravolta cultural gigantesca, a da crise do século XVI, produziria a presente confusão e contradição, de uma civilização pretensamente cristã ignorar as exigências éticas católicas. Se certa ética protestante liberava o uso do dinheiro e até estimulava a sede de lucros, enquanto se eriçava num extremado puritanismo em relação às fraquezas da carne, quase não vendo outros pecados senão os de índole sexual — a ética católica, ao contrário, sem deixar de condenar as tentações da concupiscência, condenava com redobrado vigor os pecados em matéria econômica, a ponto de fazer consistir neles nada menos de metade daqueles gravíssimos "pecados que clamam aos céus": a opressão aos órfãos, aos pobres, e a retenção do salário devido, pecados cujo elemento nodal é o esmagamento do pequenino, a opressão levada a cabo por quem quer que se ponha diante dele como o poderoso de quem ele necessita, em cujas mãos está, à mercê de quem se acha. Para a Bíblia, o supremo escândalo é aproveitar-se o forte da relação de superioridade, do alto da qual despreza o humilde prostrado a seus pés e o explora e o pisa e o esmaga.

Como poderá, então, algum católico abandonar essa lição eterna para não deblaterar senão contra "sistemas" e "estruturas", como se não houvesse, dentro deles, o mistério das almas e a bondade ou a iniquidade que elas vão construindo? Claro que há problemas de estruturas e defeitos de sistemas — e é bom que nossa atenção esteja sempre advertida deles. Mas tudo reduzir à dimensão "estrutural" é, salta à vista, a última, a mais requintada, a mais pérfida forma de cumplicidade com os "grandes" deste mundo. Que ficariam, no mínimo, esquecidos, senão absolvidos, como inocentes ou como não-responsáveis. A culpa? É do sistema... E eis, de súbito, criminosos transformados em vítimas.

E muitas verdades, totalmente abandonadas: se não há senão "sistemas" e "estruturas", nenhuma distinção separaria os indivíduos, os bons e os maus, os santos e os canalhas, os bons patrões, os maus governantes; de um lado, as autoridades (que as há) respeitadoras dos direitos sagrados dos pobres; de outro, os poderosos (que também os há) que oprimem os humildes, torturam prisioneiros, exploram empregados, negam os salários devidos — aqueles, os que, pobres ou ricos, serão chamados à direita do Pai; estes, os malditos que o Juiz vomitará. Vendo-se mais fundo, logo se percebe que essa concepção repugnante dispensa, como inútil, a realidade do pecado e as exigências da salvação, dilui a dimensão sobrenatural, anula a noção de responsabilidade pessoal, de uma alma e um destino de cada homem, tomado como totalidade inconfundível, como uma pessoa, com um segredo e uma solução específica, independente da solução dada ao vizinho, ao amigo, até ao parente. Numa palavra, essa concepção não é, nunca foi, católica. Quis ser social: foi-se ver, era é irreal e reacionária: aliada dos "fartos" de sempre, cujas trevas interiores não denuncia.

(Jornal do Commercio, de 2 de março de 1979)

IDEALISMOS SEM CONSISTÊNCIA

A outra impressão[9] que guardei do debate entre Bertrand Russell e o Padre Copleston diz respeito não só ao segundo argumento do padre (o argumento moral), mas sobretudo a um cotejo entre o ateísmo que o filósofo inglês pregava e o idealismo que ele viveu, entre, portanto, as ideias e a vida.

Pois o fato é que (correta ou equivocadamente, não importa), aquele filósofo foi um idealista generoso: acreditou em certos ideais, pôs-se a serviço de causas que lhe pareceram sagradas, deixando o remanso das bibliotecas para as defender em praça pública e até para se fazer juiz de um difícil "tribunal". A seu modo, foi um Quixote também entregue a suas quimeras.

Mas, em nome de que se teria ele assim sacrificado?

No debate, ele confessa distinguir *"as coisas más"* e as *"boas"*, mas, quando Copleston lhe indaga do critério, lá se sai ele com *"o meu sentimento"*; e, quando o outro observa que ao sentimento alheio o seu pode ser oposto, ele admite haver sentimentos *"errados"* mas faz consistir o *"erro"* apenas na discordância face ao sentimento da maioria...

Tal recurso é outra demissão da razão. Custa a crer que, com ele, tenha Russell tentado convencer multidões, nas praças da Inglaterra. Convencidas, as maiorias nem precisam nem podem ser: não estão elas sempre certas, segundo o critério russelliano? Ainda aqui não foi ele exigente, não permitiu à própria razão avançar até o fim. Pois todo o problema dos nossos idealismos é este: se Deus não existe, em nome de que nos dedicaremos a essa ou àquela causa?

Sartre, ao menos em sua primeira fase (que, na segunda, de aproximação com o marxismo, será diferente), fora muito mais arguto: *"Deus não existe e portanto tudo é permitido"*. A angústia e a hesitação de Ivan Karamazov é agora um definitivo postulado, de que *"é preciso tirar as mais extremas consequências"*. *"A contingência é o absoluto, a gratuidade perfeita"*; tudo é terrivelmente gratuito — eu mesmo (uma vez que minha existência não é necessária) e todos os meus atos, não há lei a que se devam eles sujeitar. Não há universo moral, não há idealismos. Faço minha própria lei, minha escolha, que é então sem sentido — *"o homem é um ser condenado a ser livre"*... Sartre critica amargamente a *"moral laica"* que quis suprimir

---

[9] Da primeira impressão, tratei no texto "A demissão da razão", constante do capítulo 6º - "A atração da verdade".

Deus *"com o menor dispêndio possível"* e reconhece que com Ele *"desaparece toda possibilidade de achar valores num céu inteligível"*. Um ser abandonado, eis o que o homem é, *"já que não encontra em si, nem fora de si, nada a que se apegue"*.

A única conclusão radical do ateísmo (e não vejo, por via travessa, perspectiva mais cristã) é a de que o homem é livre e não tem, melancolicamente não tem, nada a fazer com tanta liberdade. Qualquer coisa com que quisermos preenchê-la terá o mesmo valor nenhum. *"Muito me aborrece que seja assim*, diz Sartre, *mas se suprimi o Deus Pai é bem necessário que alguém invente os valores"*. Que valor, entretanto, teriam tais "valores" inventados? Por que preferir uns a outros, o ideal da sociedade sem classes, por exemplo, ao ideal do meu gozo e minha luxúria?

Tal vazio, já Dostoievski apontara ao sublinhar o dilema profundo: só há duas saídas: ou Deus existe ou tudo é permitido. Ou há um Absoluto divino que dê sentido à existência, ou tudo é relativo, isto é, nada nos basta. Ou Deus existe, instaurando uma ordem moral ontologicamente válida, ou todas as ordens "inventadas" como sucedâneas são simulacros e hipocrisias, trapos de consciência. Ou Deus ou o absurdo.

Se Deus não existe, para que sairia Russell às ruas a defender tal ou qual humanismo? Que diferença faz mais ou menos injustiça no mundo? Que diferença opõe o ser da vítima ao do agressor? Se Ele não existe, nada adianta, como ressalta Gustavo Corção, num texto imortal: *"não adianta ter razão ou deixar de a ter; calar ou falar; ficar em casa quietinho, enroscado no ciclo, fingindo dormir para enganar o tempo"*. Em boa lógica, posso então fazer tudo, que tudo é o mesmo grito inútil contra a estupidez e injustiça de nossa condição: *"comamos, bebamos, forniquemos. E o mais – a inteligência, a arte, o progresso, para as urtigas! Sejamos desgraçados e pornográficos"*. *"Se tua mulher te cansa, toma outra, mas não inventes uma teoria. Farta-te, mas não deixes que a palavra te persiga como a sombra de um Verbo"*...

Querer dar um sentido qualquer a essa liberdade radical do ateísmo e conciliá-la com idealismos ulteriores é aderir a um pseudomoralismo tão pedante quão desprezível, a um comodismo muito pequeno-burguês de deficiente lógica. Mas quem sabe se não será também, como Corção insinua, a sombra de um Verbo, o dedo de Deus, maior, infinitamente maior que nossas negações e nossas incoerências?

(Jornal do Commercio, de 12 de janeiro de 1975)

AS COINCIDÊNCIAS EXTERIORES

Sem dúvida, é uma coincidência, mas apenas isto, o fato de que três dos maiores artistas do século se chamassem igualmente Pablo. Outros, no lugar do acadêmico Andrade Lima Filho, que apenas assinalou a coincidência e seguiu adiante [10], ter-se-iam detido nela para identificar, neste nome próprio, uma necessária conotação artística ou libertária, esquecidos de que Paulo também se chamava um outro (pelo menos sob certo aspecto) artista, esse, da oratória, e apóstolo veemente, mas não exatamente da liberdade, o sinistro Goebbels.

De minha parte, já algumas vezes me tenho distraído com a esdrúxula tendência de alguns espíritos de aplicar sua inteligência, a todo custo e a qualquer pretexto, na descoberta de jogos mais verbosos do que apenas verbais e de coincidências meramente formais e exteriores, ao invés de exercitá-la no contacto do que realmente importa — os conteúdos, as verdades objetivas, as essências.

Uma velhinha que conheço, filha de escravos, volta e meia me observa que o L de meu nome Luiz é a mais bonita letra do alfabeto por ser a inicial da maior, a seu ver, das palavras, liberdade, como se não fosse também a inicial de "liberticida" ou "libertino", ou outras de análogo teor.

Um cidadão que sempre considerei muito inteligente, mas talvez apenas isso (e me indago se isso, sozinho, basta), certa vez me observou, e a sério, que determinado livro o autor não o teria escrito senão por causa da coincidência dos "jotas" do título — "Japoneses e judeus"... Caí das nuvens, espantado com o ridículo e a superficialidade do comentário.

Há até intelectuais, ou pseudo, especializados nessa arte, a ponto de não poderem falar de um conjunto como o dos nomes de Maritain, Mounier, Malraux, Mauriac, Maurois, sem serem levados instantaneamente a concluir pela necessária densidade intelectual dos indivíduos de nomes começados com a letra M...

Algures li um artigo em que o autor, para tratar da guerra civil que ameaçaria irromper entre as classes sociais, começou se referindo à inglesa guerra das duas Rosas que contrapôs a Rosa branca de York à Rosa vermelha de Lancaster. Logo viria a razão de referência tão longínqua: querendo falar de uma guerra dos ricos e se havendo lembrado da guerra inglesa,

---

[10] Andrade Lima Filho registrara, num artigo, a coincidência de se chamarem igualmente Pablo grandes artistas do século: o pintor Pablo Picasso, o poeta Pablo Neruda e o músico Pablo Casals.

tanto se entusiasmara com a coincidência das rosas que, não conseguindo de jeito nenhum aplicá-la à sua guerra, terminou contentando-se com uma coincidência dos R iniciais, o R de rosas e de ricos, e fez disso o próprio título de seu artigo. Mas, não encontrando na letra R um antônimo próprio para "ricos", achou de falar de uma guerra entre "os ricos"... e os "rotos"...

    Dever-se-á proclamar em altas vozes a necessidade de abandonar as aparências para penetrar nos conteúdos? De deixar de parte as coincidências exteriores e banais, para indagar das coincidências íntimas, profundas, fundamentais? Um nome... que importa o nome? Shakespeare diria: são *"palavras, palavras, palavras"*... E Chico Anísio: são *"palavras, nada mais do que palavras"*. Uma cultura que prefira dar relevo às etiquetas do que aos conteúdos, aos nomes mais do que ao ser, às semelhanças sonoras e não às substanciais, não é novidade: é a decadência nominalista, que já apareceu na história e de cujas consequências ainda hoje somos vítimas.

    Para o dia de hoje eu tinha pensado escrever uma crônica sobre três Tomás que são também três grandes santos, o Morus, o Becket e o de Aquino, três dos personagens históricos que mais admiro, cada qual por uma grandeza particular. Foram três heróis da resistência moral, e este parecia o traço que os unia, muito mais do que o nome, que é uma bobagem: a coragem de dizer **não** — não ao poder político, como Morus; não à permanência dos próprios erros anteriores, como Becket; não às tentações da inteligência deformada e do mundanismo sedutor, como o Aquinate. Ao cabo, adverti-me de que, sob certa perspectiva, toda santidade supõe a fortaleza de dizer **não**. O que os aproximava não os destacava suficientemente dos demais... Então, que restaria de comum entre eles? A santidade? Mas esta, bem mais do que uma coincidência, é a vocação a que, todos, somos convidados. Apenas o prenome "Tomás"? Mas isso, obviamente, é uma besteira... Quantos outros Tomás fracos, pecadores, medíocres, acomodados, pusilânimes, aproveitadores, espertinhos, não conheceu o mundo?

    Desisti, assim, da crônica, da coincidência e de minha tríplice admiração. Por que aderir à estranha mentalidade que se satisfaz com as aparências e se submete ao império da superficialidade e das identidades exteriores? O que é indispensável estimular é o gosto pelo exame das essências, pela procura das concordâncias interiores, de conteúdo a conteúdo, de alma a alma. O mais, são coincidências bobas.

(Jornal do Commercio, de 19 de outubro de 1975)

AS FAMAS OCULTAS

As famas são explícitas quase por definição, são públicas, são consabidas, são conhecidas por toda gente. Se não, não seriam "fama" – seriam informações que ficariam contidas, restritas ao conhecimento de alguns poucos. Fama parece, assim, ser alguma coisa sempre ostensiva.

Mas há também o que se poderia chamar de "famas ocultas". São aquelas que correm de boca em boca, mas não são publicadas, não constam dos registros sociais, das condecorações e das premiações do mundo, das glórias terrenas. Até chegam a ser contraditórias as duas famas, em vários casos, a explícita e a oculta... A propósito de certas pessoas consagradas, recebedoras de mil homenagens oficiais, que vivem em todas as mídias (fama explícita), o que consta, porém, a boca miúda (fama oculta), pode ser outra coisa.

Deprimente comentário ouvi, há pouco, a respeito de ilustre personalidade: "é falsa toda". Essa era também a minha convicção íntima, minha impressão pessoal, mas me admirei de que fosse, pelo jeito, convicção comum. Então todo mundo pensa essa mesma coisa? Esta é que é a fama real, embora "oculta", dessa personalidade? Não a fama aparente, a que trombeteia nas publicidades do mundo...

A respeito de outra também ilustre personalidade, alguém me confidenciou que não gostaria que algum assunto seu viesse a depender dela. Porque não merecia ela a menor confiança. Não merecia? Mas é bem outra coisa o que aparece nos noticiários das exterioridades do mundo... A fama explícita era bem outra. Mas a fama real, a fama oculta, é essa, de alguém sem nenhum crédito? Cuja palavra não vale, cujo pensamento muda ao sabor dos interesses, cuja coerência simplesmente não existe?

Fulano é elogiado e reverenciado? De público, sim. Para efeito exterior, sim. Mas, a boca pequena, o que se diz é que ele é um grandessíssimo medíocre, figura de quinta categoria, apenas personagem que soube subir na vida, um grande cavador e aproveitador. Rematado mau caráter, que joga de acordo não com convicções, que não tem, mas com as circunstâncias e as conveniências, em que é mestre. Superlativo vaidoso, cheio de si (completam ironicamente: cheio do nada...), sem qualquer valor real. Isso é o que todos comentam entre si, todos cochicham, mas não o que proclamam aos quatro ventos do mundo. São coisas diversas a hipocrisia que sai nas manchetes, que se diz nas homenagens públicas, que se anuncia aos microfones, e aquilo que, de fato, as pessoas pensam, e sabem, a respeito de certas personalidades vistosas.

E isso vale para o bem e para o mal. Há também pessoas que todo mundo respeita e admira, mas que não aparecem na grande mídia, não são incensadas pelos grandes do mundo. Todos sabem do alto conceito em que certas personalidades são tidas. Mas, vá-se ver, não são essas as que (muitas vezes) o mundo reverencia...

Que história verdadeira se poderá escrever amanhã, com base na fama publicada? Sobretudo quando já estiverem mortos os que conheciam de perto essas personalidades e já não mais poderão dar o depoimento sincero, e devastador, que davam a boca pequena?

(Diário de Pernambuco, de 24 de maio de 2018)

CERTAS OBRIGAÇÕES

O universo moral é complexo e exigente. Sobretudo é inteiriço, não se reduz apenas às grandes máximas do tipo "não matar" ou "não roubar". Infinitamente mais requintado, desdobra-se em mil e uma cobranças de menor porte, cada qual mais refinada, que o indivíduo, ou o senso moral, se faz a si mesmo. Por isso já se disse que a civilização outra coisa não é senão o progresso da consciência moral. Se o cidadão fraqueja nas exigências morais de menor monta, bem se pode imaginar que logo fraquejará também nas grandes máximas. Se cede numa pequena coisa, se transige, se se dobra, logo está envolvido no "mensalão", seja recebendo seja pagando... Assinalo, aqui, algumas dessas certas obrigações só aparentemente menores.

1. **Obrigação de processar**. Se injúrias, calúnias, difamações graves são proferidas, e de público, e por escrito — a de que Fulano é ladrão, por exemplo, ou que Sicrano era delator de companheiros de ideologia às forças de repressão —, a vítima não tem apenas o direito, tem de fato a obrigação de processar o autor das ignomínias. Tão graves são certas acusações que o acusado não pode simplesmente desculpar, relevar, tirar por menos, nem apenas cristãmente perdoar. Deve pedir satisfações; e, já passada a época das satisfações físicas, deve exigir reparações judiciais. Deve processar o caluniador. Se não o fizer, a sociedade inteira tem todo o direito de supor verdadeiras as acusações feitas.

2. **Obrigação de se candidatar**. Se vigora a regra (que não aprecio) da reeleição, o administrador, em princípio (salvo circunstâncias extremamente poderosas), tem a obrigação de se candidatar. Para evidenciar a própria convicção de que fez uma boa administração, de que correspondeu à expectativa. Se o eleitorado não fizer essa ideia sobre ele, é outra coisa; mas essa é a ideia que ele tem de ter de si mesmo. Esse foi o exemplo, o admirável exemplo, do governador Miguel Arraes: mesmo quando todas as pesquisas indicavam a derrota iminente, não fugiu desse eminente dever. Deixar de se candidatar de novo, uma vez permitida a reeleição, fugir da raia, é inequívoco autor-reconhecimento do mais absoluto fracasso administrativo.

3. **Obrigação de pôr por escrito**. Quem propõe alguma coisa tem o dever de se dispor a pôr no papel aquilo que está propondo. Esse dever deriva também do interesse de provar a própria lisura. Se sua proposta é honesta e sincera, deve ser o primeiro a querer colocá-la no papel. Não tem o direito de se sentir ofendido se, ao invés, for o outro quem propuser que tudo seja registrado graficamente. Direito de dispensar o registro por escrito tem na verdade é esse outro — jamais o autor da proposta. O interlocutor nem deveria precisar dizer nada: o proponente (sincero) é que se deve sentir moralmente obrigado a sugerir a redução de tudo a um documento escrito. Deve sentir-se compelido pela regra de que o que se diz, se escreve.

4. **Obrigação de "assumir" o cargo**. Quem assume cargo público, grande ou pequeno, não pode ver nisso apenas uma honraria, apenas a vaidade da alta função, apenas o gozo e os bônus. Precisa vê-lo sobretudo como um serviço. E precisa fundamentalmente "assumir" a causa do cargo, "vestir a camisa". Não seria apenas ridículo: seria lastimável se um ministro, ou secretário, da Educação ou da Saúde, por exemplo, não se posicionasse diante de greve no seu setor específico, e toda a crise transferisse para outro ministério, por exemplo, o da Administração. O ministro da Educação jamais poderá deixar de se definir diante de greve, para concluir intimamente sobre sua justeza ou não. Se a considerar injusta, tudo deve providenciar para conseguir sua cessação; se, porém, a considerar justa, cabe-lhe é assumir a causa dos servidores, que não é senão, no caso, a causa da própria Educação e da própria Saúde, e fazer-se, diante dos setores financeiros do governo, o primeiro defensor de significativo reajuste salarial para seus funcionários, que reconhece mal pagos embora dedicados a eminentes serviços públicos. É triste espetáculo humano ver um desses titulares demitindo-se de sua missão específica, e transferindo a terceiros responsabilidade que deveria ser primordialmente dele mesmo.

(Jornal do Commercio, de 11 de dezembro de 2007)

Capítulo 12
OS VÍNCULOS DO HOMEM

A ABSOLUTA LIBERDADE

É possível que uma das peculiaridades do nosso tempo esteja no fato de que, no espírito do comum dos homens, convivem e mutuamente se compensam certo desapego pelo ideal das liberdades políticas e um excessivo apreço à máxima liberdade individual no plano das relações simplesmente civis, privadas, apolíticas. A crise dos costumes e da família estará muito provavelmente ligada, entre outras, a essa excessiva valorização: do lado dos jovens, o desejo de se libertar tanto dos pais quanto de qualquer laço mais duradouro; do lado dos mais velhos, a violência das separações e dos abandonos de que vieram sendo protagonistas. Ali, o pseudoideal do amor livre; aqui, o pseudoideal do divórcio, dos divórcios sucessivos e irresponsáveis.

Parece que o que acima de tudo se preza é ser livre, absolutamente livre. Em consequência, todo o universo ficaria simplificado em dois termos: de um lado, minha liberdade, sozinha e suprema; de outro, tudo o mais, ou seja, o conjunto, incalculável, de estorvos àquela liberdade, de pedras no meu caminho.

Ora, é fácil ver que essa liberdade absoluta é utópica e irrealizável. Antes de tudo porque, para parodiar Thomas Merton, nenhum ato é uma ilha e existe sozinho. Ah, se nossos atos tivessem o condão de não desencadear repercussões... Seria bom — seria? — que não existissem efeitos, que não adviessem consequências ou aquilo que um amigo chama de "vínculos". Que a pedra pudesse cair n'água sem produzir ondas concêntricas. Que nossas ações não passassem de graciosas inconsequências. Então, sim, elas seriam livres, libérrimas.

Mas o mundo que Deus criou e em que nos colocou é um gigantesco entrançado de liames, laços, limites.

Veja-se um exemplo: o rapaz e a moça — ele, na forma do costume; ela, agora, seguindo seu mau exemplo — que se dispõem a viver "conquistas" múltiplas e fazer e desfazer ligações sem qualquer cerimônia, e desfrutar de relações várias, sucessivas ou simultâneas, para que ninguém a ninguém fique "preso" a vida toda... De repente, um dos parceiros dessas várias aventuras se descobrirá a sonhar e esperar por algo mais. Pois atrás dos corpos jovens que se atraem e se cansam, existem almas pura e simplesmente, almas que aspiram não digo a uma mera, formal e hipócrita estabilidade burguesa, mas à estabilidade de uma afeição verdadeira, à riqueza de um conhecimento autenticamente pessoal e profundo. Noutras palavras, aspiram ao amor — ao amor que quer ser integral, intenso, exclusivo e fecundo e supõe um partilhar-a--vida que não se faz só das horas de alegria e prazer, porque não admite confusão com qualquer forma de egoísmo, mas se faz também das horas de tristeza, de dificuldades e de dor, de um esforço de compreensão, de ajustamento, de altruísmo, de dedicação. Este vínculo, o das exigências espirituais, não pode ser desprezado. Portanto, quando é desprezado, nunca é desprezado impunemente.

Assim como este, há numerosos outros vínculos que igualmente marcam a condição humana. Ninguém pode ser absolutamente livre, naquele sentido inferior que representou o infeliz resultado popular de um movimento no entanto significativo e denso, na sua perspectiva própria, que era elevada — o existencialismo sartreano. Ninguém pode escolher literalmente o que quiser, ninguém pode ser tudo aquilo que meramente projetar — nem mudar de sexo, nem impedir que nasçam filhos de uma aventura extraconjugal ou que o cônjuge ofendido descubra e reaja, nem deter o curso do tempo que implacavelmente vai arruinando corpos que apenas queriam gozar-se descompromissadamente. As consequências ou os vínculos se multiplicam, a teia se enreda. E, óbvio, cada nova transgressão representa violação de maior número de barreiras naturais e de barreiras cada vez mais profundas.

A grandeza do homem estará, então, no reconhecimento e na aceitação da existência desses laços. A plenitude da liberdade estará em fazer-se obediência. Em distinguir os vínculos naturais, ontológicos, das meras convenções sociais, e auscultar as exigências sutis da condição de homem e conformar docilmente o coração a elas. Em aderir às vozes interiores de sua consciência que, exigente, legisla e julga. Em escolher a si próprio, quer dizer, escolher a própria natureza, não a violentar mas realizá-la. Em alcançar os fins que identifica inscritos no seu íntimo: o homem é o único ser a quem é dado escolher a realização, ou não, de seu próprio ser, a realização ou do seu destino alto, nobre, transcendente, ou de uma caricatura de homem, um sub-homem que será nossa pior vergonha e nossa culpa, no abismo da morte, ou seja, na hora da Luz.

(Jornal do Commercio, de 20 de julho de 1976)

EM TORNO DAS CONSEQUÊNCIAS

No texto anterior, considerei o projeto de uma liberdade absoluta que parece alimentar não digo o pensamento mas a existência de certa gente e estar atrás de tantos dos males facilmente identificáveis na sociedade moderna. Particularmente na crise da família se têm manifestado as repercussões desse ideal que alguns se propõem, de se conduzir na vida com absoluta liberdade, desprendidos de tudo, totalmente desembaraçados, independentes, ligados tão só a si mesmos, isto é, aos próprios egoísmos. São os jovens interessados em usufruir cada vez mais de cada vez maior número de parceiros, tão fundamente vulnerados quão rapidamente substituídos. São os recém-casados buscando fruição semelhante, mas a dois, e consagrando violento ódio ao terceiro inocente que pode chegar e que importa, por isso mesmo e por todos os meios, evitar. São, mais adiante, esses mesmos cônjuges, fartos um do outro ou, ao menos, desinteressados de quaisquer esforços de ajustamento e convivência, por custosos, mal habituados que estão aos prazeres e às facilidades: claro que preferirão cômodos divórcios, que representam alguma novidade, malgrado suspeitem que logo virão as dificuldades e as irritações e a mesma — incessante, degradante — busca de comodidades. São também os pais estranhos à sorte dos filhos, que é sempre um peso educar, e os filhos retribuindo na mesma moeda, excelentes aprendizes das piores lições. Em toda parte, a fuga, o pavor das responsabilidades, dos compromissos, o mito da liberdade, o desejo louco de viver livre de tudo.

Se os que alimentam tais ideais parassem um minuto para meditar, não demorariam a perceber que só os poderiam efetivar caso seus atos estivessem soltos no espaço e não produzissem consequência nenhuma. Se nada no mundo se modificasse com a ação do homem. Se fossem irrepreensivelmente idênticos o universo anterior e o posterior a cada ato humano. Mas nossos gestos não possuem esse condão de não desencadear repercussões, de não dar origem a efeitos e alterações na ordem do cosmos...

Da evidência de que as consequências típicas dos fatos da natureza física não se reproduzem tal qual na dimensão humana, em que se intromete sempre o decisivo elemento da liberdade — não se conclua que não há, aqui, consequência alguma. Ao contrário. Os atos humanos são repletos de consequências que denunciam limites e vínculos, traem uma natureza que não pode ser ignorada e desprezada, uma natureza que é, antes de tudo, um formidável mistério — a presença, quase inconcebível, num único ser, da realidade material, carnal, o corpo, e de realidades indiscutivelmente de outra ordem — aspirações superiores e íntimas que em vão se pretenderá abafar e dispensar. De ambos os termos desse dualismo decorrem vínculos, exigências, limitações. O homem não pode ignorar as necessidades do animal que é, tanto quanto não pode ignorar os enleios profundos do anjo que também existe dentro dele. Não pode mudar de sexo. Não pode esmagar a expectativa interior do Absoluto. Não pode impedir sua razão de procurar razões. É claro que falo de exigências do ser mais vital do homem, que será imenso trabalho distinguir das pseudoexigências das criações artificiais da cultura, dos modismos e convencionalismos vários. Nesta perspectiva, há de ser falso o sonho da geração do pós-guerra, que endeusou o existencialismo sartreano, não vendo, na sua concepção popular (algo simplificada e desfigurada), senão uma pregação em favor da libertação de todos os vínculos e em favor das extremas irresponsabilidade e gratuidade.

  A verdadeira liberdade do homem estará então em identificar esses laços que derivam do mais profundo de sua natureza e conformar-se — por conta própria, em soberana decisão — com o sentido para o qual eles apontam, para o rumo que indicam. Em cumprir aquilo mesmo que todos os demais seres cumprem, mas cumprem somente por fatalismo intrínseco, numa imposição biológica ou física: diversamente, o homem cumprirá os fins específicos de sua natureza à sua maneira, por atos livres, no exercício de vera autonomia. A liberdade faz-se obediência. Esta, a nossa suprema grandeza, também o terrível risco: a grandeza de poder escolher — e é o único ser sobre a terra ao qual é dada tamanha faculdade —, escolher a si próprio, decidir-se pela realização, ou não, de si mesmo. O homem opta, delibera construir ou o Homem que se anuncia no seu íntimo mas que não será concluído nunca sem o concurso de sua vontade livre — ou, inversamente, qualquer outra coisa que, ao cabo, redundará no mesmo, a saber, em perder-se na indignidade, na degradação, na baixeza da sub-humanidade. E esta é opção que nunca está definitivamente terminada, exceto na hora cristalizadora da morte: é opção e luta de todos os dias e de todas as horas.

(Jornal do Commercio, de 25 de julho de 1976)

RESPONSABILIDADES

Referi-me, outro dia, à responsabilidade de quem deveria, por obrigação moral e funcional, educar-nos e elevar-nos e, ao invés, desorienta multidões e as instiga a revoltar-se contra a autoridade civil, designada como intrinsecamente atrabiliária e arbitrária, violenta e injusta, acumpliciada dos poderosos e perseguidora dos pequeninos. É esta apenas uma das responsabilidades que deveriam fazer tremer quantos exercem uma qualquer função pública e, dessa ou daquela forma, dirigem sua voz a multidões cuja receptividade não lhes é dado acompanhar ou aferir, de nenhum meio dispondo para avaliar o terreno exato em que vão caindo cada uma das afirmações que, descompromissadamente, põem-se a largar aqui ou ali.

O escritor, por exemplo, jamais está sozinho: os fantasmas dos eventuais leitores hão de rondar cada frase que põe no papel. Pode nem se aperceber deles, mas eles lá estão. E as palavras escritas ali, acolá vão suscitar essas ou outras repercussões, das quais, muito mais adiante, um belo dia — ah, com certeza — Alguém lhe pedirá contas.

Se um elemento de prudência se introduzisse em cada uma das atitudes externas das figuras públicas, talvez o mundo caminhasse melhor.

Tome-se um caso qualquer: se, advindos dos respectivos casamentos fracassados, um homem e uma mulher resolvem passar a viver juntos, virando as costas para os casamentos verdadeiros que repudiaram — este será assunto, em primeiro lugar, de suas respectivas consciências, e, depois, do círculo de amigos mais chegados e do grau de tolerância que tiverem. Será, digamos numa palavra, assunto privado. Porém, se uma que outra instituição oficial homenagear este casal com algum gesto público, agraciando-o, louvando-o, distinguindo-o seja de que modo for, então as coisas mudam radicalmente de figura: eis aí um reconhecimento oficial e público que não pode deixar de ser extremamente danoso por repercutir pessimamente sobre os pequeninos, isto é, sobre a humanidade comum. Na terminologia que Jesus consagrou, será um escândalo para os pequeninos — e ai daquele por meio de quem vier o escândalo...

Pouco importa — ou, antes pelo contrário, até porque piora o quadro — se esse reconhecimento público for o reverso da medalha viciada de uma doação financeira difícil de distinguir da corrupção e do suborno. A nocividade do exemplo oficial agora se duplica, acrescentando à infelicidade da honraria concedida a uma situação irregular, a vileza do motivo, com a agravante de ainda difundir a insinuação torpe de que o dinheiro seria a medida de todas as coisas, capaz de comprar qualquer mercadoria, distintivo, medalha, título honorífico, nome de prêmio oficial etc.

Se a ninguém é dado eximir-se da ponderação das consequências, não vejo como se poderia, a pretexto de uma liberdade mal compreendida e mal defendida (mesmo porque esses pretensos amigos da liberdade são de fato seus piores inimigos, pelo péssimo uso que lhe dão e que provoca em contrapartida reações que tendem a suprimi-la), justificar todo e qualquer produto de um autorrotulado artista. Assim, o caso extremo desse "cineasta" que andou querendo filmar "a vida sexual de Jesus". Por que os "direitos" desse falso artista haveriam de sobrepor-se ao direito das multidões de não terem sua sensibilidade ofendida e conspurcada sua convicção mais pura?

Seria um equívoco introduzir aqui o delicadíssimo problema das relações entre a arte e a moral. É num nível mais baixo de discussão que o assunto se resolve. Parece-me indispensável distinguir da arte muita coisa que em seu nome se perpetra. Nem tudo quanto aparece no cinema ou se exibe no palco é arte cinematográfica ou teatral. Não basta empunhar um pincel para realizar a arte da pintura. Mesmo porque não há razão para se desdenhar a intenção subjetiva do agente. Se sua finalidade é obviamente mercenária, se seu propósito é iniludivelmente arrebanhar trocados por meio de não importa qual processo, ainda que explorando os piores instintos, indo além dos próprios limites da canalhice — por que insistir em rotular de arte produtos que jamais aspiraram honestamente a essa condição sagrada? Tem-se condenado, em todos os tons, como renegadora e diminuidora do ideal artístico, aquela concepção que se diria instrumental porque põe a arte a serviço de alguma coisa — uma ideologia, um partido, uma fé. Que dizer então da arte posta a serviço do vil metal, da arte utilizada tão somente como meio de ganhar moedas, a qualquer preço, a qualquer custo?

É em todos os planos — e não só no político — que se configuram as responsabilidades que deveriam fazer hesitar mil vezes a mão que se debruça sobre o papel ou que empunha uma câmera, a palavra que se profere de público, o gesto, a atitude que oficialmente se toma. Mensagens irresponsáveis na origem podem vir a ser, no destino final, um corrosivo, um solvente, um explosivo, um veneno. Nenhum homem público pode ignorar a evidência de que, no fundo, é um educador.

(Jornal do Commercio, de 07.08.1977)

MUITA CIÊNCIA

Pouca ciência afasta de Deus; muita, aproxima — é velho e famoso axioma. Sem ter nada de cientista, imagino que isso decorra da imensa harmonia que a ciência vai reconhecendo na natureza: como cada coisa parece feita para outra, para uma determinada função, em vista de uma muito nítida finalidade — segundo, portanto, uma razão e um plano. Há, entre todas as coisas, relações e vínculos, cada uma no seu lugar, com um papel e sentido, como integrando projeto tão monumental quanto minucioso.

O nosso planeta, por exemplo. A infinidade de circunstâncias — de coincidências ou de acasos, se quiserem — sem as quais a vida simplesmente não seria possível... A atmosfera, a água, a temperatura, a curiosa inclinação do eixo, tudo, tudo: quantos elementos exatos, na exatíssima medida! Quanto cuidado, quanto desvelo — paternal, maternal — nessas pré-condições todas e tantas, nem a mais nem a menos, nem excessos nem carências insuperáveis: quanto requinte! Diante da absoluta desolação dos demais planetas, só há que louvar a maravilhosa cadeia de elementos perfeitos, na ideal medida, que tornam possível a vida aqui, neste planeta azul.

Muita ciência aproxima de Deus? O paradoxo está em que, se isso é verdade no plano individual, da pessoa do cientista, parece curiosamente descompassado no plano coletivo. A maior ciência dos séculos recentes conduziu a um formidável progresso, a extraordinário aparato tecnológico, a indescritível conforto. Não só a luz elétrica, nem só o automóvel, nem só a geladeira, mas tantas e tantas coisas, tão espantoso conjunto de comodidades, a dar ao homem a prodigiosa sensação de poder e de domínio sobre a natureza: praticamente poder fazer tudo quanto sonhe, tudo quanto lhe passe pela trêfega cabecinha. Voar? Pois voa. Ir à Lua? Pois vai. E aí começa a tragédia: quanto mais o homem acha que pode fazer (e faz mesmo), tanto mais, por um lado, passa a se imaginar sem limites e sem regras, e tanto menos, por outro, se sente vinculado e próximo da natureza-mãe.

O homem moderno simplesmente não olha para o céu, não vê a noite, não identifica as estrelas. Como poderia, se a luz difusa das luminárias artificiais ofusca e bloqueia a visão? E se seu descanso noturno é tomado pela televisão e por tantas outras feitiçarias — o videocassete, agora, por exemplo? Para ver o cometa Halley (se ele tivesse sido visível) seria preciso buscar lugares afastados, sem tanta civilização... O antigo, ao contrário, vivia numa permanente contemplação da natureza. E, porque olhava os astros, fez a ciência: inaugurou a astronomia, criou a geometria, permitiu a navegação. Sentia-se dependente, sabia que todos os elementos, dos menores da terra aos imensos do espaço, são preciosos: valorizava-os, respeitava-os, temia-os; chegou até a, de alguns, fazer deuses. Era um erro, claro, mas, ao menos, era humilde diante de realidades e forças muito superiores. O homem moderno não respeita nenhum desses ilusórios deuses, mas, ao mesmo tempo, acabou não temendo nem ao Deus único e verdadeiro, nem à natureza, obra direta de Suas mãos. O resultado é esse poder colossal, inédito na história, capaz de nada mais, nada menos do que acabar de vez com a humanidade e extinguir a vida da face da terra — poder literalmente demoníaco.

Pensemos nessas estranhíssimas chuvas, abundantes, copiosas, contínuas, em pleno verão nordestino. O clima parece mudado. A natureza, diferente. Pode ser que haja explicações científicas comuns. Pode ser. Mas por que não pensar, também, em efeitos remotos da avalanche de explosões nucleares com que o planeta veio sendo bombardeado desde a última guerra — na superfície, na atmosfera, nos subterrâneos? Tudo isso pode fazer-se, mexer tão tremendamente na própria intimidade do átomo, sem irreparáveis prejuízos ao meio-ambiente? Por que não imaginar que essas notórias alterações no clima devem ter algo a ver com aquelas medonhas perturbações nos elementos primaciais da natureza, decorrentes da ação de um homem dominado pelo gigantismo da ciência e cada vez mais inebriado com seu próprio poder?

(Diário de Pernambuco, de 8 de dezembro de 1986)

ECOLOGIA E ÉTICA

Um dos mais louváveis méritos do nosso tempo será, certamente, a preocupação com a ecologia. Se não, ainda, na unanimidade dos homens, e se não, também, na maior parte das autoridades, que detém o poder decisório para reprimir e para prevenir, pelo menos em amplos setores da humanidade já se difunde a chamada "consciência ecológica", para reconhecer e respeitar o equilíbrio da natureza. Pode ser que aconteça com a ecologia o que às vezes sucede com o patrimônio histórico: que seja mais fácil defender esses valores quando eles afetam somente interesses alheios, sendo rapidamente desprezados toda vez que podem vir a atingir os bens próprios. Não vá algum defensor da ecologia ser flagrado aterrando um braço de maré, num desses imensos aterros que desfizeram a fisionomia do Recife e acabaram por provocar ou agravar as enchentes com tantos prejuízos para a população ribeirinha. De qualquer modo, com incoerências ou sem elas, é excelente que a consciência ecológica avance e se faça, em breve, dogma fundamental para a existência coletiva.

Pois o fato é que a natureza traduz uma ordem, pela qual seus vários elementos se integram e se equilibram, mesmo que seja à custa da violência, à custa do fato, por exemplo, de alguns animais exterminarem outros. Apesar dessas agressões, tudo na natureza se compõe e se repõe, se completa: o grande equilíbrio predomina e, de modo geral, as espécies não se extinguem sem a intervenção predadora do homem. A ordem da natureza reflete um plano ou uma lei (o que implicará também numa Inteligência): fiquemos apenas com a ideia de que os elementos da natureza cumprem sua função, realizam seus fins, as finalidades específicas de cada um, harmonizam-se no plano geral e, nele, cada qual desempenha seu papel. O que a consciência ecológica procura fazer é justamente promover o conhecimento e o respeito a esses papéis específicos de cada elemento, para preservar a ordem e o equilíbrio do conjunto. O homem não consegue aparecer na história sem proceder a numerosas intervenções no ambiente: trata-se, agora, de procurar que essas intervenções não redundem em desfigurar o mundo natural, em prejudicar-lhe o equilíbrio, solapar-lhe a ordem.

A ecologia, notável por si mesma, é notável também pelos desdobramentos que deve ensejar. Pois é elementar dar um passo além e perceber que, se a natureza traduz uma ordem e uma lei, o homem também, como, afinal (ao menos sob certo aspecto), elemento dessa mesma natureza, deve igualmente estar sujeito a uma lei e uma ordem. Nem seria razoável pretender que todos os elementos da natureza enquadrar-se-iam dentro de um plano geral, à exceção do homem.

Também deve haver, para o homem, um fim a atingir, a finalidade específica de sua existência sobre a terra, aquilo que será propriamente o **bem do homem** (como haverá, para qualquer outro elemento, seu bem específico, que é a realização do plano que lhe cabe). Apenas acontece que, enquanto esses outros elementos perseguem seus fins automaticamente, mecanicamente, sem nem se darem conta disso, o homem tem o conhecimento, pelo qual sabe o que faz e sabe qual a relação, em favor ou contra, de cada ato seu relativamente à execução do seu bem específico, e tem ainda a liberdade, pela qual pode preferir praticar aquilo que favorece ou aquilo que impede esse bem. O cumprimento, pelo homem, da lei, do plano de sua existência, não é automático nem inconsciente, mas racional e livre. É um cumprimento literalmente moral.

O essencial, também aqui, será perceber que a violação da ordem humana desestrutura a existência do todo, a coletividade, e do indivíduo, como a violação da ordem meramente natural desestruturava a natureza no seu conjunto. Não se desrespeita a ordem moral sem consequências — inclusive consequências pessoais danosas. Da mesma forma como acontece com a ecologia. O homem é livre para cumprir ou não cumprir a lei de sua existência, realizar, ou não realizar, o bem de sua natureza específica, como é livre para respeitar, ou não respeitar, o equilíbrio do ambiente natural: deve, acima de tudo, advertir-se de que, num caso como no outro, a opção pelo desrespeito causa danos na existência geral, na vida dos outros e em si próprio.

(Diário de Pernambuco, de 6 de junho de 1989)

Capítulo 13
O PRIMEIRO VÍNCULO: A FAMÍLIA

CÉLULA FERIDA

Como o capitalismo, a sociedade que ele gerou é suicida: adora falsos valores que contém em si o germe da própria destruição. Acima de todos, o mito da felicidade individual a ser perseguida e alcançada a qualquer custo, por cima de pau e de pedra. Quem sofre, no fim, é a família, a pequena célula fundamental a que retornamos sempre, o ponto de apoio, o porto seguro que nos revigora para os combates do mundo. A atmosfera envenenada da civilização individualista-liberal-capitalista-burguesa está minando, por todos os poros, a estrutura familiar — e esta, deteriorada, corrói, em retribuição, o tecido social. O círculo vicioso se completa, a interação entre a sociedade e a família, entre a rua e a casa, é absoluta.

Uma instrutiva reportagem da revista Isto é, publicada há algum tempo (nº 132), contava a história de três ou quatro desses jovens meio idealistas, meio equivocados, que terminaram na chamada clandestinidade, fazendo-se terroristas para derrubar o governo. Em todos os depoimentos lá estava, em dada altura, o traço dramático: *"e então, por isso ou aquilo, saí de casa"*... Era a expressão do desajuste familiar, primeiro passo de uma longa sequência de tropeções, que iriam terminar no "aparelho".

Não pode ir bem a família se a sociedade, que é o ar que ela respira, vai mal. Mergulhados num ambiente que idolatra o hedonismo, as facilidades, o individualismo, terminam os pais esquecidos de seus deveres, imaginando-se sem responsabilidades, sem compromissos. Seria cômodo demais se os nossos atos tivessem o condão de não desencadear repercussões, não alterar a ordem das coisas, não produzir consequências. No entanto, eles criam laços, criam vínculos. E às vezes acontece que criam coisas muitíssimo piores, muito mais sérias: criam filhos. Que não são meros animaizinhos desta ou daquela espécie, capazes de cedo se libertarem da tutela paterna e cuidar da própria existência. São seres humanos, delicadíssimos, fragílimos — no corpo e na alma! —, necessitados de demorada formação. E é claro que, se foi livremente, por livre e mútuo consentimento, que o homem e a mulher conceberam o filho, não podem se livrar dele num ato de igual liberdade, por mútuo e livre consentimento. (Ou nem isso já não é tão claro assim?)

Como se há de efetivar, neste contexto, o direito à felicidade, a que todo mundo aspira? Tão legítimo é esse direito que toda a filosofia clássica via nele o fim último subjetivo da vida humana. E era uma discussão admirável a que se processava a seguir, para identificar o bem capaz de proporcionar ao homem a felicidade a que ele almeja. Mas bem se vê que seria um mundo de alucinados, um mundo de egoísmos cruéis, aquele em que cada qual tomasse como regra suprema de sua conduta a busca da própria e desenfreada felicidade individual, a qualquer preço. A linha direta dessa premissa leva à legitimidade da eliminação de quantos me aborrecem e me irritam: sua existência perturbaria meu absoluto direito a uma felicidade que se pretenderia inabalável.

Como poderá alguém um dia imaginar-se feliz à custa da tragédia que causou, não a um estranho simplesmente, mas à estrutura íntima do próprio filho? Como poderá proclamar-se inundado de felicidade, se sua nova "aventura" amorosa foi conseguida ao preço do desajuste e da dilaceração interior do inocente que ele chamou ao mundo? Pior do que o homem-lobo-do-homem, lema do individualismo brutal do mundo moderno, é o homem-lobo-do-próprio-filho.

(Diário de Pernambuco, de 16 de abril de 1980)

CONTRA A FAMÍLIA

É muito provável que cada geração tenha a tendência de considerar as próprias crises como as piores da História. Assim como cada qual tende a olhar o universo inteiro sob a luz de sua própria perspectiva. É desta forma que contemplamos a decadência destes nossos tempos presentes — se não do ponto de vista político ou militar (ainda bem que não há guerras planetárias no horizonte), pelo menos do ponto de vista da vida cotidiana, da sociedade comum. Não sei se noutro tempo, pelo menos nos últimos 500 anos, organizou-se ataque tão profundo, tão sistemático, tão avassalador contra a base última da vida social, contra aquela que era (que era!) considerada a célula mater da sociedade: a família. O mundo contemporâneo parece voltado especificamente contra a família, para destruí-la, para pulverizá-la, para corrompê-la.

Os principais ingredientes desse ataque foram, e são, o divórcio e a televisão. Quanto ao divórcio, pode-se ver claramente agora, à distância de mais de 20 anos de sua implantação entre nós, todos os seus efeitos. Que foram menos o de reencaminhar dolorosos casos de casamentos amargamente infelizes, frustrações que todos conhecemos e cuja dramaticidade a todos aflige, do que o perverso efeito multiplicador, de tornar o casamento alguma coisa de menor importância, irrelevante, leviano. Nada mais corriqueiro, hoje, do que encontrar casais descasados, recasados, tricasados, com tudo o que isso representa, em termos de desajustes para os inocentes e martirizados filhos dessas uniões, cujos conflitos interiores já estão constituindo problema específico para as escolas.

A televisão continua na campanha (inconsciente?) de minar a instituição familiar, banalizando o casamento, divulgando todos os gêneros de deformações, degradações, desvirtuações dentro e contra a família. Hipocritamente a Constituição pretende que a programação do rádio e da televisão deva respeitar *"os valores éticos e sociais da pessoa e da família"*, mas espertamente livra o Estado de qualquer responsabilidade a respeito, supondo a ridícula ideia de que cada pessoa e cada família poderiam, por conta própria, defender-se dos desrespeitos que a todo-poderosa televisão faça contra aqueles valores...

Desarrazoados anteprojetos de lei é neste contexto civilizacional, contra a família, que se situam e se compreendem: são escaladas a mais na demolição da família, plano cuja origem não pode estar senão no demônio. Assim os anteprojetos que, a pretexto de assegurarem proteção previdenciária aos homossexuais (o que, em princípio, é razoável) ou de regularem dispositivos antigos do Código Penal sobre o aborto, de fato, no entanto, o que fazem é, aquele, instituir um absurdo casamento "gay", nivelando-o com o verdadeiro casamento, e, este, liberalizar o aborto, legalizando todos os casos em que querem praticá-lo, além, muito além, das duas únicas exceções que o Código tolera.

Eis por que o nosso João de Deus é um autêntico profeta: porque sabe discernir a essência da tragédia e sabe atacá-la na raiz. Por isto ele se dedica incansavelmente aos jovens, que são o futuro, e à família, cuja regeneração, cuja recuperação, se ainda for possível, salvará a civilização. Aí está todo o dilema: ou o mundo volta a prestigiar a família ou estará definitivamente condenado, entregue, sem apelação, ao domínio do paganismo, do hedonismo, da devassidão.

(Jornal do Commercio, de 3 de outubro de 1997)

OS VÍNCULOS IMPOSTERGÁVEIS

Se é próprio do intelectual ser inconformado, ser um crítico do poder e da ordem estabelecida, qualquer que seja, sempre pronto a denunciar os desmandos e os equívocos, de Millôr Fernandes pode-se dizer que é o tipo acabado do intelectual. Não há inquisidor mais implacável do falso e do postiço, mas não apenas do moralismo rotineiro e convencional, como poderia parecer, numa visão superficial, a quem venha acompanhando as críticas quase impiedosas que endereça ele a pseudovalores burgueses, a instituições tradicionalistas, a hipocrisias sociais. A crítica de Millôr é muito mais séria e vai muito mais longe.

Bom exemplo disso é essa peça É... que em boa hora retorna aos nossos palcos. Nela, Millôr desmonta o novo modismo dos costumes liberados, avançadinhos. Tudo gira em torno de dois casais, um, mais velho, já há 25 anos constituído, representante do casamento convencional; o outro, o casal moderninho, que vive junto sem casamento e se gaba de poder, qualquer dos parceiros, ter relações com terceiras pessoas sem revolta do companheiro, que seria não o último, mas o primeiro a saber — aventuras a que não se dedicam não porque não devessem, ou não pudessem, apenas porque não querem, daí seu relacionamento se pretender muito mais maduro, mais honesto, mais verdadeiro, mais livre, sem repressões etc. e tal. Acontece que Oto, o moderninho, é estéril, e Ludmila, a liberada, quer ter um filho. A lógica de suas premissas anticonvencionais exige que eles não achem nada de mais em convocar um terceiro, no caso o marido do casal à antiga, para fecundar Ludmila.

Ou seja: resolveram levar sua experiência de liberação às extremas consequências. Ousaram levar a sério o "blefe". E Millôr se pergunta: *"mas será, assim, tão fácil? Como se estabelece uma relação dessas, na prática?"*. A ternura simulada não tenderia a criar uma ternura verdadeira? A partir daí a peça, a excelente peça, é a lenta retomada do império dos vínculos. Não é mais o teatrólogo quem conduz a ação; ele passa meramente a registrar o que vai sendo determinado pelas fatais imposições da natureza humana. O que começou como um sofisticado exercício de liberação encontra seu verdadeiro caminho, que é o do drama: converte-se numa dolorosa traição amorosa, com todas as tragédias que ela acarreta, de um lado e outro.

Pois o amor gera vínculos, cria laços, impõe consequências. Faz com que um fique "cativo" do outro, como dizia o Pequeno Príncipe: passe a ter necessidade do outro, a se sentir *"eternamente responsável"* por ele, *"por aquilo que cativou"*. O amor quer ser permanente, quer ser estável, quer ser exclusivo, quer multiplicar-se em filhos que não sejam a expressão nem do pai nem da mãe, sozinhos, mas que seriam ontologicamente impossíveis, **aqueles** filhos, se não fosse **aquele** varão, único, mais **aquela** mulher, única. O amor supõe até — e creio que essa é a boa conclusão da peça, aparentemente paradoxal diante da imagem de iconoclasta do autor –, supõe até... **a família**. Não a família convencional, formalista e hipócrita — essa crosta de patifaria que não deixa nunca de mascarar, ao longo da história, as mais profundas inclinações do coração humano. Mas a família que é preciso redescobrir debaixo dessa fuligem, a família que não é uma chatice mas uma plenitude. Fora dela, as ligações amorosas serão sempre uma aventura, com sabor de drama, aqui mais digno, acolá mais torpe, mas não serão nunca um jogo, nunca um brinquedo, nunca uma leviandade que passasse sem produzir consequências e sem deixar marcas.

Fosse outro o autor dessa vertiginosa crítica a tais irresponsáveis "liberações" e logo seria apontado como reacionário e desprezado por causa disso. Ainda bem que é Millôr, o inquieto, o anticonvencional, o devastador — na verdade um notável humanista, capaz tanto de denunciar os farisaísmos quanto de reconhecer as substâncias, as indeclináveis aspirações da alma humana. Em algumas passagens da peça, só me lembrava de Gustavo Corção. Não somente, por exemplo, na exaltação da *"mística da volta"* como razão de ser do gosto pela aventura, ou na denúncia das generosidades dedicadas só às tragédias longínquas, ao passo que negligentíssimas em relação às desventuras próximas e rotineiras — temas laterais que ambos abordam, não nos mesmos termos, mas seguramente com o mesmo espírito. Mas, sobretudo, na condenação do descompasso entre as fantasias da teoria e as exigências da vida. Também Gustavo Corção sentira a contradição entre os dois pavimentos de sua casa: em baixo, o materialismo histórico, que ele discutia com os amigos, entre outras ficções mais; e em cima, *"a mulher que tinha passado o dia discutindo com o açougueiro, cosendo roupa, lavando os filhos, cuidando do meu jantar"*. Será essa, igualmente, a grande lição de Millôr Fernandes: é mister não ter duas casas, não inventar teorias que contradigam tragicamente as mais fundas imposições da natureza humana. Pois há vínculos que é impossível postergar, pôr de lado, passar por cima — os poderosos vínculos de nossa própria condição, tanto biológica quanto espiritual.

(Diário de Pernambuco, de 16 de agosto de 1982)

A PROMESSA

É por saltos e oposições que o homem avança. A história é toda feita pendularmente de alternâncias e contraposições, aqui um acento, acolá o acento contrário — nenhuma geração detendo a exclusividade das perfeições, todas elas como amálgamas de excelências e deficiências. A família do século XIX terá realçado o valor **estabilidade**, ao custo de um relacionamento excessivamente formal e cerimonioso, muito pouco natural. A moderna, concentrando-se no valor **espontaneidade**, findou mais do que vulnerável e frágil, qualquer contrariedade logo a desfazendo. Chegaremos, algum dia, a uma feliz síntese? Conseguiremos recuperar o antigo valor da estabilidade sem prejudicar a espontaneidade que é uma das boas conquistas dos modernos?

Tudo será possível se redescobrirmos a **promessa**, ou melhor, se redescobrirem a promessa, que ao outro cada um livre e solenemente formulou, os dois fundadores da verdadeira pequena cidade que é cada novo casamento. Num tempo, eles se encontraram, se engraçaram, se conheceram, e lá um certo dia trocaram a promessa de se doarem, um ao outro, integral, irrestrita, incondicionadamente. Na alegria e na tristeza. Somente a certeza da plenitude dessa promessa recíproca dá a necessária solidez ao alicerce da minúscula cidade nova que começam a edificar. Sabem que, doravante, nenhum dos dois é sozinho e somente; que cada um é inseparável e indissociável do outro. Tão unidos, tão integrados, tão fundidos que não somente, daí em diante, a história de um não mais se escreverá sem a presença, a companhia, a participação do outro, mas até poderão suscitar essa realidade ontologicamente una, indivisa, impossível de seccionar em percentuais, a parte que é dele e a parte que veio dela — o filho, **brutal afirmação de unidade**, tão ostensiva e tão indestrutível quanto devera ser a unidade do casal que o gerou.

Porque partem da promessa e se sabem assim irremediavelmente confundidos, podem ao mesmo tempo ser tão autenticamente diferentes, cada qual sendo ele mesmo, na riqueza da própria personalidade, sem precisar esconder-se entre temores e camuflagens, no receio de que o outro logo se impaciente e vá embora. Podendo, portanto, até divergir e brigar. A insegurança é o estado habitual dos relacionamentos em que predomina o individualismo, a ideia de que a felicidade pode ser uma aventura unilateral, sem responsabilidade quanto aos vínculos e às consequências. Ao contrário, somente proporciona plena segurança (menos econômica do que afetiva) o amor genuíno, aquele que se consolidou na promessa – promessa que não é nenhuma convenção social, nenhuma imposição exterior, mas simplesmente corresponde à aspiração mais íntima e mais profunda daqueles que se amam e, porque se amam, sabem que seu amor é perene e é exclusivo e é fiel e é fecundo.

É muito comum que sobrevenham, depois, dificuldades e crises, maiores ou menores — vencíveis, porém, na maior parte, se se lembrarem da **promessa**, se recordarem a natureza e a extensão do encantamento e da doação que reciprocamente se fizeram, não para durar apenas enquanto não enfrentassem qualquer contratempo, ou enquanto não aparecesse uma sedução maior, mas para ser **vida-em-comum**, misturada, fundida, unificada. Difícil, dizia-me outro dia uma amiga, é a primeira separação: consumada esta, as outras se superpõem com cada vez maior facilidade. Todo o problema é **violar a promessa**, esquecer que prometeu, fazer de conta que não entrelaçou a vida, fantasiar que não deixou de ser sozinho. Em vão imaginarão que podem, depois, apartados, ser cabalmente felizes, como se não viessem vivendo uma história comum, e como se a biografia ainda pertencesse a cada um isoladamente, e como se, da unidade que constituíram, unidades concretas não houvessem brotado. Muito mais em vão ainda imaginarão que podem ser felizes esses inocentes que o amor deles trouxe ao mundo e que precisam dos dois ao mesmo tempo e complementarmente, e que, frutos em igual e misteriosa proporção de ambos, não podem vê-los desarticulados senão a si mesmo se despedaçando e desconjuntando também.

Como vai a família? pergunta a CNBB na Campanha da Fraternidade deste ano. Vai muito mal, acuada numa atmosfera civilizacional que privilegia o hedonismo e o individualismo, prestigia a facilidade das separações, promove o culto de uma felicidade a ser buscada por si mesma, por cada lado e sem respeito às leis do coração. Outras dominantes culturais precisariam ser valorizadas para exaltar o verdadeiro amor, o qual quer ser perene e fiel. Quer realizar-se na promessa e quer realizar a promessa — promessa que compromete a vida toda, por toda a vida.

(Diário de Pernambuco, de 4 de março de 1994)

METADE DA HISTÓRIA

Gafes e mais gafes são cometidas todos os dias neste desorientado mundo em que não se sabe mais quem é casado com quem, separações e novas ligações consumando-se com a maior ligeireza, sem que os conhecidos sejam devidamente avisados. Folheando, outro dia, um exemplar da revista Caras surpreendeu-me a maneira como as novas ligações são divulgadas: lá um senhor de seus 50 e tantos anos posava muito animadinho ao lado de uma jovem na casa dos 20 (a idade das filhas dele) e a revista anunciava que eles estão vivendo um grande amor, são o complemento perfeito um para o outro, esbanjam felicidade. Pode ser verdade, mas será apenas metade da história. Como a proposta explícita de uma revista americana famosa, que terminantemente veda, nas suas páginas, qualquer menção a doenças ou mortes: não quer apresentar senão o mundo risonho das mulheres lindíssimas, dos carros possantes, da vida bela e cheia de glamour. Também é verdade, mas também será apenas metade da história. É uma meia-verdade, ou seja, é a pior das mentiras.

Se o mundo está repleto de mulheres deslumbrantes e cenários paradisíacos, também nele existe o sofrimento e a dor. Não há quem, por mais rico que seja, consiga se livrar da doença e da morte. É a outra metade da história. Assim como, no caso daquelas ligações alardeadas pela revista, haverá também, esquecida pela mídia colorida e festiva, a primeira esposa, a esposa legítima, que também andará pelos seus 50 anos, e de cuja solidão, ou de cujo desamparo, de cujo drama, a revista sobranceiramente nem cogita. Como haverá também os filhos daquele casal cinquentão, destroçados ao ver, agora, a separação dos pais — dilacerados, os filhos, na sua unidade ontológica, divididos na afeição, perturbados no equilíbrio emocional, dramas humanos aos quais a visão edulcorada da revista não dá a menor atenção. Segundo ela, filhos de pais separados estão sempre muito felizes e muito ajustados. Será assim mesmo? A realidade de todos os dias parece proclamar o contrário.

É claro que haverá, sempre houve, situações em que, completamente insuportável a convivência dos pais, a discórdia dentro de casa também prejudicava, e gravemente, aos filhos, e a separação resultava inevitável. Mas isso tudo é uma coisa. Outra, e fundamentalmente diferente, é a cultura leviana que **estimula** separações e novos relacionamentos, induz a rompimentos por qualquer ninharia, ao primeiro pretexto, ou à primeira discordância, na medida não só em que pinta as novas ligações com as cores exuberantes do romantismo e da felicidade, mas também em que divulga a utopia de entendimentos absolutamente perfeitos, de tal sorte que qualquer falha no cônjuge, qualquer rusga, qualquer dificuldade ou incompreensão não pode ser tolerada e deve redundar em imediata separação. Outros valores não são cultivados — nem a lembrança do encantamento recíproco inicial e de tudo quanto os aproximou, nem a consciência do que viveram e fizeram em comum, lado a lado, nem mesmo a responsabilidade para com aqueles, completamente inocentes, que geraram.

À parte o aspecto religioso do sacramento, essas separações constituem hoje problema eminentemente social e não apenas da unidade familiar que está sendo destroçada. Interessa à sociedade inteira, que vai aturar as consequências. Quanto do desajuste social de que boa parte da juventude de hoje padece não se deverá a essas desagregações familiares, essa corrida desenfreada por uma felicidade individual e absoluta, buscada a qualquer preço, egoisticamente, sem a menor consideração com a sensibilidade dos circunstantes — que, de resto, nem são estranhos: são os entes mais próximos, aqueles que deveriam ser os mais queridos? Quanto das despesas públicas, em termos de mais segurança ou de mais hospitalização, despesas que recaem sobre toda gente, não decorre, em boa medida, desses desajustamentos? Até por isso é problema que a sociedade precisa enfrentar, se não quiser caminhar, às cegas, para o abismo.

(Jornal do Commercio, de 25 de junho de 2000)

PAIS E FILHOS

Toda morte é prematura e temporã. Mesmo a dos mais idosos. Toda morte é antinatural. É uma violência, e não só porque rasga o ser ao meio, corpo para um lado, alma para outro: também porque quebra a continuidade da vida, interrompe o que estava em curso, enredos, expectativas, sonhos. Quanto mais, então, a morte dos mais jovens, que pareciam ter toda a vida pela frente. E muito mais, para os pais, a morte dos filhos. Se toda morte é absurda, a morte do filho é a mais absurda de todas. Por mais dolorosa que seja a morte dos pais — e deve ser, e o bom filho não há de deixar de chorá-la nunca — ela infelizmente se insere na ordem natural das coisas, essa ordem (ou desordem) que introduziu a morte no mundo, não havendo vivente que, mais dia, menos dia, não se depare com ela. A morte do filho, não: ela viola e subverte completamente essa "ordem" natural. Por que ele, e não eu? por que ele antes de mim? — pergunta todo pai arrasado por semelhante desespero.

É misteriosa a relação entre pais e filhos. Para compreendê-la cabal e vitalmente é provável que seja preciso reunir em si as duas condições: além de filho, que todo mundo é, vir a ser pai também, por sua vez. No fundo e rigorosamente apuradas as coisas, o pai gostará mais do filho do que o filho gosta do pai. Dizendo melhor: por mais que o filho ame ao pai, o pai ainda o amará mais. Por quê? Desconfio que haja aí ainda um reflexo do sentimento da necessidade de nossa própria imortalidade (a qual, a rigor, somente advém com a própria morte, quando a vida, como diz a liturgia, *"não é tirada, mas transformada"*: imortalidade literalmente pessoal, daquele mesmo que, aos olhos da carne, acaba de morrer, mas que continua, ele mesmo, junto ao Pai, que, para ele, preparou, desde sempre, uma morada). Como essa imortalidade, a verdadeira, somente se concebe com a luz da fé, de algum modo a continuação nos filhos, muito mais material e visível, vale como compensação. Nem é preciso semelhança física ou psicológica, alguma hereditariedade do temperamento, do jeito de ser, a "permanência" de que falava um sensível poeta pernambucano, Durval Mendes: *"meus irmãos, quando eu me for / para a terra-de-ninguém / não vou de todo. Olhem bem / que fiquei entre vocês / nos meus filhos diluído"*.

Importa, então, é a pura continuação, a cadeia pessoal a que cada elo dá seguimento, com semelhança ou sem ela, ou melhor, com semelhança mais visível ou menos visível. O que o pai vê, no filho, é sua própria continuidade. No herdeiro, o pai se vê continuar, além de si mesmo, e sem ele mesmo. O filho projeta o pai no futuro, além dele: vai prolongar-lhe a existência, dar continuidade, não ao sonho ou à obra paterna (até porque pode realizar somente seus próprios sonhos e seus próprios caminhos) – vai dar continuidade ao próprio ser do pai. Por isso, ao pai, é tão precioso o filho: tão querido, tão necessário. Nele, o pai continua, ainda que com projetos diferentes e novas motivações.

De algum modo também, no filho, o pai resgata a dívida que tem, eternamente, por aqueles que, por sua vez, o geraram. E percebe-se a si mesmo, nitidamente, como apenas um transmissor da poderosa corrente, que não começou com ele, apenas passa por ele: e assim como a recebeu, assim a transmite, ela vai adiante, até os confins da matéria, enriquecida, agora, com alguma coisa de seu.

A partida do filho mata o pai antes de sua própria morte. Anula a continuidade do ser do pai. Corta-lhe o sentimento de permanência. Suprime-lhe a expectativa de, mesmo em termos materiais, vencer a morte, continuando-se no filho que, absurdamente, vai primeiro.

(Jornal do Commercio, de 30 de abril de 1998)

O INOCENTE E O PAI

  Assim como a mãe verdadeira tem um comportamento típico, que Salomão evidenciou, assim também o verdadeiro inocente age de um modo absolutamente peculiar. O culpado pode-se fingir de inocente; pode, conhecendo aquelas peculiaridades, simular o comportamento do inocente. O contrário não acontece: o verdadeiro inocente não age como culpado. O verdadeiro inocente não se cansa de proclamar a própria inocência, a tempo e contratempo, contra tudo e contra todos. Mais ainda: até admite sacrifícios e padecer injustiças. Ele grita a própria inocência haja o que houver, seja o que tiver de suportar. Ou pelo menos quase tudo: esse era, de resto, o princípio terrível da tortura nos tempos medievais. Imaginava-se que o inocente, porque era inocente, tudo suportaria. Não é verdade. Há certos extremos de dor, de suplício, que mesmo o inocente não aguenta, e a humanidade evoluiu muito quando tomou consciência disso. Mas há um grande elemento de verdade nesse princípio que era o fundamento da injustificável tortura: o inocente afirma a própria inocência até pelo menos certos limites de constrangimentos físicos.

  Naquelas "pegadinhas" que passavam em alguns programas de televisão ficava evidentíssima (de tudo, afinal, sempre se pode tirar alguma lição) a reação sempre indignada do inocente, colocado numa situação em que parecia ter cometido alguma ofensa a outrem. Diferentemente do verdadeiro culpado, o inocente partia para cima do outro, revoltado, completamente transtornado com a injustiça que sofria. O inocente não se põe placidamente a tecer loas sobre as próprias virtudes, a dissertar sobre o próprio bom comportamento pretérito. Ao invés de devanear sobre suas recordações, o que faz, o tempo todo, é gritar a própria inocência. Porque a injustiça lhe dói, como dizia o grande Capiba. E por isto o revolta e desperta nele forças insuspeitadas. Ele esbraveja, protesta, ruge, investe contra os injustos acusadores, é o primeiro a querer demonstrar a cabal inocência, por todos os meios, inclusive participando de reconstituições, nas quais mostrará como estava noutro lugar, como não poderia cometer o crime de que é acusado. Absolutamente não se resigna com as ignomínias que lhe são imputadas, não adota nenhuma posição meramente passiva, conformada, apenas lembrando "eu era um bom menino"...

o O o

Toda morte, evidentemente, é uma tragédia. Para aquele que morre, mas também para os que ficam e queriam bem ao que partiu. Há mortes, porém, ainda piores do que as outras, ainda mais traumáticas. Sobretudo, aquelas que subvertem a ordem natural das coisas. A morte dos pais é sempre imensa dor; mas a perda de um filho, é incomparável. Porque não é natural que filhos morram antes. O pai, que vê no filho a própria continuidade, o próprio futuro, não pode deixar de se sentir arrasado quando, por uma fatalidade qualquer, um filho lhe é tirado definitivamente. É possível que não haja dor maior. A morte dos pais, por mais queridos que sejam, não deixa de se inserir na ordem natural das coisas: infelizmente, desde que a morte entrou no mundo, à velhice, ao inevitável declínio físico, sucede sempre a inevitável morte.

Quando um pai descobre morto o filho, não pode fazer nada, não pode ter nenhum outro interesse a não ser chorá-lo, não tem outro assunto. Vira um obcecado com a morte prematura e subversiva. Não fica contando figurinhas, conversando sobre o tempo ou sobre moda. Nada lhe importa, nem sequer o nome do assassino. Que prendam o criminoso, é outro problema — aliás problema alheio, da sociedade inteira, da justiça. O seu problema é a dor insubstituível, irreparável. E é comuníssimo até que se culpe. Ao invés de se declarar inocente, o que faz é proclamar-se culpado: culpado por tudo, por qualquer coisa, pelo menor dos incidentes — e a primeira acusação que dirige a si mesmo é a de não estar junto do filho na hora da agressão do terceiro. E inventa pretextos para não se perdoar: porque não deu o sorvete que o filho pedira minutos antes; porque o repreendera numa desobediência qualquer; por qualquer nada. O pai inocente sempre se sente e se declara culpado.

(Jornal do Commercio, de 20 de maio de 2008)

EFEITOS E CAUSAS

A inteligência, como a ciência, que é, daquela, a maior expressão, é sempre o esforço de identificar as causas, subir até às causas, como já dizia Aristóteles de todo conhecimento: *"conhecer é conhecer pelas causas"*. Pouco avança quem se detém apenas nos efeitos, na contemplação, ou no susto, diante dos efeitos. O homem só progride quando se dispõe a ir além, ir dos efeitos às causas, investigar e descobrir as causas — as essenciais quatro causas do mesmo Aristóteles.

É notório que o Rio de Janeiro vive horrenda tragédia, com essa guerra do tráfico de drogas, que adquiriu proporções insuportáveis, prejudicando o turismo e quase inviabilizando a própria vida cotidiana. Em vão, porém, se batalhará, se se ficar apenas enfrentando os efeitos — reprimir o tráfico, aumentar o policiamento, instalar no morro as próprias Forças Armadas. É luta de paliativos, somente um pouquinho menos ineficaz do que as "passeatas pela paz", evidentemente incapazes de sensibilizar assassinos e diminuir a quantidade de barbaridades.

Não há tráfico de drogas senão porque há consumidores — que são, em grande medida, consumidores das classes média e alta; não há tráfico senão porque há demanda, e grande. E não há demanda, esse número enorme de jovens viciados, senão porque há famílias desestruturadas. E as famílias não estão desestruturadas essencialmente senão por conta da dissolução dos costumes — acelerada fundamentalmente pelo divórcio e pela televisão, essa cultura de hedonismo que cada vez mais se difunde, essa procura a qualquer custo do prazer individual, busca da própria satisfação acima de qualquer outra coisa, esse culto da própria felicidade apresentado como dogma absolutamente incontrastável.

Não existem mais compromissos, nem responsabilidade, nem a consciência das consequências dos próprios atos. A vida é apresentada como o território em que cada um deve procurar apenas sua máxima felicidade, sem qualquer restrição, sem a consideração de nenhuma outra circunstância. Se o cônjuge de algum modo chateia, é o caso de simplesmente largá-lo, mesmo que existam filhos comuns: eles que se "virem" e busquem, por sua vez, a própria satisfação, sem atrapalharem em nada o egoísmo de cada um dos pais. Essa é a cultura que o divórcio facilita e a televisão, sobretudo nas novelas, apregoa. Uma hipócrita filosofia, aplicando mal o bom princípio de que o meu direito cessa quando viola o direito de outrem, se ainda repele o assassinato e o roubo, que prejudicam terceiros, não repele, porém, essas desestruturações familiares galopantes, que, do mesmo modo, a terceiros molestam — com a agravante de serem carne da carne dos egoístas, inocentíssimos seres que o amor, que eles juraram, chamou à vida.

A salutar campanha de que a sociedade precisa, para se salvar, é outra: é aquela que consta de mensagens que vejo pregadas em automóveis, lembrando aos pais que o presente que dão vale muito menos do que sua simples presença. Nenhum presente compra, num filho, a tranquilidade emocional de sentir, junto de si, os pais, ambos os pais. A maior expressão da unidade que o casamento deve ser sempre é a unidade absoluta, e absolutamente indestrutível, do ser físico e psicológico do filho.

Se a sociedade quiser continuar a propagar esse extremo individualismo, esse regime de cada um por si, esse culto dos direitos sem a consciência de nenhum dever; se continuar a fabricar famílias desagregadas, por que se espantar, depois, se os filhos ficam completamente desajustados, desestruturados, sem referências paternas, sem segurança emocional, sem apoio afetivo, sem balizas morais, e escorregam pelo sedutor caminho das drogas com que algum companheiro ou algum traficante mal intencionado os tenta?

Se a sociedade brasileira quiser continuar a dar voltas em torno de um drama social cada vez mais terrível, continue a se horrorizar diante dos efeitos e não tenha a coragem de enfrentar as causas.

(Jornal do Commercio, de 25 de abril de 2004)

CASAMENTOS FELIZES

Certos casamentos, verdadeiramente felizes, são uma bênção para a sociedade inteira. Que, neles, se refaz, rejuvenesce, se reencontra: encontra o melhor de seus sonhos, a realidade singela das coisas que são como devem ser. Pois neles não há um mero ritual de exterioridades ou uma sórdida conspiração de interesses e hipocrisias; nem tampouco contrato condicional, reformável a qualquer tempo, "eterno enquanto dure", como o poeta cantou, mascarando, com inspirada graça, uma triste realidade. São mesmo amores feitos para durar para sempre, toda a vida, e até além da vida; amores que superam os aborrecimentos, as canseiras, as rotinas, e vencem todas as provas; amores para os dias bons e para os dias ruins, verdadeira vida em comum, permanente presença de cada um na verdade do outro, recíproca participação, o partilhar de tudo, de todos os projetos e vitórias, todas as dúvidas e angústias. Amores para os entusiasmos da juventude, para as plenitudes da maturidade, para os sossegos da velhice.

Ninguém pretenda que amores assim não existem mais. É fato que a sociedade moderna parece, a todo instante, conspirar contra eles — pelos exemplos e tentações, os quase infinitos e sempre perturbadores exemplos e tentações, na medida em que cultua os contravalores do hedonismo, das facilidades, de uma egoísta liberdade e uma equivocada felicidade. No meio dessas trevas, é um refrigério deparar casais nutridos pelo verdadeiro amor — desses que são permanente doação e tranquila entrega, cuidado incessante, companhia, convívio, comunhão, compreensão, mútuo enriquecimento. Porque os cônjuges bem-casados doam, um ao outro, sobretudo, as próprias qualidades, para tornar o amado cada vez melhor. E constituem, mais do que uma união, uma autêntica unidade, afetiva e misteriosa, mas não menos ontológica e tão indestrutível quanto a gritante unidade física dos filhos. *"Meu pai se orgulharia de ti, como Abraão de Rebecca"*, confessou meio obliquamente, num verso, Luiz Delgado, para assinalar essa pertença absoluta, de um ao outro, desde o fundo dos tempos, a marca da família, a predestinação.

Infelizmente, um dia, a morte interrompe também essa radiante realização humana. Um dos dois é chamado. Dir-se-á coitado do que ficou, com sua dor, seu desconsolo, sua solidão, que nada pode preencher e ninguém, substituir? Waldemar Lopes, poeta sensível, captou, com exata argúcia, o verdadeiro drama: *"que será de nós dois, servos do transitório / se o anjo da morte escolher apenas um, primeiro?"*. Pois não é apenas um que ficará como desnorteado e perdido; são os dois, tanto o que permaneceu, quanto o que partiu. A ambos a ausência do outro é dolorosa e incompreensível. De ambos se exigirá o heroísmo da separação. Mesmo daquele que já estará junto de Deus, como Luiz Delgado anunciou noutro verso: *"e ficarei no outro lado da morte, / vigiando nas praias, a aguardar que chegues"*.

Ao enviuvar, dois anos atrás, Alceu Amoroso Lima observou, num tom de igual encabulamento, que *"os mortos que nos são queridos passam a viver mais intensamente conosco depois da morte"*. No reverso do abismo, o outro também estará fazendo cada vez mais presente, junto ao Pai celestial, aquele que ainda está entre nós, recoberto de carne. E será seu advogado, seu protetor e seu mediador, não direi o mais capacitado de todos, mas, com certeza, de todos o mais interessado. Eis por que, paradoxalmente, é no próprio cônjuge ausente que o que ficou encontrará o maior conforto contra essa mesma ausência.

Foi um amor assim que viveram, aqui na terra, o prof. Rodolfo Araújo e sua esposa, D. Antonieta, a qual tragicamente perdemos na semana passada. Eles eram (e são) indissociáveis; eram (e são) impensáveis, um sem o outro. Viveram esse imenso amor que não faz alarde ou pose, nem se vangloria, e até chega ao ponto de aceitar que o outro vá primeiro, porque receia que o amado, ficando, não aguente a solidão e a saudade. Amor que prefere sempre a própria dor à dor do amado, mas que, nem por isso, é feito só de dores e renúncias; ao contrário, amor de alegrias, ardentes e compartilhadas, amor de êxtases e suavidades; de ternuras e desnudada compreensão. Amor de plenitudes e festas — festa dos corações, das almas, dos sentidos. É edificante para nós outros contemplar casais assim, isto é, sermos transfigurados pela luminosidade desses amores. Não creio que, nesta hora difícil, outra coisa devamos dizer ao prof. Rodolfo Araújo senão um profundo *muito obrigado* pela vida-a-dois que viveram, ele e D. Antonieta — o exemplo que deram, a certeza de que não é impossível o límpido amor com que ajudaram a renovar a face da Terra.

(Diário de Pernambuco, de 20 de setembro de 1983)

DEFESA DA FAMÍLIA

Deve ser saudada com especial entusiasmo a realização, na semana que passou, em Brasília, do I Congresso Nacional em Defesa da Família, iniciativa da Sociedade Beneficente de Estudos de Filosofia. Não terá, como é óbvio, dito Congresso resolvido ou sequer encaminhado todos os problemas que afligem a família brasileira. É apenas um começo. Um promissor, necessaríssimo começo. Pois o fato é que, na vida comum, todos os interesses se articulam, todas as perversões se ajudam, ao passo que, de modo geral, as preocupações mais sadias ou os cuidados mais legítimos se omitem, entre encurralados e sofridos. É hora de se fazerem ouvir, antes de quaisquer outros grupos, as famílias brasileiras. Ou não são elas justamente as células essenciais da sociedade? Há interesse, da parte dos protagonistas do mundo dos espetáculos, em assegurar a mais ampla liberdade de expressão? Haja. Mas o que, quanto a isso, pensarão nossas famílias? Como tal irrestrita liberdade se reflete nelas e na educação que, com todo direito, querem dar aos pequeninos que, com seu amor, trouxeram à vida? Há empenho, por parte de inúmeros grupos e em função das mais diversas motivações, em promover todo tipo de união, ligações ajustadas e desajustadas? Pois haja. Mas o que as famílias têm a dizer relativamente a isso? como tais empenhos a afetam?

A ocasião não poderia ser mais oportuna: estas antevésperas da nova Constituição, vésperas da decisiva escolha dos constituintes. Afinal, queremos constituintes comprometidos com quais causas, preocupados com quais valores ou contravalores? O problema essencial resumir-se-á em definir a exata maneira como o Estado deve encarar a família: como produto seu, criação sua, da qual poderia, portanto, dispor a seu bel prazer, segundo as conveniências ou os modismos da hora? Ou, na verdade, como uma profunda realidade humana anterior ao Estado, importantíssima sociedade natural que ao poder público cabe tão somente respeitar e proteger, salvaguardar e defender? Se é verdadeira esta segunda hipótese — como acredita a consciência cristã — a perspectiva muda inteiramente: ao legislador positivo não será dado sair dispondo o que quiser, nem permitir que os grandes valores da família sejam de algum modo aviltados ou solapados. E, em toda a sua tarefa legiferante, terá em máxima conta os legítimos direitos da família, dentre eles, antes de todos, o direito de educar seus rebentos para os ideais da dignidade humana, preservados de uma nociva atmosfera social.

Esse I Congresso preocupou-se, primeiro, em destacar os princípios gerais, que depois virá o trabalho complementar e constante de acertar providencias concretas e acompanhar o labor legislativo. Por ora, o principal era fixar a rota, indicar a orientação geral no sentido da qual espera-se que se incline a sociedade brasileira. Nada obstante, numerosas medidas práticas foram sugeridas, entre as quais uma quanto ao trabalho fora do lar da mãe de família. É questão delicada no mundo moderno: de um lado, a mulher tem direito — bravamente conquistado — a uma justa realização profissional; de outro, os filhos demandam absoluta prioridade e suprema atenção. E muitas vezes o salário da mãe é precioso para o orçamento doméstico. A ideia apresentada foi a de se assegurar à mãe de família o direito de optar por uma jornada de trabalho reduzida, consoante o ideal da *"revalorização social das funções maternas"*, propugnado na encíclica "Laborem Exercens": *"reverterá em honra para a sociedade,* dizia João Paulo II, *o tornar possível à mãe – sem por obstáculos à sua liberdade, sem discriminação psicológica ou prática e sem que ela fique numa situação de desdouro em relação às outras mulheres – cuidar de seus filhos e dedicar-se à educação deles. O **abandono forçoso** de tais tarefas, por ter de arranjar um trabalho retribuído fora de casa, é algo não correto sob o ponto de vista da sociedade e da família".*

Além de tudo, o I Congresso serviu de articulação e conhecimento mútuo de diferentes grupos e personalidades, que podem levar adiante, por todo o país, a grande campanha pela defesa e promoção da família. Talvez venham sendo, por enquanto, forças dispersas: se, a partir de agora, puderem trabalhar em conjunto, somar esforços, compor as expectativas — pode ser que esteja nascendo um organismo nacionalmente influente, capaz de contribuir para melhorar nossos costumes e iluminar nossos destinos.

(Diário de Pernambuco, de 9 de junho de 1986)

COMO O AMOR DEVERIA SER

Ao criar o homem, Deus viu que não era bom que ele vivesse só. E lhe preparou um par, uma companheira, um complemento, alguém que ele reconhecesse como, essa sim, carne de sua carne. Espantoso mistério há aí: na infinita variedade dos indivíduos, cada um absolutamente inconfundível com todos os outros, irrepetível, único, há, no entanto, dois modelos distintos, dois padrões de humanidade, o masculino e o feminino, esplendidamente complementares. A forma como esses dois modelos realizam a mesmíssima condição humana, dois tipos psicológicos irredutibilíssimos um ao outro, não pode ser mais bem simbolizada do que na união física com que um preenche o outro para gerarem, quase em igualdade de fatores, o filho comum, que não apenas prolongará os pais: será, sobretudo, a evidência mais completa possível da misteriosa unidade que aqueles dois constituem.

Não bastando realizar-se na natureza física e no plano dos gêneros — entre os homens e as mulheres em geral — a plenitude dessa complementação mútua requer o encontro personalíssimo entre um indivíduo específico de um sexo e outro indivíduo específico do outro sexo, portanto o encontro de duas pessoas, duas integridades pessoais, duas individualidades completas. Esse encontro é propriamente o amor e foi, creio, grande mérito da ultrajada Idade Média ter aprimorado a instituição da família para, além do instinto natural de propagação da espécie, fundá-la na realidade humaníssima do amor, complementação recíproca entre um homem único e uma mulher única, o "amor romântico" medieval.

O amor verdadeiro — que não é fácil, nem se encontram tantos assim por aí — supõe a comunhão absoluta tanto dos corpos quanto das almas, uma identificação, uma afinidade, um não poder passar sem o outro, viver para o bem do outro, e pede (ele mesmo pede, não a lei, não as convenções) estabilidade, fidelidade, exclusividade, perenidade, fecundidade. Amor de tudo fazerem juntos. De não pararem de conversar, os dois, desde quando namorados, e mais ainda como cônjuges, sempre ter o que dizer ao outro, o que contar. Um amor assim viveram, por 43 anos magníficos, Paulo Rodrigues e Abigail. Amor que nem a morte extingue. No pequeno e precioso livro, *Confidências ao retrato de minha mulher*, continuado agora por outro, igualmente precioso e pequeno, *De lixo a adubo*, Paulo conta um pouco desse amor e mostra como, se a morte pode acabar o casamento, não acaba porém o amor. Abigail dizia que o matrimônio é "sacramento e romance de amor".

Amor para todas as horas, para as alegrias e as tribulações, amor de doação, amor que perdura além da morte. Depois de três meses de provação, Abigail partiu (três anos atrás). E Paulo passou a viver a profunda lição de Pio XII sobre o estado de viuvez: *"longe de destruir os laços de amor humano e sobrenatural contraídos pelo matrimônio, a morte pode aperfeiçoá-los e reforçá-los"*. Drama a que o nosso grande Waldemar Lopes deu expressão em dois sonetos definitivos, propondo, num, a "terrível pergunta": *"que será de nós dois, servos do transitório, se o anjo da morte escolhe apenas um, primeiro?"*. E concluindo, no outro, quando o "anjo da morte" fizera, já há 15 anos, sua escolha: *"a que morta se foi – deve estar viva; o que vivo ficou – esse é o morto"*. A belíssima vida de Paulo Rodrigues retificará: não, o que ficou não é morto. Mesmo machucado e impregnado de saudade, vive, e não vive senão para ainda a amar, e cada vez mais a amar, não pode fazer outra coisa senão ainda se dedicar a ela, *"tudo é pó sem ela"*. Ele sabe que aquela que já partiu, ansiosamente o espera, como outro poeta escreveu: *"ficarei no outro lado da morte, vigiando nas praias, a aguardar que chegues"*.

(Jornal do Commercio, de 26 de janeiro de 2010)

Capítulo 14
O DEPOIS

UMA INVEJA

Só há uma certeza: a de que o mundo é vão e muito rápido passa. E aí ou nós passamos com ele, e tudo em nós estará completamente extinto e aniquilado, ou alguma coisa de nós mesmos continua, alguma coisa incorpórea que não acompanha o destino do corpo material desfeito em pó e retornado à terra. Então, inveja dos que já atravessaram o abismo e já partiram destas paisagens provisórias.

A eles todos os mistérios foram revelados; todos os enigmas, desvendados; todas as perguntas, respondidas; todas as dúvidas, dissipadas; todas as ansiedades, satisfeitas; todas as curiosidades, saciadas. Não há mais perplexidades, nem inquietações, nem agonias. Não mais se perguntam: por que existo? Por que existe a existência? Por que o ser e não o nada? Por que estou aqui? Não há mais a tragédia ontológica do homem, único ser que sabe que existe e sabe que vai morrer, único ser que se pergunta por que uma coisa e outra, por que a vida, por que a morte?

Não há mais, para aqueles que já se foram, nenhuma das angústias essenciais — nem a interpelação acerca das dores desta terra, dos sofrimentos de cada dia, das vulnerabilidades da condição humana, das incompreensões, da labuta, a infinita labuta (para que, para que?), as ambições e os sonhos em que gastamos a vida e o coração: tudo estará visto no seu (pequeno) valor próprio. Tudo estará esclarecido, tudo devolvido a suas insignificâncias, tudo, iluminado, compreendido, reconciliado (estará também perdoado?). As fraquezas inúmeras, tanto quanto os gestos de bondade e ternura que viemos praticando sem nunca compreender inteiramente para que ou por que, tudo estará pacificado.

A paz absoluta, o aconchego definitivo, a compreensão perfeita, o encontro da verdade e do bem sem nenhuma mácula, o repouso de todas as inquietações, a integral realização, a plenificação de tudo aquilo que, no homem mortal, estava incompleto e insatisfeito mas pedia completação e infinitude — é aquilo de que já gozam os que nos antecederam na única viagem sem regresso. Na hora terrível e inimaginável em que o mais recôndito de nós mesmos se reparte em duas realidades assombrosas e uma delas, a matéria corporal se vai desfazer no pó da terra, enquanto a outra, o princípio incorpóreo, vai para o seu destino — o ser profundo do homem encontra afinal todas as explicações e percebe o sentido último de todas as coisas. A luz! A luz completa e perfeita, pela qual clamou Goethe no momento de sua partida.

(Jornal do Commercio, de 23 de fevereiro de 2016)

NOTÍCIA DO PARAÍSO

Enquanto nossa hora não chega e já que ninguém volta de lá para contar como é, o jeito, pelo menos de vez em quando, é tentar adivinhar como será aquele lugar onde passaremos a absoluta maior parte da existência, simplesmente a eternidade — bem entendido: se o merecermos. Foi o que João Paulo II andou fazendo na semana passada: deu uma notícia sobre o paraíso, segundo divulgaram os jornais — e estes, com seu habitual gosto pelo sensacionalismo, saíram dizendo que ele *"antecipou esclarecimentos que nenhum outro pontífice ousara sobre a vida no outro mundo"*, até parecendo que o Papa teria recebido alguma revelação pessoal especial. É claro que não foi nada disso. Era simplesmente o resultado de uma reflexão prudente, à luz da simples razão, a partir dos dados da filosofia e da teologia.

Certos pressupostos são elementares: primeiro, a autoidentidade, a nítida e completa consciência de si mesmo. Senão, não seria imortalidade. Continuar, sem saber que continua, que é ele mesmo quem continua, não é continuar. Como o corpo que se dissolve noutros elementos, ao retornar à terra, como pó que é: ele não continua, morreu para sempre, e só ressuscitará no último dia, transfigurado, por um milagre, o derradeiro milagre com que Jesus coroará a criação. A alma, não: ela tem de manter, na outra vida, a mais cabal notícia de si mesma — conhecimento total e perfeito como nunca chegou a ter, tão transparente e tão global, neste vale de lágrimas. Ela sabe quem é, quem foi, o quanto amou, o quanto sofreu, como e em que circunstâncias louvou e agradeceu a Deus nesta terra, ou o renegou por vontade explícita ou simplesmente por fraqueza. Se assim não fosse, não valeria a pena. E não teria sentido.

Outro pressuposto: a plenitude. Somente uma grosseira incompreensão pode pensar que no céu haveria monotonia, e só numa brincadeira leviana e irreverente podem alguns (sem se advertir da tragédia de horror que lá se desenrola) pretender que o inferno seria mais divertido. O homem foi feito para a felicidade, e essa felicidade completa, perfeita, inimaginável, sem nenhuma mancha, é na visão beatífica que se encontra. Repetidamente a Igreja canta perguntando quem pode saber que maravilhas Deus reservou para aqueles que O amaram. Por esta terra, pela beleza da criação, sempre renovada e sempre surpreendente, pode-se fazer alguma ideia. Se a matéria criada é assim tão deslumbrante, como muitíssimo mais não o será o céu? Foi essa linha de raciocínio que levou o Papa (na linguagem engraçada dos jornais) a *"sentir-se autorizado a desmentir que a vida no paraíso seja monótona"*.

    A tais reflexões sobre o céu também se dedicou, no fim da vida, o maior filósofo deste século. Recolhido a uma comunidade dos irmãozinhos de Foucault, em Toulouse, pôs-se Jacques Maritain a reler tudo quanto os grandes pensadores da Igreja escreveram sobre o céu, terminando por reunir o resultado de suas meditações no belíssimo estudo "A propósito da Igreja do céu", em que desdobra e aprofunda aqueles dois pressupostos elementares. Maritain mostra como aquela necessária autoidentidade não seria tal se a alma não conservasse a noção clara de suas amizades e suas afeições, a memória de todos aqueles que lhe foram tão extremamente caros nesta vida. É claro que o que faz a beatitude dos bem-aventurados é a visão da essência divina, que é a plenitude, a felicidade perfeita, e sozinha basta, ou mais do que basta, já que é superabundante. Nela, porém, a alma não perde o que Maritain chama *"uma vida humana de glória"*: as almas se comunicam também livremente entre si, comunicam suas riquezas, como *"concidadãos da Jerusalém celeste, sobre a qual reina o Cordeiro"*.

    Maritain imagina até novas amizades (seria razoável, por exemplo, que um São Tomás não se deleitasse no conhecimento pessoal de um Santo Agostinho, que ele estudou tanto? Ou que um verdadeiro franciscano de séculos depois não se iluminasse com o encontro pessoal com o seu pai Francisco?). Imagina o progresso no conhecimento das riquezas de Deus e no conhecimento dos mistérios da criação, mistérios que as almas perseguiram diferenciadamente sobre esta terra, e imagina acontecimentos (*"novos bem-aventurados chegam constantemente da terra para a vida eterna; do purgatório também outras almas chegam sem cessar; e cada vez que um pecador se converte sobre a terra há alegria e ações de graça entre os santos do céu"*). Pois a Igreja triunfante está muito mais ligada à Igreja militante do que habitualmente pensamos. Ou o mistério da comunhão dos santos não seria para valer? Em suma, na difícil hora da perda de um ente querido, não nos esqueçamos disto: que o céu é uma festa, festa perfeita de júbilo e de amor, transfigurada pela glória e animada, a cada instante, pelo permanente canto de absoluto louvor a Deus, louvor Àquele que nos amou primeiro.

(Diário de Pernambuco, de 18 de novembro de 1992)

SONHO DE VIDA

Posto que a morte é inevitável, como deveria, para o homem comum, ser a vida? Do ponto de vista financeiro, não, claro, a obsessão pela acumulação de bens e riquezas, luxo e ostentações, que ninguém levará consigo quando o dia fatal chegar. Sim, alguma base material para viver uma vida digna e com recatado conforto, sem grandes atropelos, até com pequena folga para se permitir, de vez em quando, um modesto passeio pelas belezas deste mundo. Do ponto de vista profissional, sobretudo a integridade do comportamento, qualquer que seja a atividade exercida: que seja ela praticada de forma reta, altiva, honesta, sem subserviências desmoralizantes, sem falsidades, sem precisar se vender, sem se corromper, sem "mensalões" ou "mensalinhos".

Quanto à duração, que a existência fosse longeva, avançasse pelos anos, mesmo o corpo ficando encanecido, e brancos, os cabelos. E visse, em derredor, a família bem constituída, nutrida de sólidas afeições recíprocas. Pudesse completar bodas de ouro, até de diamante, quem sabe?, décadas e décadas de encantamento e ternura, a partir do deleite físico e da amizade que se consolidou em torno dos valores comuns, das afinidades, da mútua dedicação, da semelhança na maneira de encarar a vida e seus problemas, até se aperceberem do muito que haviam edificado juntos, da unidade absoluta que, ao cabo, constituíam, da impossibilidade de se imaginarem e existirem um sem o outro. Tropeços, decepções, quedas, deslizes, atritos, que existência humana poderá se declarar completamente preservada dessas turbulências? Essencial terá sido a certeza, a cada crise renovada, de que o que os unia era mais forte, muitíssimo mais forte, do que tudo quanto conspirasse para desagregá-los.

E ver a fecundidade da vida, não só os filhos brotando, crescendo na alegria e na abnegação de um lar bem estruturado, mas também brotando os filhos dos filhos, e até filhos dos filhos dos filhos, todos com alguma segurança, não só a relativa, material e financeira, mas sobretudo a fundamental — emocional, moral, afetiva —, pela presença e apoio de uniões igualmente consistentes e entrosadas. E chegar a tal idade avançada, com os achaques inevitáveis, é claro, mas com razoável lucidez, com a capacidade de ainda discernir, em torno, o generalizado júbilo, e sentir, em todos, a gratidão e o carinho — tais e tantos e tamanhos que seria competição absolutamente impossível querer identificar entre os netos, todos já integralmente criados, quase senhores absolutos dos próprios narizes, qual o mais presente ou qual o que mais o amava. Ver os netos, assim, já adultos, e unida e feliz a (única) família, todos o adorando, plenamente conscientes, já agora, ou mais conscientes somente daqui a alguns anos, do quanto lhe devem, do exemplo de otimismo, de solidariedade, de modéstia, de dignidade pessoal, de benevolência, de certa credulidade (que não conseguirão evitar, por sua vez, de também seguir, até porque em boa medida já lhes corre no sangue) — é belo sonho de vida.

A oração cristã fundamental é sempre aquela do *"fiat voluntas tua"*, faça-se sempre a vontade de Deus, qualquer que seja ela, para dar a cada um o tempo que Ele quiser, e nós haveremos sempre de louvar a Deus, em qualquer circunstância: pela vida que deu e pela vida que tirou. Mas não custa sonhar pequenos sonhos e formular o que seriam nossos devaneios íntimos. E quando aquele tiver de partir — de repente, no meio da noite, dormindo, sem nenhum aviso prévio, exatamente como ele mesmo desejava, e integralmente realizado o sonho da vida longeva e vivida com simplicidade e retidão, e cercado pela ternura da esposa, respeitado e amado pelos filhos, idolatrado pelos netos e bisnetos[11] — aos sobreviventes que ficarem, por mais desolados que estejam (como não poderia deixar de ser), só restará reconhecer que aquela foi uma vida abençoada, foi uma graça de Deus, graça a não muitos concedida. E desconfiar, no mínimo, que ganharam no céu mais um intercessor, porque, entre esses familiares felizes, *"a separação é impossível"*, seja aqui seja além, *"o amor é infinito"* e *"os laços que os unem são indestrutíveis"*.

(Jornal do Commercio, de 2 de outubro de 2005)

---

[11] Dr. Enildo de Souza Leão Pinto, meu sogro (de quem esse texto trata, e de quem são as citações do final), falecera em 13 de setembro de 2005.

ENTRE O CÉU E A TERRA

O céu é uma festa, recordei num artigo de alguns meses atrás. Não pode não ser. É a alegria perfeita, exultação sem mácula, o júbilo da criatura enfim encontrada com sua destinação, com a razão do seu existir, a razão mesma da criação. Libertada de seus pecados e suas fraquezas, a criatura ver-se-á, no céu, face a face com o Criador, com o autor da vida e de tudo, a Onipotência, o absoluto de ser, **aquele que é**, aquele que não pode não ser, e pelo qual tudo foi criado, como transbordamento de sua plenitude. E com o redentor, Jesus Cristo, pois *"se prodigiosamente fomos criados, mais prodigiosamente ainda fomos resgatados"*; com, portanto, toda a transcendência e todo o esplendor da Trindade. Só pode haver aí louvor e agradecimento e amor. A eternidade até parecerá pequena para que a criatura cante todo o seu contentamento.

Essa contemplação, a visão beatífica, é tudo para a alma, no céu. É a fonte mais do que suficiente, superabundante, de sua alegria e de seu êxtase.

Todavia, até porque as almas, no paraíso, não hão de estar esvaziadas de sua história pessoal, de sua memória, de suas afeições, de seus temperamentos (se assim pudessem estar esvaziadas teriam perdido sua identidade), lá haverá também, como dizia Maritain, *"uma vida humana de glória"*, de tal sorte que *"a criatura e os reflexos criados da Bondade incriada desempenham também um papel na beatitude dos bem-aventurados: elas acrescentam sem nada acrescentar"*. Não acrescentam à felicidade essencial, que é a visão da essência divina, mas são alguma coisa a mais, integrada embora nessa alegria suprema e transfigurada por ela. Há uma cidade celeste (Maritain falava dos *"concidadãos da Jerusalém celeste sobre a qual reina o Cordeiro"*) na qual convivem, também entre si, as almas do céu: *"entre elas, e delas com os anjos, há comunicação intelectual (sem palavras, é claro) dependendo do livre arbítrio de cada uma"*. Novas amizades se fazem. Ou, animadas agora pelo contacto pessoal, consolidam-se amizades que atravessavam os séculos aqui embaixo: a de um São Tomás, por exemplo, para com Santo Agostinho, ou a de qualquer dos discípulos fiéis para com o seu pai São Bento ou São Francisco. E há acontecimentos: novos bem-aventurados chegam constantemente, uns do purgatório, outros diretamente da terra, todos entusiasticamente recebidos; e há a vibração e ação de graças cada vez que sabem que um pecador se converteu. Pois continuam, as almas do céu, interessadas neste mundo que deixaram, e que agora conhecem integralmente, à luz dos desígnios de Deus: *"o amor que eles tinham, aqui na terra, por aqueles que eles amavam elas o conservam no céu, transfigurado, não abolido pela glória"*. Não dizia Santa Teresa de Lisieux que *"quero passar meu céu a fazer o bem sobre a terra"*?

Se as almas continuam, no céu, o cuidado que tinham e a prece que faziam, aqui nesta vida temporal, por aqueles que aqui amavam, também se magoam com suas quedas e se rejubilam com seus êxitos. Os que já nos precederam na grande viagem também participam das vitórias daqueles entes queridos que aqui deixaram, apenas por um pouco de tempo, e nelas estão misteriosa mas efetivamente presentes. Uma grande data, por exemplo, chegar a uma avançada idade[12], número redondo de anos de coroamento de uma vida vivida toda em plenitude, irradiando só alegria e esperança, nunca amargura ou desencanto, extravasando generosidade, fecunda em louvor a Deus e em doações e serviço aos outros, sobretudo aos pequeninos, a todos transmitindo ânimo e força, consolando, partilhando dores e sucessos, sem nenhuma mesquinharia, nem inveja, nem pequenez — e chegar a tal idade, embora com a fragilidade própria do cansaço do corpo, mas com a mesma lucidez de sempre, a mesma disposição interior, a mesma vivacidade, a mesma jovialidade de espírito, o mesmo brilho, exemplo e incentivo, porto e farol, segurança e luz —, ah, é vitória festejada aqui como lá, na terra e no céu. Não a abraçam somente aqueles que ainda aqui estão a seu lado, fisicamente, e podem, à sua volta, participar de uma missa de ação de graças e congregar-se depois em torno de um bolo comemorativo. Muito mais a abraça, lá de longe, quem a espera e que uma vez lhe assegurou: *"a mão que por último apertarei, no cais da grande partida, / será a tua. E ficarei no outro lado da morte, / vigiando nas praias, a aguardar que chegues"*.

A primeira parte do verso se cumpriu. Quanto à segunda, o que dizemos e pedimos, nós outros, é que ele tenha paciência. Tenha muita paciência. Continue aguardando. Não tenha pressa. Aguente a saudade e a separação, ainda por algum tempo mais. Por muito tempo mais. Por todo o tempo que for possível.

(Diário de Pernambuco, de 15 de junho de 1993)

---

[12] Lola Delgado, minha mãe, completara, no mês anterior, 80 anos.

DEPOIS DA MORTE

Certamente a redenção poderia ter-se operado de outro modo, sem a paixão e a cruz. A onipotência não pode tolerar restrições à sua liberdade: de muitas outras maneiras, ensina São Tomás, Deus poderia ter reparado a nossa natureza. Mas há uma especial caridade, um extremo amor, uma absoluta delicadeza para com os humanos, na escolha, pelo Redentor, da via dolorosa da morte, para alcançar o nosso resgate.

Pois qual, senão a morte, é a suprema miséria do homem, maior que qualquer outro infortúnio — a doença, a indigência, a fome, o analfabetismo, todas as mazelas das injustiças sociais? Ela é a máxima angústia, nossa agonia comum, o fim que a todos espera e a todos desespera. Não há progresso na medicina que consiga evitar esse desfecho e seu pavor. Lá um belo dia, a nossa vez chegará, e será, de certa forma, o fim do mundo: o fim do mundo para aquele cuja hora chegou — e, imóvel, paralisado, reduzido à pura matéria, será ele devolvido aos elementos, preso num buraco no chão ou numa parede, para sempre extinta a vida, a animação, a alegria, as singularidades que eram a vida dele e com ele se foram.

Sob tal perspectiva, a vida é um permanente desconsolo. Mas acontece que Jesus também morreu e, passados três dias, ressuscitou. Morreu para vencer a morte. Morreu, diz São Paulo, como primícias dos que morrem, para todos sabermos que também vamos ser ressuscitados com ele. E como ficou jovial e repleta de esperança a história dos homens a partir daí! (Eis por que o cristianismo não pode nunca ser uma religião triste: ao invés, é nele que se contém a única alegria — essa certeza de sabermos que a morte, que a todos vence, foi afinal vencida).

Não é outro o fato central do cristianismo, como São Paulo ressaltava com magnífica ênfase: *"se Cristo não ressuscitou, então é vã a nossa pregação e vã é a vossa fé"*. E para nós outros, de 20 séculos depois, é notável que essa tomada de consciência já aparecesse, explícita e nítida, nos primórdios da pregação cristã: a certeza de que tudo dependia disso, de Cristo haver ressuscitado. Em nome dessa *"loucura para os gentios, escândalo para os judeus"*, aqueles humildes pescadores medrosos, que andavam fugindo e se escondendo, ousaram afrontar todas as potestades da terra — as multidões e o poder — e se dispuseram até ao martírio, dando a própria vida em defesa do testemunho que nunca admitiram renegar. O cristianismo não é, essencialmente, uma doutrina, uma moral, um credo: é uma pessoa, este Jesus Cristo que morreu na cruz e ressuscitou dos mortos, homem e Deus ao mesmo tempo, tão humano que padeceu a morte, tão divino que ressuscitou por virtude própria. O fato histórico do cristianismo — religião baseada na afirmação veemente da ressurreição — é uma forte evidência em favor da verdade cristã. Se a ressurreição não tivesse ocorrido de fato, aqueles amedrontados israelitas dispor-se-iam a sacudir o mundo como sacudiram? A originalidade de nossa fé está em que ela se assenta na afirmação de uma pessoa que falava de modo absolutamente inédito, falava em nome próprio, não como mero profeta de um Deus distante, mas com autoridade própria, sem recorrer a alguém maior, fazia coisas exclusivas de Deus, e, sobretudo, resolveu padecer na cruz para ressuscitar ao terceiro dia, conforme anunciara.

Ao amor de Jesus por nós, não bastava a afirmação da imortalidade de nossas almas. De certa forma, o cristianismo é muito materialista para saber reconhecer e apreciar as exigências de nossa condição carnal. Sem uma evidência sensível, não seria só Tomé a duvidar... Então, ele ressuscitou dos mortos, primícias dos que repousam.

Quando devolvemos à terra um homem bom, de vida reta e limpa, simples e sóbria, um dos mansos de coração, um pacífico, é preciso voltar ao Cristo morto na cruz. Essa devolução ao pó da origem é provisória: no escuro em que ficar, nos sete palmos sob o chão, o corpo estará apenas esperando a ressurreição, enquanto a alma já estará participando da festa do céu. Jesus garantiu tudo isso e nos deu a prova provada de sua própria experiência: morreu e ressuscitou. Podemos, então, exultar com São Paulo: "ó morte, onde está a tua vitória? Ó morte, onde está o teu aguilhão?" Ela não é mais o fim, não é aniquilamento, não é a derrota final — ei-la agora definitivamente vencida, apenas a "irmã morte" de São Francisco.

(Diário de Pernambuco, de 4 de novembro de 1985, publicado sob o título "Finados")

CARNAVAL E CÉU

Chocante, para dizer o mínimo, a mensagem inscrita em recente "outdoor": *"no céu não tem carnaval"*. A intenção decerto era boa, como a segunda frase evidencia: *"não brinque na direção"*. Mas aquela primeira parte exprime uma gigantesca subversão de valores, pondo a nu uma das mais trágicas facetas da mentalidade do nosso tempo, que faz do carnaval um valor genuíno e conclui que o céu, por não ter carnaval, grande coisa não haverá de ser...

No entanto, no entanto, a verdade é que para outra coisa não fomos criados senão justamente para o céu — o qual consiste na visão de Deus face a face, a convivência com Ele, a plenitude da presença do Amor onipotente. Para conhecer, amar, servir e louvar a Deus é que estamos no mundo, proclamavam os antigos catecismos fiéis. *"Uma só coisa é necessária"*, o próprio Jesus dissera (para desespero de alguns eclesiásticos de hoje, excessivamente temporais e políticos): aquela que leva ao reino dos céus, no qual os que choram serão consolados, os que têm fome e sede de justiça serão saciados, os misericordiosos alcançarão misericórdia, os limpos de coração verão a Deus. Já essas promessas dão alguma ideia das felicidades do céu. Monotonia eterna, inatividade absoluta, mesmice, completa falta de novidades e movimentação? Qual o quê!

A rigor, ninguém pode saber direito, mas sempre se podem fazer algumas aproximações. A partir daquela palavra de São Paulo: *"o olho não viu, o ouvido não escutou, nem jamais passou pela mente humana o que Deus tem preparado para aqueles que o amam"*. Se o universo criado já contém tantas maravilhas, como não há de ser ainda infinitamente mais rica e mais exuberante a vida no céu? Na linha de São Paulo, Luiz Delgado imaginou, numa poesia, o término das coisas criadas: *"E não haverá mais paisagens. / Chegará um dia / em que as paisagens não existirão mais. / E o espantoso é que não sentiremos saudades delas / [...] / Ninguém se lembrará que, um tempo, houve a música / e a água cantava entre as pedras e brilhava ao sol / quando descia as encostas. / Que coisas, que admiráveis coisas Tu nos reservas, Senhor, / para que nós nos esqueçamos das paisagens e dos crepúsculos?"*.

Enquanto domínio absoluto da luxúria e dos desregramentos, do hedonismo, da embriaguez, das licenciosidades, nada do carnaval terá a menor vez no céu. Enquanto, porém, o carnaval for vivido como alegria honesta e inocente e, como tal, lícita — é claro que, a este título, a festa do céu continua o carnaval, superando-o, embora, em todos os sentidos e dimensões. Essencial é a certeza de que o céu é um inimaginável júbilo, um maravilhar-se incessante e sempre renovado, infinito deslumbramento, a hora da Igreja triunfante — e já bastaria essa qualificação para algo suspeitarmos de sua riqueza e seus esplendores.

Importa assinalar sobretudo é o clima civilizacional que aquela mensagem traduz. Aquilo que ali está é o que pensa a humanidade de hoje. Absoluta inversão de valores. Uma civilização, esta nossa, que pode ter sido cristã, mas positivamente não é mais. É o que sentem — e se afligem — todos os grandes espíritos forjados nas dores dos totalitarismos do Oriente, quando conseguem passar para o lado de cá, por cuja liberdade ansiavam tanto: o Ocidente pode ter liberdade, e tem, mas é dominado por um imenso vazio, um ateísmo prático, um materialismo vital — tão terrível, ou até mais, do que o materialismo teórico e institucional do lado de lá, porque o de lá é exógeno, de fora para dentro, o Partido querendo impor-se às almas, ao passo que o nosso é interno, é endógeno, é autônomo. Por isso mesmo, é um fim de civilização. E o doloroso é que muitos não nos advertimos disso: que a Igreja perdeu o Ocidente, o qual lhe voltou as costas, não a segue, e mal a ouve. De novo, a Igreja é uma pequena grei, em missão, instada a sair por toda a terra, para evangelizar, reevangelizar, os povos.

(Diário de Pernambuco, de 9 de março de 1987)

VISÃO DO CÉU

Fica apenas a carne, imobilizada e rígida. Alguma coisa dela saiu, para deixá-la assim, inerte, pesada, só restando ser recolhida à terra, decomposta nos elementos, matéria reintegrada à matéria. Saiu o princípio vital, que no homem é consciente e livre, isso que chamamos "alma" e é espiritual, e não morre. Enquanto choramos em torno e nos dedicamos aos últimos cuidados inúteis, decisivo acontecimento está ocorrendo: essa alma está tendo uma integral e absoluta visão de si mesma, como nunca a si mesma se vira antes, reconhecendo sua conformidade, ou sua rejeição, ao plano que a gerou. E, à direita de Deus, muitas e muitas descobrirão, algumas até surpresas, que de algum modo realizaram o que Deus esperava delas.

Como será, então? O maior pensador deste século, Jacques Maritain, dedicou ao céu um dos seus estudos derradeiros, "A propos de l'Eglise du ciel", e seu núcleo é, a meu ver, a ideia da absoluta identidade das almas na outra vida: continuam sendo almas individuais, a alma de Fulano e de Sicrano, ou Sicrano e Fulano mesmos, por sua alma, inconfundíveis portanto, com qualquer outra pessoa — aquele Fulano, com sua biografia própria, seus conhecimentos e curiosidades, suas afeições e suas amizades, plenamente consciente de si mesmo. Se não fora assim, negar-se-iam todos os princípios que postulam justamente a vida depois da morte. A partir daí, pode-se compreender a afirmação aparentemente ousada de Maritain, de que *"a visão de Deus não é tudo na vida dessas almas"*. Essa visão é, sem dúvida, o essencial, apressa-se a esclarecer: *"o que faz a beatitude dos bem-aventurados é a visão da essência divina"*, elementar noção dos catecismos. Mas, *"assim como o Verbo Encarnado tinha, sobre a terra, uma vida divina e humana ao mesmo tempo, assim também os bem-aventurados no céu participam da vida divina pela visão beatífica, mas vivem também, fora dessa visão, embora penetrada por seu brilho, uma vida humana gloriosa e transfigurada"*. Eles comunicam-se entre si e com os anjos, relacionam-se livremente, *"cada bem-aventurado sendo senhor dos pensamentos do seu coração, o qual abre livremente a quem quer"*. São *"concidadãos da Jerusalém celeste sobre a qual reina o Cordeiro"*.

Prossegue: *"no céu, a cada instante, acontecimentos se passam: novos bem--aventurados chegam constantemente da terra e são acolhidos pelos outros, e amizades se estabelecem; e do purgatório também chegam sem cessar almas enfim libertadas; e cada vez que um pecador se converte sobre a terra, há alegria e ações de graça"*. "E este mundo que eles deixaram, os bem-aventurados o conhecem agora sem defeito". "E os espíritos superiores, cujo conhecimento é mais simples e mais perfeito, iluminam os outros". "E se instruem, uns aos outros quanto àquilo que Deus espera deles e de sua prece, no grande combate pela salvação das almas". "O amor que eles tinham na terra por aqueles que amavam, eles o mantêm no céu, transfigurado, não abolido pela glória". "A criatura e os reflexos criados da Bondade Incriada têm também seu papel na beatitude dos bem-aventurados: acrescentam sem nada acrescentar; não acrescentam nada, nem a espessura de um cabelo, àquela beatitude que vem da visão de Deus; mas as riquezas espirituais que vêm do criado são qualquer coisa **a mais** que é integrado à alegria dos bem-aventurados, sem a tornar maior".

Ficamos desesperados, só lágrimas e saudades, na hora decisiva da morte do ente querido? Pois, do outro lado, o que se passa, tantas e tantas vezes, é júbilo e festa, louvor e alegria. Aquele que, para nós, é o morto está mais vivo do que nunca e é recebido em triunfo, entre alvíssaras, na Jerusalém celeste. Recebido, em primeiro lugar, pelo Pai amorosíssimo, que o tirou do nada e o ama com um amor absoluto, de que o amor do pai terrestre pelos filhos da carne é palidíssima, mas verdadeira imagem. (Dos êxtases dessa recepção, porém nada nos é dado, por enquanto, adivinhar). Mas é recebido também pelos seus, pelos parentes queridos e amigos próximos, que o precederam e o esperavam, com a paciência da eternidade, mas também com alguma ansiedade e alguma pressa.

Perdemos os nossos mortos? Antes apenas os entregamos a outros amigos, que lhes querem tanto quanto nós, e já estavam lá, no céu, felizes mas incompletos, sentindo a falta deles. E, por sua vez, esses que se vão agora e que choramos, simplesmente foram na frente e estão lá, agora mesmo, à nossa espera, também incompletos, sentindo a separação.

(Diário de Pernambuco, de 7 de setembro de 1987)

Capítulo 15
A CHAVE DO SEGREDO DO HOMEM

O SAGRADO E O HUMANO[13]

Convidado para participar desta instalação, confesso vir acompanhando somente um tanto de longe os trabalhos do Núcleo de Estudos do Sagrado. Por isso, não garanto, mas imagino, dada essa série de instalações de que tenho notícia, que o referido Núcleo se comporá de diversas estruturas menores, núcleos parciais, cada um sediado numa das unidades universitárias básicas, ontem Faculdades, Escolas e Institutos, hoje Centros, amanhã sei lá o quê... Imagino, sobretudo, que o principal das atividades do Núcleo não são essas inaugurações simples e meio íntimas, como esta aqui, mas o desdobramento destes primeiros contactos em não sei quantos outros encontros fecundos, discretos, sérios, para a reflexão em comum e, principalmente, para o crescimento em comum — para o único crescimento que importa: aquele que nos leva a Deus. Imagino assim porque confio no Padre Romeu Peréa, o Diretor que o Reitor Paulo Maciel deu ao Núcleo, e sei o quanto ele leva a sério — exemplarmente a sério — o sagrado e não admite degradá-lo em caricaturas menores, transformando-o em meio para fins confessáveis ou não, camuflagem de temas exclusivamente profanos, questões socioeconômicas, por exemplo, pretexto para vaidades e para exibições — um sagrado, enfim, rebaixado: seja horizontalizado seja festivo...

O Sagrado — pode-se dizer, numa primeira aproximação — se opõe ao profano ou ao humano propriamente dito. Mas, se se quiser ver mais fundo, logo se chegará à paradoxal conclusão de que o problema do

---

[13] *Texto lido em 30 de março de 1979, no Centro de Filosofia e Ciências Humanas.*

Sagrado, em última análise, é o problema do Humano. Pois o homem é este animal único que não se contenta com os próprios limites; melhor dizendo, que não se contém dentro dos seus limites. O homem — já se disse diversas vezes — é maior do que o humano, é grande demais para se bastar a si mesmo. O homem extravasa de si mesmo. E não somente aspira à totalidade, aspira a apreender todas as coisas e assenhorear-se de todos os mistérios, como também não se conforma com o sofrimento e a dor, nem, de modo especial, com aquela dor maior que é o destino fatal de tudo quanto vive: o escândalo da dor da morte. Muito embora veja o grande escândalo reproduzir-se diariamente à sua volta, destroçando um a um todos os animais, todos os viventes, o homem, no entanto, recusa-se, revolta-se, rejeita este desfecho fatal e final de sua existência, e grita contra a morte num protesto que lhe sobe quase das entranhas, do mais profundo do ser. Afinal, *"se eu tivesse de morrer, como Caio —* (ou o Sócrates do silogismo clássico, traduziríamos nós), geme o Ivan Illich do romance deste grande dentre os grandes russos, Tolstoi[14] —, *bem havia de saber; uma voz interior me diria. Mas ela nunca disse tal coisa. Eu, e cada um de meus colegas de Lógica, compreendemos muito bem que havia um abismo entre Caio* (ou Sócrates) *e nós"*. Pouco antes, Tolstoi percebera ainda mais argutamente a tragédia do coração do homem, ser-para-a-morte, e desnudara mais um dos motivos de sua revolta: *"Caio* (ou Sócrates) *era homem,* **um** *homem, homem-em-geral; logo, era forçoso que morresse. Mas, ele, Ivan, não era Caio, não era um homem-em-geral. Era Ivan, um ser à parte, totalmente à parte dos outros seres"...*

    Acontece que o indivíduo humano, este serzinho a outros pontos de vista insignificante (basta levantar a cabeça, por exemplo, para nos abismarmos com a extensão do universo, que literalmente nos esmaga) é dotado da **razão**, e *"toda nossa dignidade,* já dizia o velho e sempre novo Pascal, *consiste no pensamento"*. *"Ainda que o universo o esmagasse, o homem ainda seria mais nobre: porque sabe que morre e a vantagem que o universo tem sobre ele, o universo desconhece"...*[15] Essa única coisita, a razão, basta para subverter toda a ordem material das grandezas: ela irrompe, no homem, como um poder novo, diferente, irresistível e insaciável. Nada a contenta. De cada coisa indaga a essência, ou o nome, como no episódio bíblico. Para cada coisa, busca as razões. E, num movimento ascensional inevitável, pergunta por uma razão última, um **porquê** radical.

---

[14] TOLSTOI, Leon. **A morte de Ivan Ilich**. Lisboa, PT: Editorial Verbo. p. 48.

[15] PASCAL. **Pensamentos**. Abril Cultural, 1973. (Coleção Os pensadores, v. 16).

Daí, o curioso paradoxo que envolve a noção de uma "natureza" humana, que não pode ser definida senão mediante uma contradição interna. Pois, entre o homem e sua própria natureza, há uma tensão insuperável. Para a arqueologia, esta é, aliás, uma evidência preciosa: quando os arqueólogos descobrem algum sinal de rebeldia contra sua natureza e contra a própria situação de animal, não hesitam em proclamar humanos esses fósseis. O homem é o animal que não se conforma. Que não aceita sua condição. É de sua natureza revoltar-se contra essa mesma natureza. O que é natural nele é o permanente protesto contra o natural. Não se pode entender a natureza do homem sem essa contradição básica, de um ser que aspira a se superar, e é maior do que ele mesmo. Somente num falso sentido, então, se podem compreender aquelas distinções de certa corrente de ideias, entre, no homem, a "natureza" e a "cultura", como se o cultural não fosse o humano e, mais até, o especificamente humano.

Se a razão vai levando o homem de "por que" a "por que", numa pesquisa diuturna, não custa imaginar que essa inquirição viesse a ser exacerbada até à perfeição. Suponhamos que a Ciência — o produto mais acabado da razão humana — atingisse sua plena realização e esgotasse seu objeto próprio, na linha do saber positivo. Foi a perspectiva altamente sugestiva que Jolivet propôs num pequeno excelente livro, *L'homme metaphysique*[16]. Será que descansaria, afinal, a razão, satisfeita consigo mesma, repousada sobre os seus feitos, orgulhosa de seus lauréis? Ou continuaria inquieta, interessada num resíduo irredutível, um domínio que a ciência não elimina, que resistiria definitivamente às abordagens dos saberes positivos e prosseguiria, indefinidamente, a tentar a alma do homem? Jolivet demonstrou, em termos irrefutáveis, a existência de um resíduo assim e, portanto, a evidência de que não é neste mundo que a razão humana pode vir a ser satisfeita. Afinal, é o próprio fato da Ciência e do Pensamento, ou do **ser** do homem, que põe esses problemas adicionais, os quais desdobram e prolongam a série dos "por quês", pois não há por que se contentar com "por quês" relativos e parciais, sem exigir uma interrogação radical, um radical questionamento, que desça às raízes, às primeiras das causas.

Por que nos satisfariam questões menores, e não perguntaríamos pelo ser mesmo, pela razão da existência do ser, em vez do nada? Perguntar não só como se explicam os fatos dentro do mundo, porém, muito

---

[16] JOLIVET, Régis. **L'Homme métaphysique**. Paris, FR: Librairie Arthème Fayard, 1958.

mais além, como se explica o próprio fato do mundo? São os grandes temas metafísicos, que a Ciência não pode enfrentar justamente porque transcendem ao tipo de pesquisa da ciência e até à sua técnica cognitiva. Esses grandes temas — a Existência, o Pensamento, o Valor, ou, dizendo de outro modo, o Ser, a Pessoa, a Transcendência — reduzem-se ao problema absoluto do Absoluto, o único verdadeiro problema da Metafísica, ou seja, do coração do homem, tão formidável que se desdobra naqueles outros, espécies de absolutos-relativos ou absolutos apenas para determinada ordem.

A solução ou a "chave" para o mistério do homem, para o enigma que é posto pela consideração mesma do que o homem é, é Deus. Cada qual chegue até Ele da forma mais compatível com a própria biografia pessoal. Múltiplos são os caminhos, como a Casa do Pai, que tem muitas moradas. Contra o argumento ontológico de Santo Anselmo, São Tomás nos deixou a enumeração harmoniosa das cinco vias, que partem da contemplação das estruturas fundamentais do mundo criado. Ao lado desses caminhos digamos "físicos", haverá também os caminhos morais e até os da experiência mística.

A mim, o que sobretudo fascina é um questionamento do fato humano por excelência, que é a razão que persegue o sentido das coisas. Somente Deus pode dar sentido ao mundo, pode dar sentido a cada uma e à totalidade das coisas. Se a razão humana é um fato, e se ela identifica tantas razões, tantos sentidos para milhares de coisas, desvendando assim uma teia escondida de significações e de finalidades, não há por que admitir que o Todo não estaria igualmente sujeito à mesma lei, e lhe faltaria, ao conjunto, a significação e a finalidade que sobram quanto a cada um dos seus elementos constitutivos.

Capaz de descobrir sentidos, a razão humana exige que as coisas tenham sentido, que a existência tenha sentido, que a vida humana tenha sentido. Caso contrário, seríamos vítimas do pior dos engodos e seríamos os maiores derrotados, aqueles que perderam a última batalha e viram frustrada a derradeira esperança. Dostoievski e Sartre já nos armaram o dilema fundamental: se Deus não existe, tudo é permitido. E o mundo se tornaria o reino do absurdo, da inutilidade, do vazio, da traição. Na verdade, teríamos sido traídos. Caídos numa existência que não pedimos, sujeitos a aflições e canseiras que esgotam nossas fracas forças, entregues a um jogo de energias alheias que destroçam nosso pequenino ser —

terminar por pretender que nada disso tenha uma razão, um sentido, um fim, nada obstante haja tido um início, é o cúmulo das decepções.

E o problema da justiça, que a este, do sentido, se liga umbilicalmente? Pois se tudo se limitar aos estreitos horizontes desta existência, os infelizes nunca serão consolados? O sofrimento dos inocentes nunca será recompensado? Os grandes canalhas deste mundo nunca serão punidos? Não haverá vingança para o êxito dos patifes, que se apossam do lugar dos pequeninos e esmagam e oprimem quantos deles necessitam ou dependem?

Não, a vida não pode ser um logro. Se, com a morte, tudo terminasse, a vida, de tão jovial e exuberante que parecia, ter-se-ia revelado uma imbecilidade sem limites, e nós, vítimas do mais trágico dos engodos, vítimas da suprema traição e do mal por excelência. Passar um punhado de anos aqui, na terra, participar da eternidade seja pelo conhecimento das essências eternas das coisas, seja pelo amor que mergulha na eternidade do bem — para, no fim, virar, pura e simplesmente, pó, é a suprema cretinice. *"O absurdo geral,* dizia Luiz Delgado, meu pai, a quem me seja permitido citar aqui, *é uma negação ainda mais terrível que a morte"*

Um dos mais inteligentes pensadores deste século, o brasileiro Gustavo Corção, de quem temos todos a honra de ser contemporâneos ao menos em parte, assim exprimia essa angústia maior: *"ou Deus é ou não é. E se não é, acabou-se; que não seja. E então sejamos abandonados de vez, enjeitados absolutos, atirados nas areias de um deserto, habitantes casuais de um gracejo cósmico". "Somos as mais desgraçadas criaturas porque perdemos a última aposta. Tenhamos ao menos a sombra de uma dignidade. Não adianta parar em meio do caminho, sentar-se nos lugares públicos balançando a cabeça gravemente, a propósito de política ou veículo. Não adianta cantar loas ao século XXI; não adianta ter razão ou deixar de ter; calar ou falar; ficar em casa quietinho, enroscado no ciclo, fingindo dormir para enganar a marcha do tempo. Nada adianta. Nem ser bom, nem ter caráter, nem ter vergonha, nem ter sentimentos, nem passar telegramas de pêsames ou visitar o viúvo com ar compungido, batendo-lhe pancadinhas no ombro"*[17].

Aí está tudo, e dito de uma forma muito melhor do que eu sonharia fazer. Se Deus não existe, nada adianta. Nem ser bom, nem não ser. Nem ter caráter, nem não ter. Coisa alguma tem sentido. Eu ousaria avançar um pouco a dimensão de nossa agonia para aproveitar uma observação deixada, de relance, pouco atrás. Se somos os *"enjeitados absolutos"*, de que

---

[17] **A descoberta do outro**. Rio de Janeiro: Livraria Agir, 1945. p. 126.

falava Corção, não podemos, no entanto, ser meras vítimas de um *"gracejo cósmico"*. A realidade seria ainda mais negra. Porque parece evidente haver alguma coisa superior a nós, na nossa origem e na origem do mundo. O mundo, assim como não se basta a si mesmo, também a si mesmo não se explica. Alguma coisa maior do que ele o criou. Mergulhado na contingência, ele não é capaz de a si mesmo se tirar do nada. Que há algo maior do que o mundo, na sua origem, parece imperioso.

Ora, se, ao morrer, morrêssemos de todo e fôssemos, então, vítimas do maior dos logros, então teríamos servido de joguetes nas mãos do puro mal, porque nenhuma outra coisa senão o puro mal, o "príncipe deste mundo", seria aquele "algo maior do que o mundo" a que havíamos chegado. Se Deus não está no início de todas as coisas, então é o Demônio quem está, dado que Alguém, uma Razão, seguramente haverá de estar.

O dilema se faz assim ainda mais tenebroso: não apenas ou Deus ou o caos; não apenas Deus ou o nada. Mas agora, tragicamente, ou Deus ou, a rigor, o Mal por excelência, o Demônio.

Aqui estará, talvez, um bom caminho, porque é fácil notar a contradição que seria colocar na origem do bem, ou dos bens criados (uma vez que todo ser é um bem, segundo o princípio da conversão dos transcendentais), o mal por excelência... Na origem dos seres, só pode encontrar-se o Ser; na origem dos bens, que os seres são, somente o Bem subsistente, aquele que ninguém pode definir, cujo nome está acima de todo outro nome, o "único necessário" e o "único suficiente".

Voltar-se para o tema do Sagrado, ou do Absoluto, que acaba sendo, bem-vistas as coisas, o tema do Humano, é obrigação máxima de nossa natureza. Não há como agir humanamente senão tomando cada vez maior, e mais nítida e mais profunda, consciência das angústias de nossa condição e do precário equilíbrio em que nos sustentamos, nas bordas do abismo. Neste sentido, creio que o Núcleo de Estudos do Sagrado pode até comportar bons ateus, verdadeiros ateus radicais e heroicos, desses que levam suas negações às últimas consequências e desafiam desesperadamente a ordem do universo. O que o Núcleo não pode comportar são os chamados "ateus práticos", esses que não enfrentam os problemas existenciais, não vivem seriamente, quer dizer, perigosamente; não afirmam nem negam, limitam-se a deixar de lado o problema de Deus, ou seja, o problema do Homem, e assim vivem a anestesiar as mais fundas inquietações do coração humano. Esses tíbios devem ser vomitados, por indiferentes, embotados, inautênticos, amorfos, distraídos com falsos valores – com o êxito, com o dinheiro, com o hedonismo, com o conforto. Não são, afinal de contas, é humanos. Impediram que desabrochasse, dentro deles, as inquietações que especificam a nossa raça, essa angústia mortal de olhar o mundo e ver que nada nos satisfaz integralmente, e olhar para si mesmo e perguntar, com Pascal: *"que quimera é o homem? Que novidade, que monstro, que caos, que motivo de contradição, que prodígio? Juiz de todas as coisas, imbecil verme da terra, depositário da verdade, cloaca de incerteza e erro, glória e escória do universo? Quem desfará essa confusão?"*[18].

Mas os ateus radicais, os verdadeiros, estes podem trazer uma formidável contribuição. Primeiro, porque estão, conosco, no mesmo barco varrido pelas ondas cruéis do universo material que nos aprisiona e nos desafia — o barco fragílimo da existência consciente e dolorida, e dolorida porque consciente. Depois, porque hão de colocar dificuldades seriíssimas para a nossa caminhada, dificuldades que não podem ser simplesmente largadas de lado — e, sobretudo, porque a crítica desses ateus há de servir para purificar a nossa ideia do Absoluto, libertando-a de uma "imaginária" imprestável e contraproducente. Quem pode, a rigor, falar sobre Ele? Gabriel Marcel uma vez observou, com exata propriedade, que *"quando falamos de Deus, não é de Deus que falamos"*. Muito antes, e segundo a mesma intuição, Santo Agostinho, este magnífico protótipo das nossas dúvidas, das nossas angústias, das nossas misérias e de nossa indestrutível Esperança, havia, a propósito de Deus, dito que *"o silêncio seria ainda mais respeitoso do que qualquer palavra humana"*[19]. Os falsos deuses de nossa imaginação de pobres idólatras, essas imagens que antes traem do que representam ao Deus vivo e verdadeiro, particularmente todas as nossas inclinações antropomorfistas, são diretamente golpeadas, colocadas em xeque, arrasadas, pelos ateus absolutos. Quem sabe se, no íntimo, não é contra esses falsos deuses que eles se rebelam? Seria uma obra admirável aquela de livrar o Deus de Amor, que ninguém poderá jamais compreender, o Deus escondido, criador e redentor dos homens, dessas falsas imagens de degradação. Basta contemplarmos o espetáculo do mundo — o magnífico, belíssimo espetáculo de harmonia, que é a natureza criada —, para imaginarmos quão infinitamente extraordinárias e, sob certo ponto de vista, absurdamente superiores hão de ser as

---

[18] PASCAL. **Pensamentos**. Abril Cultural, 1973. (Coleção Os pensadores, v. 16).
[19] SANTO AGOSTINHO. **Confissões**. Abril Cultural, 1973. (Coleção Os pensadores, v. 6).

maravilhas que Deus nos reserva. Pode ser que, na hora da morte, sintamos saudades deste mundo que abandonamos. Consola-nos, ao menos, a expectativa das belezas que se vão abrir então. É a reflexão que Luiz Delgado, poeta bissexto, exprimiu nestes versos[20]:

> ... *E não haverá mais paisagens. Chegará um dia*
> *em que as paisagens não existirão mais.*
> *E o espantoso é que não sentiremos saudades delas.*
>
> *Imersas na beatitude ou no desespero, as almas*
> *não sentirão que já não existem as auroras e as noites.*
> *O esmaecimento da luz sobre os morros distantes*
> *e o estremecimento irregular das folhas nas árvores,*
> *- tudo, tudo, Senhor, terá desaparecido na memória das almas.*
>
> *Ninguém se lembrará que, um tempo, houve a música*
> *e a água cantava entre as pedras e brilhava ao sol*
> *quando descia as encostas.*

o O o

> ... *Que coisas, que admiráveis coisas Tu nos reservas, Senhor,*
> *para que nós nos esqueçamos das paisagens e dos crepúsculos?*

Se o Deus vivo e verdadeiro é, de um modo assim tão evidente, o Absolutamente Outro, o Transcendente, a cujo respeito não podemos formular nenhuma ideia adequada, Ele é, ao mesmo tempo, a **Presença** mais imediata, mais consistente, mais substancial. Em cada criatura, o Criador se esconde — Ele que as tirou do nada e as sustenta na existência. E não é difícil descobri-lO naquelas pequenas coisas que se conservaram dóceis — na perfeição dos pequenos organismos, na delicada e complexíssima beleza de uma flor, no gesto inocente e puro de uma criancinha.

---
[20] Luiz Delgado - poema inédito.

Meus senhores:

Perdoem-me ter-me arrastado para longe demais. Não quero concluir sem referir uma tarefa magna que se abre, a meu ver, para este Núcleo de Estudos: a de reconstituir o sentido autêntico do sagrado, nesta época de tanto materialismo, tanto secularismo, de temporalização até de setores que tinham, ao menos por obrigação de estado, o dever de cuidar das almas. Todo mundo sabe e sente que a nossa Igreja Católica — e a refiro aqui somente porque se trata do agrupamento religioso mais numeroso no Brasil, pelo menos nominalmente; porque bem compreendo deva, o tema do Sagrado, ser tratado de uma maneira não confessional e até supraconfessional — o que não quer dizer que as nossas diferenças não sejam importantes e vitais, isso é outro problema... Mas dizia: todos sabemos que a nossa Igreja Católica sofre o influxo de maus ventos, que parecem querer esvaziar o fato religioso como tal e tudo reduzir às questões socioeconômicas. Dou um exemplo, de que fui testemunha: assisti, de uma feita, certo bispo brasileiro, numa celebração de quinta-feira santa, em plena cerimônia solene da semana da paixão e morte de Cristo, dedicar toda a homilia aos problemas... não se assustem, do desenvolvimento de sua região e dos efeitos da implantação de determinadas indústrias em sua cidade... É imperioso insistir na necessidade suprema de um renascimento do propriamente religioso, do espiritual, em nosso meio. Ninguém pretende que as questões sociais e econômicas devam ser deixadas de parte, para que os poderosos façam valer ainda mais a sua força, no falso livre jogo da economia desumanizada. Muito pelo contrário: afinal, o recurso a Deus não nos dispensa nem da tarefa de compreender o mundo, nem da de modificá-lo. Maritain, o filósofo do nosso tempo, já dizia que é mister *"romper com o mundo"* — com o "espírito" do mundo, com o Príncipe deste mundo — e ao mesmo tempo *"não desprezar a criação"*...[21] E não só não desprezar, acrescentemos: também completar a criação, que este foi encargo deixado em nossas mãos, o de retomar o plano primitivo e tentar fazer, cada vez mais, deste vale de lágrimas, uma verdadeira cidade dos filhos de Deus.

As questões sociais e econômicas são urgentes e fundamentais e devem ser enfrentadas não só pela ação indireta, a partir da reforma das consciências, mas também pela ação direta, visando à reforma das

---

[21] MARITAIN, Jacques. **Le paysan de la Garonne**. Paris: FR: Desclée de Brouwer, 1966.

próprias estruturas sociais, sim, senhores. Mas, querer reduzir o humano a essas questões é fazer uma triste ideia do nosso coração, que ninguém retratou tão bem quanto Agostinho, este coração que Deus fez do barro e que estará inquieto permanentemente até que retorne a Ele e volte a repousar nEle. E é, afinal de contas, deixar à margem grande parte da massa humana, cujo problema principal talvez não seja propriamente econômico: nem é desemprego, nem subemprego, não é deficiência de habitação ou de remuneração — a grande massa dos que nem podem trabalhar, os paralíticos, os enfermos, os velhinhos; e a dos que vivem solitários, sem mais ninguém no mundo. Sim, há *"uma multidão de necessitados que nada mais podem fazer com as próprias forças"*. Se formos cuidar somente das relações de produção, com suas estruturas econômicas injustas, perguntava Luiz Delgado: *"quantos velhos e doentes, que não podem mais aprender, trabalhar, escolher, decidir ou sequer mover-se, irão morrer de abandono?"*.

O maior problema do homem, o problema magno e mais decisivo e mais radical, não é o da fome e da miséria — por mais que estes sejam problemas gravíssimos, que põem à prova todo o nosso destino e em função dos quais nós mesmos nos definimos eternamente. O maior problema do homem é **a morte**, com sua inexcedível angústia. A morte que nos põe a alternativa absoluta: ou bem é abismo, aniquilamento, fim total e, portanto, absurdo, escândalo para a existência consciente, ou bem é um recomeço, com um encaminhamento irreversível cujos termos nos devem fazer gelar. O maior problema do homem é a morte; o escândalo da morte e o da dor e do sofrimento, especialmente o sofrimento dos inocentes; o escândalo da morte e o escândalo do pecado — que redunda noutra espécie de morte, a morte da alma.

Faço votos para que este Núcleo de Estudos do Sagrado realize concretamente os felizes desígnios que o Reitor e o seu Diretor lhe atribuíram, e nos ajude, a todos nós, a restaurar o sentido do espiritual e oriente para os melhores caminhos todas as inquietações com que a nossa alma foi indelevelmente marcada.